Angela Poech

Erfolgsfaktor Unternehmenskultur –

Eine empirische Analyse zur Diagnose kultureller Einflussfaktoren auf betriebliche Prozesse

2., unveränderte Auflage

UTZ

Herbert Utz Verlag · München

Wirtschafts- und Sozialwissenschaften

Band 37

Zugl.: Diss., 2002

Bibliografische Information der Deutschen Nationalbibliothek:
Die Deutsche Nationalbibliothek verzeichnet diese Publikation in der Deutschen Nationalbibliografie; detaillierte bibliografische Daten sind im Internet über http://dnb.d-nb.de abrufbar.

Titelabbildung: berkemeyer, pixabay.com (#458210)

frühere Ausgabe: ISBN 978-3-8316-0259-9

ISBN 978-3-8316-8196-9

Printed in EU
Herbert Utz Verlag GmbH, München
www.utzverlag.de

Für Den, dem ich alles zu verdanken habe.

Kapitelübersicht

Inhaltsverzeichnis

Abbildungsverzeichnis

Tabellenverzeichnis

Zusammenfassung

Ausgangspunkt der vorliegenden Arbeit ist die Frage, ob und wie man Unternehmenskultur messen kann. Ziel ist es, ein Instrument zur Diagnose von Unternehmenskultur zu entwickeln und zu validieren. Der Fokus der vorliegenden Untersuchung gilt dabei der Fragestellung, ob das Ideenmanagement als Indikator für erfolgreiche Unternehmenspraktiken herangezogen werden kann. Ausschlaggebend für die Wahl dieses methodischen Ansatzes ist die Hypothese, dass innovative Prozesse eine Vielzahl spezifischer organisatorischer Bedingungen erfordern und daher nur auf dem Hintergrund einer entsprechend innovationsorientierten Unternehmenskultur gesehen werden können.

Im ersten Teil der theoretischen Grundlagen wird zunächst der Begriff **Unternehmenskultur** aufgrund von unterschiedlichen theoretischen Überlegungen in seiner Bedeutung erörtert und verwandten Begriffen gegenübergestellt. Auch dem Themenkomplex **Innovation** wird ein eigenes Kapitel gewidmet, um aufzuzeigen, welchen Einfluss organisatorische Variablen auf innovatives Handeln haben.

Darauf aufbauend zeigt ein Überblick über den **aktuellen Stand der Forschung**, inwiefern Unternehmenskultur ein empirisch nachweisbares Phänomen ist. Im Mittelpunkt des Interesses stehen dabei die verschiedenen Formen der Operationalisierung kultureller Faktoren. Es werden Ansätze vorgestellt, die theoriegeleitet Konstrukte oder Modelle entwickeln, um diese einer empirischen Überprüfung zu unterziehen. Dem werden Studien gegenübergestellt, die eine explorative Vorgehensweise wählen. In beiden Fällen handelt es sich im allgemeinen um quantitative Instrumente, die mit dem Ziel entwickelt wurden, Vergleiche zwischen unterschiedlichen Organisationstypen zuzulassen. Eine Metaanalyse dieser Forschungsarbeiten zeigt, dass sich bestimmte kulturrelevante Konstrukte in empirischer Form wiederholt bestätigt finden, wie z.B. Mitarbeiterorientierung, Zusammenarbeit im Team, Innovationsfähigkeit, Veränderungsbereitschaft und Leistungsorientierung. Darüber hinaus wird in einer Vielzahl dieser Studien nachgewiesen, dass kulturelle Faktoren in Zusammenhang mit objektiven Leistungs- oder Innovationskennzahlen stehen. Abschließend werden diese empirischen Befunde kritisch hinterfragt – sowohl in Bezug auf ihre theoretische Untermauerung, die verwendeten Methoden als auch die praktische Anwendbarkeit.

Um diesen theoretischen Überblick abzurunden, wird ein Modell vorgestellt, das unterschiedliche Aspekte einer erfolgreichen und innovationsorientierten Unternehmenskultur berücksichtigt: Ein Unternehmen ist ein ***Center of Excellence*** (Frey/ Schulz-Hardt, 2000), wenn es in allen maßgeblichen betrieblichen Handlungsfeldern Spitzenleistungen erbringt. Dies drückt sich z.B. in einer professionellen Mitarbeiterführung aus, im konsequenten Bemühen um Kundenzufriedenheit oder auch in der Kreativität und Einsatzbereitschaft der Mitarbeiter. Diese durchgehende Prozess- und Leistungsorientierung – in Verbindung mit dem Ziel einer starken Marktpositionierung – wird durch den Begriff „Exzellenz" zusammengefasst. Exzellent sind Unternehmenskulturen folglich, wenn sie die notwendigen Bedingungen für erfolgreiches und innovatives betriebliches Handeln schaffen.

Anhand dieser Vorüberlegungen werden Anforderungen formuliert, die ein ***Instrument zur Diagnose Exzellenter Unternehmenskulturen (InDEx)*** zu erfüllen hat. Dies betrifft vor allem die notwendige theoretische Fundierung, den Einsatz geeigneter Methoden sowie die praktische Anwendbarkeit. Der daraus entwickelte Anforderungskatalog stellt die Grundlage für die Entwicklung des *InDEx* dar, wie er im zweiten Teil der Arbeit beschrieben wird. Ziel ist es, das Modell *Center of Excellence* in der betrieblichen Praxis nachzuweisen. Dazu sind zunächst einige Modifikationen notwendig: Die ursprüngliche Anzahl der Dimensionen wird reduziert, um eine einfachere Struktur zu schaffen.

In einer **Pilotstudie** werden für jede Dimension Items generiert, die in eine erste Fassung des Fragebogens einfließen. Ziel ist es, Aufschluss über die **inhaltliche Validität** der Items und Skalen zu erhalten. Zu diesem Zweck werden Reliabilitäts- und Faktorenanalysen eingesetzt. Diese sollen erste Hinweise für die – in der Hauptstudie zu überprüfende – Konstruktvalidität liefern. Die Stichprobe dieser ersten Befragung, die in einem Industrieunternehmen (Chemische Industrie) durchgeführt wurde, umfasst 91 Personen aus drei verschiedenen Abteilungen. Die Ergebnisse der Pilotstudie fließen anschließend in die Endversion des InDEx ein; die korrigierten Skalen, die sog. *Excellence-Kulturen*, bilden die Grundlage für die eigentliche Hypothesenprüfung: Ist das Modell *Center of Excellence* empirisch nachzuweisen?

In der **Hauptuntersuchung** geht es daher vornehmlich darum, auf der Grundlage der *Facettenanalyse* die einzelnen Dimensionen des Fragebogens auf **Konstruktvalidität** zu überprüfen. Teilnehmer der Studie sind elf Unternehmen unterschiedlicher Größe, die aus verschiedenen Branchen stammen. Insgesamt beträgt die Stichprobe 1670 Personen. Zur Auswertung der erhobenen Daten eignet sich ein kombiniertes Verfahren aus konfirmatorischer und explorativer Faktorenanalyse. Zunächst wird sich zeigen, dass die hypothetisch veranlagten, ursprünglichen Skalen der empirischen Überprüfung (im Rahmen einer *konfirmatorischen Faktorenanalyse*) nicht standhalten. Aus diesem Grund werden die Daten in einem zweiten Schritt einer *explorativen Analyse* unterzogen. Die Ergebnisse dieser Analyse sprechen dafür, dass die Befragten die Unternehmenskultur in voneinander abgegrenzten Dimensionen wahrnehmen – wenn auch, in Hinblick auf die Modellvorhersagen, in leicht modifizierter Form. Im nächsten Schritt werden die modifizierten Skalen in ein neues *Strukturgleichungsmodell* eingespeist (konfirmatorische Faktorenanalyse). Es wird sich zeigen, dass das Ausgangsmodell (mit den sechs beschriebenen Dimensionen) einem alternativen, einfaktoriellen Modell überlegen ist. Frühere Forschungen, die zum Vergleich herangezogen werden, bestätigen die empirischen Strukturen. Der InDEx untersucht daher die folgenden sechs Dimensionen von Unternehmenskultur:

- Führungskultur
- Teamkultur
- Lernkultur
- Innovationskultur
- Unternehmerkultur
- Servicekultur

Auf der Basis der Ergebnisse zur Skalenentwicklung werden im letzten Teil **ausgewählte Ergebnisse** der Studie präsentiert, die nicht nur Aufschluss über die Aussagekraft des InDEx liefern sollen, sondern auch für die Praxis und die angewandte Forschung von Interesse sind. Im Einzelnen stellen sich diese Ergebnisse wie folgt dar:

1. Ein Vergleich der untersuchen Unternehmen zeigt, dass kleine Unternehmen in allen *Excellence-Kulturen* besser abschneiden; dieser Effekt ist jedoch nicht signifikant.
2. Als weiterer Befund stellt sich dar, dass Dienstleistungsbetriebe auf zwei Dimensionen des InDEx, in der Führungs- und Lernkultur, signifikant höhere Ausprägungen aufweisen als die Industrie.

3. Unternehmen, die über ein Betriebliches Vorschlagswesen (BVW) verfügen, schneiden dagegen in der Team- und Lernkultur schlechter ab als Betriebe ohne BVW.

4. Unternehmen, in denen besonders viele Verbesserungsvorschläge im BVW eingereicht werden, unterscheiden sich hinsichtlich der Führungs- und Innovationskultur signifikant von Unternehmen, deren Mitarbeiter sich weniger aktiv am BVW beteiligen. Beide Kulturen sind gute Prädiktoren für die Anzahl an Verbesserungsvorschlägen.

5. Unternehmen mit einer offenen Informationspolitik weisen signifikant höhere *Excellence-Kulturen* auf. So ist die Lern- und Unternehmerkultur in jenen Betrieben deutlich stärker ausgeprägt, in denen die Kennzahlen aus dem BVW zur Einsichtnahme offengelegt wurden.

6. Mitarbeiter, die sehr viele Vorschläge im BVW einreichen, schätzen ihr kulturelles Umfeld weitaus positiver ein, als Mitarbeiter, die wenig oder gar keine Vorschläge machen; dies zeigt sich insbesondere in einer signifikant stärkeren Innovationskultur.

7. Die Mitarbeiter aller Unternehmen schätzen das Betriebliche Vorschlagswesen vergleichsweise positiver ein als das jeweilige Ideenmanagement des Unternehmens.

8. Die Innovationskultur erweist sich als fundierter Prädiktor für die (von den Mitarbeitern selbsteingeschätzte) Qualität des Betrieblichen Vorschlagswesen.

9. Was die allgemeine, ebenfalls von den Mitarbeitern vorgenommene Bewertung des Unternehmens betrifft, bietet die Servicekultur eine sehr gute Vorhersagequalität.

10. Zwischen Führungskräften und Mitarbeitern ohne Führungsverantwortung lassen sich keine signifikanten Unterschiede feststellen.

Wie die vorgenommenen Vergleiche zeigen, gibt es in Abhängigkeit bestimmter Kriterien, wie z.B. Branchenzugehörigkeit, deutliche kulturelle Unterschiede zwischen den untersuchten Betrieben. Die diesbezüglich hypothetisch vorhergesagten Zusammenhänge können somit überwiegend als bestätigt angesehen werden.

Zusammenfassend lässt sich sagen, dass mit dem InDEx ein standardisiertes, valides, ökonomisches und praktisch einsetzbares Instrument entwickelt werden konnte, das sich zur Diagnose von Unternehmenskultur und zum differenzierten Vergleich von Unternehmen eignet.

1 Einführung

1.1 Ausgangslage

Mitte der 80er Jahre avancierte Japan zum großen Vorbild der westlichen Industriegesellschaften: hohe Produktivität durch just-in-time-Fertigung, Qualitätszirkel, Kaizen – alles Begriffe, die in kürzester Zeit auch hier in aller Munde waren. Was aber war und ist das Geheimnis ihres Erfolgs? Kenichi Ohmae (Peters/ Waterman, 1994, S. 64) machte als Leiter des McKinsey-Büros in Tokio folgende Beobachtung:

> *„Das japanische Management wird nicht müde, den Mitarbeitern zu sagen, dass die Leute vor Ort den Betrieb am besten kennen. ... Ein gut geführtes Unternehmen nutzt die Eigeninitiative des einzelnen oder der Gruppe zur Innovation und zur Freisetzung schöpferischer Energie. Dem einzelnen Mitarbeiter wird alles abverlangt, was er an kreativer und produktiver Leistung zu geben hat. ... Die gesamte Organisation – Vorschlagkästen, Qualitätszirkel und dergleichen – wirkt ‚organisch' und ‚unternehmerisch' statt ‚mechanisch' und ‚bürokratisch'."*

Angesichts der schlechteren Wettbewerbsposition Ende der 70er Jahre richtete sich der Blick US-amerikanischer Unternehmen nach dem neuen Mitspieler im globalen Markt: Eine Analyse des japanischen Managementstils zeigte, dass die starke Solidarität der Mitarbeiter untereinander einen wesentlichen Schlüssel zum Erfolg darstellt. Wie Ouchi (1980) erklärt, ist dieser Zusammenhalt darauf zurückzuführen, dass grundlegende unternehmensbezogene Werte und Normen durch die Organisationsmitglieder zu einem hohen Grad verinnerlicht werden. So gewann das Konzept ‚Unternehmenskultur' – als Forschungsthema bereits viel früher von Interesse – nun in ökonomischer Hinsicht neuen Auftrieb. Dieser Trend setzte sich fort, als der Versuch unternommen wurde, immaterielle Vermögenswerte wie z.B. das Wissens- oder Humankapital eines Unternehmens buchhalterisch zu erfassen (Stewart, 1998; Sveiby, 1998). Dies mündet bei Casico (1991) u.a. in der Frage, welche Kosten durch Fluktuation, Weiterbildungsmaßnahmen oder Rauchen am Arbeitsplatz entstehen, und wie man diese messen kann.

Ausgelöst haben diese Welle im Jahre 1982 die beiden McKinsey-Berater Thomas Peters und Robert Waterman, als sie bekannte US-Unternehmen nach ihrem Erfolgsrezept fragten. Überraschendes Ergebnis war, dass nicht nur die Erschließung neuer Märkte oder gelungene

Produktinnovationen über Marktanteile entscheiden. Vielmehr seien das wertvollste Betriebskapital die Menschen selbst, die in diesen Betrieben arbeiten: Unternehmensgründer mit charismatischer Ausstrahlung, Entwickler mit verrückten, aber visionären Ideen oder Mitarbeiter, die sich mit ihrer Firma und ihrer Arbeit stark identifizieren. All diese sogenannten ‚weichen Faktoren' lassen sich unter dem Begriff ‚Unternehmenskultur' zusammenfassen. Sie bilden die ‚Persönlichkeit' eines Unternehmens – und diese ist an sich unverwechselbar und bildet somit die Grundlage für die Profilierung am Markt. Forscher wie Praktiker erkannten, dass Kultur als Phänomen unweigerlich die Entwicklung eines Unternehmens begleitet: Eine Organisation verkörpert eine bestimmte Kultur – unabhängig davon, ob dies reflektiert wird oder nicht – genauso, wie ein Mensch grundsätzlich eine Persönlichkeit besitzt. Von der Erkenntnis zur Umsetzung war es dann nur ein kleiner Schritt: Wenn sich die Kultur eines Unternehmens auf die Effizienz betrieblicher Prozesse auswirkt, dann ist es naheliegend, dieses versteckte Potential auch gewinnbringend zu verwerten. Hiermit war der Grundstein gelegt, die Unternehmenskultur nicht nur zu analysieren, sondern sie auf der Grundlage dieser Analyse bewusst zu steuern und zu gestalten.

1.2 Zielsetzung der Arbeit

Folgt man der These, dass Unternehmenskultur ein diagnostizierbares, messbares und gestaltbares psychologisches Konstrukt ist, so stellen sich in der vorliegenden Arbeit folgende zentrale Fragen:

(a) *Wie kann man Unternehmenskultur messen?*

Um beantworten zu können, welche Anforderungen ein geeignetes Instrument zur Erfassung von Unternehmenskultur erfüllen muss, wird zunächst eine Bestandsaufnahme vorhandener Diagnoseinstrumente sowie ihrer Einsatzmöglichkeiten und -grenzen notwendig sein. Dabei steht insbesondere die Frage im Vordergrund, inwiefern sich kulturelle Faktoren auf die Effizienz betrieblicher Prozesse auswirken, und welche Konsequenzen dies in Hinblick auf die Innovationsfähigkeit des Unternehmens hat. Innovation wird dabei als eigenständiges Leistungskriterium betrachtet (Brodbeck, 1996; Cummings, 1981; Pearce/ Ravlin, 1987). Ziel ist es, nachzuweisen, dass es einen positiven Zusammenhang zwischen Unternehmenskultur und Ideenmanagement gibt. Es gilt, geeignete Operationalisierungen innovativen Handelns zu bestimmen.

(b) *Auf welche theoretischen Grundlagen sollte sich die Entwicklung eines solchen Instruments stützen?*

Dazu wird auf unterschiedliche Erklärungsansätze Bezug genommen werden, die beschreiben, wie Kultur in Unternehmen entsteht, welche Auswirkungen sie auf betriebliches Handeln hat, und wie man sie bewusst gestalten kann. Es wird ein Modell vorgestellt, das *Center of Excellence*, das im Rahmen der Facettenanalyse das Phänomen Unternehmenskultur erfasst, und auf normativer Grundlage eine Verbindung zu erfolgreichem betrieblichem Handeln herstellt.

(c) *Hält das vorgestellte Modell* Center of Excellence *einer empirischen Überprüfung stand?*

Auf der Grundlage des Modells wird ein Befragungsinstrument entwickelt, das die unterschiedlichen Facetten von Unternehmenskultur messen soll. Es wird konkret überprüft, ob die Mitarbeiter über eine gemeinsame soziale Wahrnehmung der vorgestellten Konstrukte verfügen. Ziel ist es, ein anwendungsorientiertes, vielseitig einsetzbares Instrument abzuleiten, das wissenschaftlichen Gütekriterien genügt.

(d) *Welche Implikationen für die betriebliche Praxis ergeben sich daraus?*

Hinsichtlich der Anwendung der gewonnnen Erkenntnisse interessiert vor allem, ob sich Organisationen hinsichtlich ihrer Unternehmenskultur voneinander unterscheiden. Darüberhinaus steht die Frage im Vordergrund, welcher Art Unternehmenskulturen sein müssen, um Innovationen zu fördern, und wie sich dies konkret im Ideenmanagement widerspiegelt. Es wird überprüft, ob sich Organisationen bzw. ausgewählte Gruppen in ihren Aussagen zur Unternehmenskultur sowie hinsichtlich entsprechender subjektiver Leistungs- und Innovationskriterien differenzieren lassen. Ziel ist es, mithilfe des gewonnenen Instruments Stärken und Schwächen diagnostizieren zu können, um entsprechende Maßnahmen einleiten zu können.

1.3 Aufbau der Arbeit

Die vorliegende Arbeit folgt in ihrem Verlauf der Fragestellung. Aus diesem Grund werden zunächst *theoretische Grundlagen* (Kapitel 1 bis 6) erörtert, die dann im zweiten Teil (Kapitel 7 bis 10) einer *empirischen Überprüfung* unterzogen werden.

Im nachfolgenden **Kapitel 2** wird zunächst der Begriff „Unternehmenskultur" definiert. Es wird ein Erklärungsmodell vorgestellt, wie Kulturen in Unternehmen entstehen, und wie man sie erfassen und verändern kann.

Dieser theoretische Ausgangspunkt wird in **Kapitel 3** durch entsprechende empirische Befunde untermauert. Schwerpunkte sind die aktuelle Lage der Forschung zum Thema Unternehmenskultur sowie ein Überblick über die verschiedenen Ansätze zur Kulturdiagnose. Einige ausgewählte Messinstrumente und mögliche Operationalisierungen werden vorgestellt und bewertet.

Auf die Begriffe Innovation, Ideenmanagement und Betriebliches Vorschlagswesen geht **Kapitel 4** ein. Auch hier interessieren empirische Befunde, mit denen innovatives Handeln in Organisationen erklärt und eingeschätzt werden kann.

Ein Modell zur Erfassung von Unternehmenskultur wird in **Kapitel 5** vorgestellt: das *Center of Excellence*. Da die Mitarbeiterführung eine entscheidende Rolle in der Gestaltung von Unternehmenskulturen einnimmt, wird auch auf das *Prinzipienmodell der Führung* Bezug genommen.

Kapitel 6 fasst die theoretische Herleitung zusammen und wirft die Frage auf, welche Anforderungen aufgrund der gewonnenen Erkenntnisse an ein Instrument zur Erfassung von Unternehmenskultur gestellt werden.

Auf der Grundlage der modelltheoretischen Annahmen wird nun in **Kapitel 7** ein *Instrument zur Diagnose Exzellenter Unternehmenskulturen (InDEx)* entwickelt. Das Ausgangsmodell *Center of Excellence* wird den praktischen Erfordernissen gemäß modifiziert. Es wird dargelegt, wie die einzelnen Skalen in Vor- und Hauptstudie entwickelt und validiert wurden.

Anschließend stellt das **Kapitel 8** einige ausgewählte Ergebnisse der Untersuchung dar, die Hinweise für die praktische Relevanz des Modells liefern.

Eine Schlussfolgerung der Gesamtergebnisse wird in **Kapitel 9** gezogen. Die Arbeit wird abgerundet durch einen Ausblick auf zukünftige Forschungsfragen (**Kapitel 10**).

2 Zum Begriff Unternehmenskultur

2.1 Begriffsklärung und Definitionen

Wenngleich der Begriff Kultur seine Wurzeln in der Anthropologie hat, so hat er doch im Laufe der Zeit einen Bedeutungswandel erfahren. Will man sich dem Konzept Unternehmenskultur nähern, so ist dies nur aus einer interdisziplinären Perspektive möglich.[1]

Im Sinne der entscheidungsorientierten Betriebswirtschaftslehre ist Heinen und Fank (1997, S. 25) zufolge *Unternehmenskultur* zu verstehen als:

> *„... ein Gerüst und ein Vorrat an Sinnstrukturen und Handlungsmustern, aus welchen heraus Situationen, Handlungen und Entscheidungen des Unternehmensalltags einer bewertenden Interpretation hinsichtlich ihrer Bedeutung für die Unternehmung als Ganzes zugänglich werden."*

Aus psychologischer Sicht beschreibt Kaschube (1993) die *Organisationskultur* als die von den Organisationsmitgliedern geteilten Werte, Normen und Überzeugungen. Diese steuern das Verhalten und werden den Mitarbeitern in symbolischer Form nahegebracht. Kultur ist folglich ein soziales Phänomen, das funktional, erlernbar und wandelbar ist.

Auch pragmatisch orientierte Ansätze, die vor allem an der Anwendung in der betrieblichen Praxis interessiert sind, nehmen dieses Verständnis wieder auf (Kilman/ Saxton/ Serpa, 1985; Vorwort, S. 9):

> *"Culture is the invisible force behind the tangibles and observables in any organization, a social energy that moves people to act. Culture is to the organization what personality is to the individuals – a hidden, yet unifying theme that provides meaning, direction, and mobilization. Organization charts and employee manuals are simply not enough to get members working together. Operationally, culture is defined as shared philosophies, ideologies, values, beliefs, assumptions, and norms. These are seldom written down or discussed, but they are learned by living in the organization and becoming a part of it."*

---

[1] Je nach Disziplin haben sich die Begriffe *Unternehmenskultur* und *Organisationskultur* in gleichem Maße eingebürgert. Im Vorliegenden werden beide Begriffe daher synonym verwendet. Zur Erklärung des Begriffs aus ökonomischer Sicht (‚*Unternehmenskultur*') siehe Tiebler und Prätorius (1993), zur (organisations-) psychologischen Perspektive (‚*Organisationskultur*') siehe Kaschube (1993). Weitere Einführungen in den Begriff bieten Dülfer (1991), Lattmann (1990) und Schneider (1990).

Den genannten Aussagen liegt ein kognitives Kulturverständnis zugrunde: Kulturen werden als *Ideensysteme* begriffen, die sich aus mehreren Elementen zusammensetzen. Dies sind zum einen die im Wege von Sozialisationsprozessen erlernten Grundmuster, aufgrund derer die Wirklichkeit wahrgenommen und interpretiert wird; zum anderen sind es die geteilten Glaubenssätze und die Handlungsvorschriften einer Gesellschaft (Allaire/ Firsirotu, 1984).[2]

Auf organisationaler Ebene[3] fällt der Unternehmenskultur mithin die Aufgabe zu, die Spielräume zu überbrücken, die sich aus der Diskrepanz zwischen formalen Regeln und der individuellen Auslegung dieser Regeln bilden (Kilman/ Saxton/ Serpa, 1985). Auch wenn es eine formal eindeutige Zuordnung von Verantwortlichkeiten gibt, z.B. im Bereich der Personalführung, so wird dadurch doch lediglich die Rahmenkompetenz festgelegt. Welche sozialen Fähigkeiten von einer Führungskraft erwartet werden (z.B. Fähigkeit zur Selbstkritik), ist vom kulturellen Kontext abhängig.

2.2 Das Mehrebenen-Modell zur Unternehmenskultur

Dass Kulturen sich überhaupt herausbilden, ist laut Schein (1995) darin begründet, dass Menschen nach Integration streben. Betrachtet man Kultur als das verbindende Element, das die Mitglieder einer Gruppe teilen – z.B. in Form von gemeinsamen Spielregeln, kognitiven Denkmustern, Werten und Symbolen – so formt *„das Bedürfnis nach klugem Kräftehaushalt, Folgerichtigkeit und Sinn diese gemeinsamen Elemente zu festen Mustern, die man schließlich als Kultur bezeichnen kann."* (Schein, 1995, S. 23). Entscheidend ist dabei, dass diese Muster über die Zeit stabil sind, und dass Neulinge im Prozess der Sozialisation die geltenden Regeln übernehmen. Aus diesem Grund schlägt Schein (1995, S. 25) folgende Definition von Unternehmens- oder Organisationskultur vor:

> *„Ein Muster gemeinsamer Grundprämissen, dass die Gruppe bei der Bewältigung ihrer Probleme externer Anpassung und interner Integration erlernt hat, das sich bewährt hat und somit als bindend gilt; und das daher an neue Mitglieder als rational und emotional korrekter Ansatz für den Umgang mit diesen Problemen weitergegeben wird."*

---

[2] Ebendieser Ansatz liegt auch im wesentlichen der Forschung zum *Organisationsklima* und zum *organisationalen Lernen* zugrunde. Siehe hierzu Allaire und Firsirotu (1984).

[3] Der Begriff *„Organisation"* oder *„Unternehmen"* bezieht sich sowohl auf profit- als auch non-profit-Organisationen und wird im Vorliegenden synonym verwendet.

Im Weiteren unterscheidet Schein zwischen verschiedenen Ebenen der Kultur (Abb. 1) – je nach dem Grad der Sichtbarkeit der jeweiligen kulturellen Phänomene. So ist die Eingangslobby eines internationalen Konzerns eine Visitenkarte, die dem Besucher auf der sinnlich erfahrbaren Ebene die Größe und Bedeutung des Unternehmens vermitteln soll. Dagegen sind subtile Spielregeln, wie z.B. die Redezeit, die jemand in Besprechungen zugestanden bekommt, erst erfassbar, wenn man in die Gruppenkultur weitgehend eingeweiht ist.

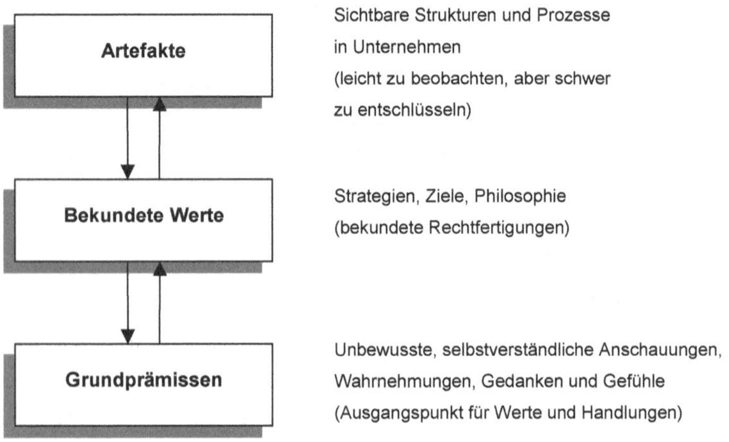

Abbildung 1: Die drei Ebenen der Kultur nach Schein (1995)

Ganz an der Oberfläche, also mithin leicht wahrnehmbar, liegen die *Artefakte*, z.B. die Architektur, die Sprache, die Rituale oder die Technologie des Unternehmens. Sie bilden sozusagen die Spitze des Eisbergs (Sackmann, 1991). Unter der Wasseroberfläche verborgen, und daher weitaus schwieriger zu erfassen, sind die *bekundeten Werte*: Die Mitarbeiter schöpfen aus einem gemeinsamen Wissensvorrat, um Maßnahmen abzuleiten und umzusetzen. Steigt also z.B. die Anzahl an Kundenbeschwerden, kann dies einerseits zur Folge haben, dass im Bereich der Herstellung und Qualitätssicherung nach den Ursachen gesucht wird, um diese zu beheben; genauso ist es aber möglich, dass überhaupt nicht auf die Beschwerden eingegangen wird und stattdessen mit dem Ausbau der Beschwerdeabteilung (z.B. Anzahl der Call-Center-Plätze) reagiert wird. In beiden Fällen liegt ein unterschiedliches Wertegefüge zugrunde: eine konsequente Lösungssuche zeugt von einer echten Kundenorientierung, während im zweiten Fall lediglich an Symptomen kuriert wird – mit den langfristig fatalen Folgen. Eine *Grundprämisse* oder *-annahme* schließlich bildet sich Schein (1995) zufolge heraus, wenn eine Lösung für ein Problem immer wieder funktioniert, denn dann wird sie allmählich als selbstverständliche Tatsache betrachtet. Im Gegensatz zu *dominanten Wertorientierungen*, die einen Hinweis geben auf eine bevorzugte Lösung aus mehreren Grundalternativen, geben Grundprämissen lediglich eine einzige Handlungsmöglichkeit vor. Es liegt in ihrem Wesen begründet, dass sie nicht hinterfragt oder reflektiert werden, sondern unbewusst in Handlungen einfließen. Wird in einem Unternehmen beispielsweise jeder Mitarbeiter ermutigt, Vorschläge zu machen, würde dies auf eine Grundprämisse verweisen, die die kontinuierliche Verbesserung – ob von Verhaltensweisen, Produkten oder Prozessen – als grundlegendes Element betrieblichen Handelns anerkennt.

2.3 Zur Abgrenzung von Unternehmenskultur und Organisationsklima

Was ist der Unterschied zwischen Organisationskultur und Organisationsklima? So fragt Denison (1996) in seinem Überblick über den, wie er es nennt, „Krieg der Paradigmen". Auch wenn die dynamische Entwicklung dieses Forschungsbereichs eine klare Unterscheidung erschwert, so zeigt sich doch in der Literatur folgende Abgrenzung der beiden Begriffe (Denison, 1996, S. 644, Hervorh. durch Verf.):

*„On the surface, the distinction between organizational climate and organizational culture may appear to be quite clear: **Climate** refers to a situation and its link to thoughts, feelings, and behaviors of organizational members. Thus, it is temporal, subjective, and often subject to direct manipulation by people with power and influence. **Culture**, in contrast, refers to an evolved context (within which a situation may be embedded). Thus, it is rooted in history, collectively held, and sufficiently complex to resist many attempts at direct manipulation. The two perspectives have generated distinct theories, methods, and epistemologies as well as a distinct set of findings, failings, and future agendas."*

Während der *Kultur-Ansatz* sich auf die Theorien der sozialen Interaktion (Mead, 1934) und der sozialen Konstrukte (Berger/ Luckman, 1966) bezieht, und daher *qualitative* Untersuchungsverfahren vorzieht, geht der auf Lewin (1951) beruhende *Klimabegriff* davon aus, dass Person und Kontext getrennt voneinander betrachtet werden müssen. Aus diesen Grund wählen Klimaforscher *quantitative* Methoden, um kulturelle Faktoren (oder auch Dimensionen) zu messen. Reichers und Schneider (1990, S. 29) fassen zusammen:

„Culture exists at a higher level of abstraction than climate, and climate is a manifestation of culture.“

Sobald man jedoch einzelne Studien auswählt, um sie miteinander zu vergleichen, verschwinden diese Unterschiede – insbesondere wenn man die jüngere Forschung analysiert (Reichers/ Schneider, 1990)[4]. Denison (1996) kommt daher zu der Schlussfolgerung, dass die beiden Forschungstraditionen sich vor allem hinsichtlich ihrer Interpretationen, weniger jedoch in Bezug auf die untersuchten Phänomene unterscheiden. Das impliziert, dass beide Ansätze sich gegenseitig befruchten, nicht nur, was ihre theoretischen Grundlagen anbelangt, sondern auch die eingesetzte Methodik. Im Weiteren bedeutet es, zu erkennen, dass beide Traditionen sich mit der Gestaltung und Beeinflussung sozialer Kontexte auseinandersetzen – eine Gemeinsamkeit, die die Grundlagendebatte ‚Kultur' oder ‚Klima' über kurz oder lang überbrücken wird.

2.4 Zu Gestaltbarkeit und Wandel von Unternehmenskulturen

Ein Unternehmen kann als ein energetisches System betrachtet werden. Gleich einem Organismus unterhält es fortwährende Austauschbeziehungen zu seiner Umwelt. Katz und Kahn (1966) bezeichnen Organisationen daher als „Input-Throughput-Output"-Systeme, die Energie in Form von Rohmaterialien und menschlicher Arbeitskraft aufnehmen, diese transformieren und wieder an die Außenwelt abgeben – in Form von Produkten oder Dienstleistungen. Da das Umfeld des Marktes sich in ständiger Veränderung befindet, ist das Organisationssystem gefordert, sich kontinuierlich anzupassen. Diese Anpassung wird umso besser gelingen, je flexibler die inneren Strukturen der Organisation sind.

Nun sind diese Strukturen wesentlich durch die Wertorientierungen der Menschen, die in der Organisation arbeiten, insbesondere aber durch die Führung, bestimmt – was wiederum die Frage aufwirft, inwiefern kulturelle Elemente organisatorischen Handelns bewusst gestaltet werden können. Dieser Wandel setzt voraus, dass bestimmte Grundannahmen über betriebliches Handeln von allen Organisationsmitgliedern geteilt werden. Schein (1995, S. 297) hat die wesentlichen Merkmale einer lernenden Kultur tabellarisch dargestellt (Abb. 2).

---

[4] Einen Überblick der frühen Forschung zum Organisationsklima (incl. entsprechender Studien) geben Hellriegel und Slocum (1974).

Verhältnis Unternehmen – Umfeld		
dominantes Umfeld	symbiotisch	☒ **dominantes Unternehmen**
Wesen menschlicher Handlungen		
reagierend, fatalistisch	harmonisch	☒ **proaktiv**
Wesen der Wirklichkeit und Wahrheit		
moralistisch, autoritär	☒ **pragmatisch**	
Wesen des Menschen		
im Grunde schlecht	☒ **im Grunde gut**	
starr	☒ **wandelbar**	
Wesen menschlicher Beziehungen		
Gruppenfixierung	☒	Individualismus
autoritär/ paternalistisch	☒	kollegial/ partizipativ
Wesen der Zeit		
vergangenheitsorientiert	gegenwartsorientiert	☒ **orientiert an naher Zukunft**
Zeiteinheiten		
kurz	☒ **mittellang**	lang
Information und Kommunikation		
schwache Vernetzung	☒ **volle Vernetzung**	
Gleichförmigkeit versus Vielfalt der Subkulturen		
hohe Gleichförmigkeit	☒ **hohe Vielfalt**	
Aufgaben- versus Beziehungsorientierung		
primär aufgabenorientiert	☒	primär bezeichnungsorientiert
Lineare versus systemische Feldlogik		
lineares Denken	☒ **systemisches Denken**	

Abbildung 2: Merkmale einer lernenden Kultur (Schein, 1995)

Organisationales Lernen findet grundsätzlich auf zwei Ebenen statt: *inkrementale* Veränderungen betreffen die schrittweise Restrukturierung von Prozessen im Sinne von Fehlerkorrekturen, während *radikale* (oder *diskrementale*) Veränderungen nachhaltige Auswirkungen auf strukturelle und kulturelle Gegebenheiten haben (Lawson/ Ventriss, 1992; Busby, 1999); sie gehen daher stets mit einer Neubewertung und Umorientierung gelernter Verhaltensweisen einher. Kirsch, Esser und Gabele (1979) bezeichnen ein Unternehmen, das in der Lage ist, auf diese Weise innovativ zu handeln, als „*fortschrittsfähige Organisation*" (ebd., S. 133):

> *„Eine Organisation [...] ist [...] ‚innovativ', wenn sie ein Führungssystem [...] besitzt, das gleichzeitig in hohem Maße drei Fähigkeiten aufweist. Diese Fähigkeiten wollen wir als Handlungsfähigkeit, als Empfänglichkeit (Fähigkeit zur Bedürfnisberücksichtigung) und als Fähigkeit zum Erkenntnisfortschritt bezeichnen. [...] Danach liegt eine Innovation vor, wenn neue Ideen und Lösungskonzepte (das ist eine Frage der Erkenntnisfähigkeit), die im Lichte der Bedürfnisse und Werte der Betroffenen ‚wertvoll' sind (das ist eine Frage der Fähigkeit zur Bedürfnisberücksichtigung), tatsächlich in die Tat umgesetzt werden und die Realität verändern (das ist eine Frage der Handlungsfähigkeit). Eine Organisation ist in dieser Sicht besonders ‚innovativ', wenn die Führung auch tiefgreifende Veränderungen bewirken kann, dabei insbesondere bei der Antizipation zukünftiger Ereignisse und beim Entwurf neuer Systemmodelle in der Lage ist, neue theoretische und technologische Erkenntnisse zu gewinnen oder – soweit sie bereits anderweitig vorhanden sind – aufzugreifen, und bei all dem die Bedürfnisse und Interessen möglichst vieler Betroffener berücksichtigt."*

Auf individueller Ebene führt dies zu einer Reihe von Implikationen. So ist die Bereitschaft des einzelnen, sich an Veränderungsprozessen zu beteiligen, bzw. sich selbst mit dem System der Organisation zu verändern, ein entscheidender Faktor für mögliche Transformationsprozesse. Wie ein entsprechender empirischer Befund (Miller/ Johnson/ Grau, 1994) zeigt, sind Mitarbeiter unter zwei Bedingungen bereit, den Wandel mitzutragen: Dies betrifft zum einen die Qualität von Informationen, zum anderen die individuelle Leistungsorientierung. Die Autoren führten ihre Befragung zum Zeitpunkt einer bevorstehenden Restrukturierung durch. Wurden die Befragten umfassend und zeitnah informiert, zeigten sie auch positivere Einstellungen zum Wandel (siehe auch Hogan/ Overmyer-Day, 1994). Ein hohes Maß an Leistungsorientierung führte dazu, dass Mitarbeiter die bevorstehende Veränderung nicht als etwas Bedrohliches, sondern als eine willkommene Herausforderung betrachteten.

Eine Studie von Lawson und Ventriss (1992) geht noch einen Schritt weiter und zeigt begleitende Maßnahmen auf, die die Organisation im Laufe eines Veränderungsprozesses durchführen sollte. Demnach sollten Ziele genau beschrieben, gemeinsam vereinbart und mit einem geeigneten Anforderungsniveau („challenging goals“) verbunden werden; Leistung sollte nicht nur gemessen, sondern auch zurückgespiegelt und belohnt werden. Als Mediatorvariable machen die Autoren die wahrgenommene Selbstwirksamkeit verantwortlich, da die klare Einschätzung der eigenen Fähigkeiten zielgerichtetes und erfolgreiches Handeln unterstützt.

Zusammenfassend lässt sich sagen, dass Veränderungsprozesse in Organisationen auf mehreren Ebenen stattfinden: So ziehen neue Organisationsstrukturen zwingend Änderungen im kulturellen Gefüge nach sich, und umgekehrt. Lernprozesse finden sowohl in Gruppen und Teams, als auch auf individueller Ebene statt. Die Gestaltung solcher Prozesse erfordert demnach eine vielschichtige Herangehensweise.

2.5 Der Begriff Unternehmenskultur – eine Synthese

Aufgrund der genannten Erörterungen zeichnet sich der Begriff Unternehmenskultur zusammenfassend durch folgende Elemente aus:

(a) *Gemeinsames Ideensystem*

Die Organisationsmitglieder verfügen über gemeinsame Grundannahmen, Werte, Einstellungen und Verhaltensweisen. Die geteilte Wahrnehmung dieser Grundannahmen, Werte, Einstellungen und Verhaltensweisen korrespondiert mit der tatsächlichen kulturellen Wirklichkeit.

(b) *Mehrebenenpostulat*

Kulturelle Faktoren manifestieren sich auf drei verschiedenen Ebenen: die Ebene der Grundannahmen, der Werte und der Artefakte. Beobachtungen auf einer bestimmten Ebene geben Aufschluss über die jeweils anderen Ebenen.

(c) *Systemintegration*

Kulturen sind grundsätzlich stabile Gebilde mit einem hohen Grad an Kontinuität; aufgrund von Einflüssen aus der externen Umwelt unterliegen sie jedoch nachhaltigen Veränderungen. Nach innen wirken Kulturen auf die Subsysteme der Unternehmung (u.a. die Organisationsmitglieder) ein.

(d) *Gestaltungswille*

Kulturen werden durch die Führung bewusst gesteuert, gestaltet und verändert.

3 Empirische Befunde zur Unternehmenskultur

3.1 Zur aktuellen Lage der Forschung

Es sind unsere gewohnten Sichtweisen, die uns daran hindern, Methoden zu entwickeln, mit denen wir kulturelle Faktoren messen können. So handeln Wissenschaftler wie Praktiker häufig nach der Devise: *„If you can easily measure it, it must be important"* und *"if you can observe it, it should be managed"* (Kilman/ Saxton/ Serpa, 1985; Vorwort, S. 9). Arbeitet das Top-Management beispielsweise eine Geschäftsstrategie aus, so fließt diese auf operationaler Ebene in konkrete Zielsetzungen ein – ausgedrückt in Umsatzzahlen, Einkaufsmargen oder Gewinnspannen. Der wirtschaftliche Druck, dem viele Unternehmen durch die Globalisierung ausgesetzt sind, führte in der Vergangenheit jedoch zu einem Paradigmenwandel: Die weichen Faktoren der Unternehmensführung – Personalführung, Teamarbeit, Ideenmanagement usw. – haben in der Praxis an Bedeutung gewonnen (Buzzell/ Gale, 1987, S. 21):

> *"Our treatment of strategy is also confined to dimensions that can be measured in reasonably clear terms. In contrast, some other elements of strategies cannot be readily measured, or perhaps measured at all. There has been much discussion, for example, of the pervasive influence of corporate cultures on success or failure. No doubt companies differ in terms of their cultures, and such differences unquestionably affect performance. But we know of no way to measure the key policies, management processes, or personality factors that shape corporate cultures. Consequently, we have made no effort to explore this area, or others that would be equally difficult to quantify or even classify."*

Nun werden also Mittel und Wege gesucht, um diese neu entdeckten Wertschöpfungspotentiale auszuloten und nutzbar zu machen. Aber ist die Forschung auch in der Lage, den damit verbundenen Bedarf an geeignetem methodischem Instrumentarium abzudecken?

Zwar hat die Betriebswirtschaftslehre das Konzept Unternehmenskultur aufgegriffen (Heinen/ Fank, 1997) – eine systematische und empirisch fundierte Erforschung steht jedoch bis heute noch aus. So zeichnet sich der aktuelle Stand der (deutschsprachigen) Forschung durch eine eher deskriptive oder an Fallstudien orientierte Vorgehensweise aus (siehe exemplarisch Taubitz, 1988). Das Thema Unternehmenskultur wird im Allgemeinen am konkreten Einzelfall geschildert, insbesondere durch phänotypische Darstellungen erfolg reicher, internationaler (US-)Unternehmen. Genannt werden also zum Beispiel die „no rank, no titles“-Philosophie von Gore, oder das „Management by walking around“ bei Hewlett Packard (McGovern/ Hope-Hailey, 1997). In dieser Tradition steht auch die ‚Suche nach deutschen Spitzenleistungen', die Tominaga im Anklang an das amerikanische Original 1997 veröffentlichte[5]. Neben der Aufzählung der bekannten Erfolgsfaktoren (Total Innovation Management, Motivation von Mitarbeitern, Kundennähe) widmet er sich den Erfolgsbarrieren, die so manch gute Idee im Keim ersticken lassen: Schuldzuweisungen, Formalismus, falsches Harmoniedenken. Auch wenn diese Beschreibungen die unternehmerische Wirklichkeit recht gut erfassen, so beschränken sie sich doch darauf, zu *beobachten*. Erst eine tiefergehende Analyse aber würde auch entsprechende Handlungsmöglichkeiten aufzeigen. Denn nur so ist es möglich, den Beteiligten konkrete Ratschläge an die Hand zu geben, unter welchen Bedingungen Mitarbeiter motiviert sind, hohe Leistungen zu erbringen. Solche Richtlinien können jedoch nur auf der Grundlage einer umfassenden, theoriegestützten und empirisch fundierten Erklärung und Messung von Unternehmenskultur entworfen werden. Hier ist es vor allem die (Organisations-)Psychologie, die entsprechende Forschungsbeiträge geliefert hat. Einschränkend muss jedoch hinzugefügt werden, dass diese Beiträge in erster Linie Forschern aus dem nordamerikanischem Raum zu verdanken sind. So entwickelten Litwin und Stringer bereits 1968 das erste standardisierte Instrument zur Erfassung von Organisationskultur. Eine Vielzahl ähnlicher Studien folgte, wobei nicht nur unterschiedlichste Methoden (von Dokumentenanalyse über Interviews bis zu Fragebögen) zum Einsatz kommen, sondern auch die Qualität der Ergebnisse stark schwankt. So werden Instrumente oftmals ohne Bezug zu theoretischen oder empirischen Vorarbeiten entwickelt, und in Fallstudien methodisch unzureichend getestet, um anschließend wieder in der Versenkung zu verschwinden. Selten findet man Replikationsstudien, die für die Standardisierung von Fragebögen notwendig wären. Erwähnenswert sind Ansätze, die zunächst die Phasen der Theoriebildung und -überprüfung durchlaufen, bevor das eigentliche Instrument entwickelt und eingesetzt wird. Daran sollte sich durch die Verknüpfung mit Erfolgskennziffern (wie z.B. Umsatzrentabilität) eine Kriteriumsvalidierung anschließen (siehe exemplarisch Denison 1984, 1990; Denison/ Mishra, 1995).[6]

---

[5] Weitere Darstellungen unternehmerischer Spitzenleistungen (mit Fallbeispielen) bei Schmitt (1997), Adamer/ Kaindl (1994), Apitz et al. (1989) sowie Simon (1996).

[6] Eine Auswahl entsprechender Messinstrumente sowie eine kritische Würdigung derselben findet sich in Kapitel 3.3.

Um erklären zu können, welche Faktoren für die derzeitige Situation verantwortlich sind, hilft ein Blick hinüber zu den Anwendern: Welche Rolle spielt die Unternehmenskultur für die Positionierung am Markt? Die *Advance Bank* zum Beispiel hat sich selbst zur Einhaltung von sieben „Permanent Principles" verpflichtet, die sich in konkreten Leitsätzen für Führungskräfte widerspiegeln: *„Ich bin Coach meiner Mitarbeiter"*, heißt es da, oder auch: *„Ich führe durch vorbildliches Verhalten"*[7]. Und ein leitender Personalmanager bei VEBA (jetzt EON) stellt aufgrund einer Kulturanalyse fest, dass offene Kommunikation, Unterstützung durch Vorgesetzte und Veränderungsbereitschaft Schlüsselfaktoren in der Zusammenarbeit sind (Lukas, 2000). Das Thema ist demnach in der Praxis nicht nur als Begriff geläufig, sondern wird gezielt in Entscheidungen miteinbezogen. Was nun die bewusste Steuerung dieser Faktoren betrifft, sind es vor allem die Unternehmensberatungen, die entsprechende Konzepte anbieten. Auf der Grundlage von Interviews oder Fragebögen werden Analysen erarbeitet, die als Ausgangspunkt für einen Veränderungsprozess dienen sollen. In der Regel variieren die eingesetzten Instrumente, zum Beispiel Interviews oder Fragebögen, je nach individuellen Vorstellungen des Kunden. Es werden also keine standardisierten Skalen verwendet, die psychologischen Konstrukte und die zugrundeliegenden Modelle sind theoretisch nicht untermauert. Folglich sind die Ergebnisse solcher Untersuchungen unter Umständen durch Messfehler verfälscht, oder durch ungenügende Absicherung der verwendeten theoretischen Konzepte in ihrer inhaltlichen Aussage verzerrt. So kann bereits die Art der Fragestellung die Antwort der Mitarbeiter beeinflussen. Was wird beispielweise bezweckt mit der Frage: *„Sind Sie mit Ihrem Gehalt zufrieden?"* ? Es liegt in der menschlichen Natur, stets nach Höherem streben zu wollen – das Ergebnis einer solchen Erhebung dürfte somit zu weiten Teilen voraussagbar sein. Und wie reagiert die Geschäftsführung, wenn 60% der Mitarbeiter sich tatsächlich unterbezahlt fühlen? Schließlich setzt eine solche Frage auch entsprechende Erwartungen frei, die, wenn ihnen nicht begegnet wird, zu Enttäuschung und Demotivation führen können. Ebenso schwierig ist es, die Ursache für den jeweils erhobenen Sachverhalt zu finden. Woran mag es liegen, dass die Mitarbeiter unzufrieden sind? Ist die Bezahlung tatsächlich zu niedrig, oder drückt sich darin die fehlende Zustimmung zu einer kürzlich gefällten Geschäftsentscheidung aus? Die Interpretation der gewonnenen Daten wird folglich nur dann in zufriedenstellender Weise gelingen, wenn der Beobachter ausreichende theoretische Kenntnis und praktische Erfahrung über die Thematik einbringt.

---

[7] Siehe Manager Magazin 8/ 1999, S. 156.

Nun sind aber auch die Entscheidungsträger in der Regel nicht in den zugrundeliegenden Methoden geschult. Es fehlt ihnen also die Möglichkeit, die Qualität der Untersuchung zu beurteilen. Oftmals lässt erst der Blick in die Auswertung der – zumeist sehr aufwendigen und teuren – Studien erkennen, ob die angewandten Verfahren tatsächlich zur gewünschten Erkenntnis geführt haben. Schwerpunkt einer solchen Erhebung muss und wird – dies liegt im Wesen solcher Projekte begründet – in der Anwendung der Ergebnisse liegen, denn daran sind die Auftraggeber in erster Linie interessiert. Gerade aber, weil alle am Prozess Beteiligten vor allem an einer effizienten Umsetzung interessiert sind, wird im Verhältnis weniger Zeit für die Analyse aufgewandt – Zeit, die dann unter Umständen im späteren Verlauf teuer bezahlt werden muss.

Auf dem Hintergrund dieser Erfahrungen lässt sich ableiten, dass entsprechende Forschungsprojekte zur Unternehmenskultur in Kooperation mit der Praxis stattfinden, und zugleich wissenschaftlichen Anforderungen genügen sollten. Dies setzt eine interdisziplinäre Vorgehensweise voraus, die die theoretischen Grundlagen der beteiligten Disziplinen zusammenfügt, um sie anschließend empirisch zu überprüfen.

3.2 Unterschiedliche Ansätze der Erforschung von Unternehmenskultur

Die Aufbruchsstimmung, die die Forscher erfasste, als sie sich den Anfängen der Klima-Forschung widmeten, beschreiben Reichers und Schneider (1990, S. 14) sehr trefflich:

> *„... the climate construct got off to a relatively quick empirical start. At the time of its major introduction in the late 1960s, climate researchers did not devote many years or many articles to haggling over definitions or elaborating all the possible nuances of climate. Rather, applied psychologists began gathering data and assessing the validity of the concept right from the start."*

Dieser ersten Phase der Neuorientierung folgte eine empirisch fundierte Erforschung zur Evaluierung des Konstrukts mit dem Ziel, tragfähige Theoriebausteine und -gebäude zu entwickeln (Reichers/ Schneider, 1990). Was nun aber die Operationalisierung und Evaluation von Organisationskultur oder -klima betrifft, so herrscht Denison und Spreitzer (1991) zufolge Uneinigkeit in der Forschergemeinde hinsichtlich der geeigneten Methodik. Dies spiegelt sich in der Diskussion wider, ob qualitative oder quantitative Verfahren das

Mittel der Wahl sind (Sackmann, 1991)[8]. So werden Denison und Spreitzer (1991) zufolge quantitative Ansätze kritisiert, weil sie kulturelle Faktoren anhand von Konstrukten messen, die vom Forscher entwickelt und daher vorgegeben sind. Was folglich fehlt, ist die Perspektive des einzelnen Mitglieds der Organisation. Die qualitative Vorgehensweise dagegen erweist sich als problematisch, wenn unterschiedliche Organisationen und ihre jeweilige Kultur hinsichtlich ihrer Effizienz verglichen werden sollen (Ott, 1989). Sie sind oftmals sehr aufwendig, nehmen einen langen Untersuchungszeitraum in Anspruch und sind an die Person des Forschers gebunden, was auch hier die Frage aufwirft, inwiefern eine objektive Erhebung der Daten gesichert ist.

Diese Gegenüberstellung quantitativer und qualitativer Ansätze führen Barley, Meyer und Gash (1988) auch auf die Entwicklung der Kulturforschung[9] im Lauf der letzten 50 Jahre zurück. Denison und Spreitzer (1991) sprechen von einem Kontinuum, entlang dessen sich diese Ansätze bewegen (Abb. 3).

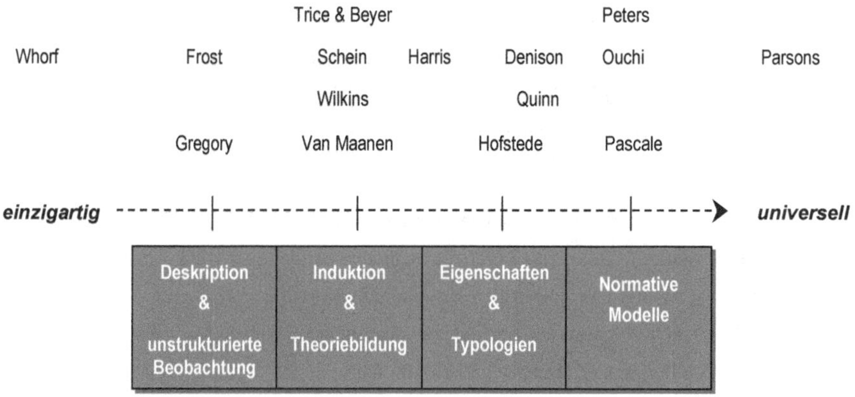

Abbildung 3: Unterschiedliche Ansätze der Kulturforschung (Denison/ Spreitzer, 1991)[10]

---

[8] Die Wahl der Methode hängt auch davon ab, welcher Forschungsansatz gewählt wird – was sich in der Diskussion über den Kultur- und Klimabegriff widerspiegelt (siehe Kapitel 2.3).

[9] Eine detaillierte tabellarische Übersicht über die Entwicklung des Kultur- bzw. Klimakonzepts (incl. empirischer Studien) geben Reichers und Schneider (1990).

[10] Der Autor weist darauf hin, dass es sich bei den in der Abbildung genannten Autoren nur um eine Auswahl handelt, die in seiner Abhandlung nicht im Detail diskutiert werden. So zum Beispiel die beiden Enden des Kontinuums, Whorf (1941) und Parsons (1951), sowie alle als Punkte auf dem Kontinuum dargestellten Ansätze, wie Frost et al. (1985), Schein (1985), Wilkins und Ouchi (1983), Trice und Beyer (1984), Harris (1989), Denison (1990), Peters und Waterman (1982), Ouchi (1981) und Pascale und Athos (1982).

So zielten die ersten Analysen vor allem auf den Aspekt der *Einzigartigkeit* von Kultur ab. Dies wurde abgelöst von einem mehr *deskriptiven* Ansatz, der sich auf Beobachtung stützt und die kognitiven Systeme der Menschen beschreibt, die dieser Kultur angehören (siehe beispielhaft Handy, 1978). In den 80er Jahren wurde der Versuch unternommen, die gewonnenen Erfahrungen *theoretisch* zu untermauern. Etwa zur selben Zeit entstanden *Typologien*, die gemeinsame Elemente in unterschiedlichen kulturellen Kontexten aufzeigen. Der Einfluss ökonomischer Faktoren, der durch Peters und Waterman (1982) ins Bewusstsein gerückt wurde, wird in *normativen* Ansätzen aufgegriffen. Kulturelle Eigenarten und Leistungskriterien werden in Beziehung gesetzt und auf interorganisationaler Ebene verglichen; damit wird Kultur zu einem *universell* messbaren Faktor.

3.3 Zur Diagnose und Messung von Unternehmenskultur

In den letzten zwanzig Jahren wurde eine Vielfalt an Instrumenten entwickelt, um kulturelle Eigenarten von Organisationen zu messen. Je nach theoretischer Fundierung oder auch praktischer Umsetzung kommen entweder qualitative oder quantitative Methoden bzw. kombinierte Ansätze zur Anwendung. Der Fokus kann dabei entweder auf geteilten Werten und Normen liegen oder auf Verhaltensweisen und Praktiken, die auf diese Werte zurückzuführen sind (Rousseau, 1990).[11]

Als Vertreterin der qualitativen Richtung sei Sackmann (1991, 1997) genannt, die explizit darauf hinweist, welchen Einfluss die Wahl der Methoden auf den Untersuchungsgegenstand hat. Ihr Ansatz ist daher eine Kombination aus qualitativen und quantitativen Methoden mit dem Ziel, auf diesem Wege nicht nur Erkenntnisse über die zu messende Kultur zu gewinnen, sondern auch einen Beitrag zur Theoriebildung zu leisten.

Ein Großteil der Forscher wählt in seinem konzeptionellen Vorgehen jedoch die *Facettenanalyse*: Das Gesamtkonstrukt (Organisationsklima bzw. Organisationskultur) wird zerlegt, um spezifische inhaltliche Komponenten darstellen und messen zu können (Rousseau, 1988; Rosenstiel/ Bögel, 1992). Dabei werden die Daten mit (quantitativen) Befragungsinstrumenten erhoben. Wie Abbildung 4 zeigt, kommt eine Reihe von Studien zu ähnlichen Ergebnissen bzw. zu überlappenden Dimensionen (Denison, 1996; Rousseau 1990),

[11] Einen Überblick über Methoden, die zur Messung von Organisationskultur herangezogen werden, gibt Rousseau (1990).

was darauf hinweist, dass bereits eine Auswahl an wenigen Subkonstrukten die kulturellen Gegebenheiten ausreichend erklärt.

Nur ein Teil dieser Studien nimmt Bezug auf Kriterien, die den Erfolg eines bestimmten Kulturtyps validieren. Dort, wo solche Kriterien zum Einsatz kommen, sind sie entweder subjektiver Art (z.B. subjektive Leistungseinschätzung, Arbeitszufriedenheit) oder objektiver Natur – in diesem Fall handelt es sich meist um Finanzkennziffern wie Umsatzrentabilität, Wachstum, Fremdfinanzierungsanteil usw.[12].

	Culture Researchers			Climate Researchers		
	Hofstede (1990)	**O'Reilly & Chatman (1992)**	**Cooke & Rousseau (1988)**	**Litwin & Stringer (1968)**	**Hellriegel & Slocum (1974)**	**Koys & DeCotiis (1991)**
Structure	Authority	Stability	Conventional culture	Structure	Centralisation	–
Support	Power distance	Respect for people	Humanistic culture	Support	Supportive-ness	Support
Risk	Security	Innovation	Avoidance culture	Risk	Innovation	Innovation
Cohesive-ness	Collectivism	Teamwork	Affiliative culture	Identity	Peer relations	Cohesion
Outcome Orientation	Results orientation	Outcome Orientation	Achievement culture	Standards	Motivation to achieve	Pressure

Abbildung 4: Ein Vergleich ausgewählter Dimensionen von Kultur- und Klimaforschern (Denison, 1996)

[12] Einen Überblick über Studien, die erfolgreiche Organisationskulturen anhand von Finanzkennzahlen beurteilen, geben Siehl und Martin (1990).

Überblick

Im Folgenden wird eine Auswahl quantitativer Instrumente vorgestellt, die zur Diagnose von Unternehmenskultur entwickelt wurden.[13]

Organizational Climate Questionnaire von Litwin und Stringer (1968)

Ein weitverbreitetes und mehrfach getestetes Instrument ist der *Organizational Climate Questionnaire*. Anhand mehrerer Interventionsstudien konnte nachgewiesen werden, dass die Skalen in Zusammenhang mit Arbeitszufriedenheit und Leistung stehen. Allerdings scheint die Validität des Fragebogens nicht abgesichert, da die faktorenanalytischen Ergebnisse (je nach Organisation) stark voneinander abweichen, wie eine Reihe von Replikationsstudien zeigen konnte (vgl. hierzu im Überblick Rogers/ Miles/ Biggs, 1980).

Ward Atmosphere Scale (WAS) von Moos und Houts (1968)

Die *Ward Atmosphere Scale (WAS)* stammt aus dem therapeutischen Bereich und bildet die „soziale Atmosphäre" in (psychiatrischen) Krankenstationen ab, wie z.B. *Involvement, Support, Spontaneity, Autonomy*, usw.. Ziel ist es, festzustellen, welchen Einfluss soziale Komponenten des Behandlungsumfeldes („Stationsklima") auf den Genesungsprozess der Patienten haben. Im Zuge einer Metaanalyse über entsprechende Validierungsstudien führen Ellinghaus et al. (1981) anhand einer eigenen Stichprobe (in deutscher Sprache) eine Überprüfung der Skalen durch. Sie kommen zum Schluss, dass eine geeignete Faktorenstruktur bislang nicht eindeutig nachgewiesen werden konnte; dennoch zeigte sich, dass die Reliabilitäten früherer Studien durchaus einen Hinweis geben, dass die angenommene Struktur zielführend ist. Die Validität der *WAS*-Skalen wurde zudem, wie Ellinghaus et al. berichten, anhand von Kriterien bestätigt, die sich z.B. auf Personal-/ Patientenquoten beziehen, oder auch auf Erfolgskennzahlen, wie Entlassungsraten, Anzahl an Behandlungsabbrüchen und Reintegrationsraten (Moos/ Schwartz, 1972; Moos, 1974).

---

[13] Die Studien sind chronologisch geordnet. Sofern Ergebnisse zur Konstrukt- oder Kriteriumsvalidierung vorliegen, werden diese genannt. In den Fällen, wo die Originalquellen nicht zugänglich waren, wurde aus aktuellen Quellen, die diese Ergebnisse berichten, zitiert. Dies ist jedoch im Einzelnen angegeben.

Agency Climate Questionnaire von Schneider und Snyder (1975)

Um zu überprüfen, welche Faktoren in Versicherungsunternehmen erfolgreiches betriebliches Handeln bestimmen, setzten Schneider und Snyder (1975) in ihrer Studie zwei Instrumente ein: den *Agency Climate Questionnaire* (Schneider, 1972) sowie den *Job Descriptive Index* zur Messung von Arbeitszufriedenheit (Smith/ Kendall/ Hulin, 1969). Es zeigte sich, dass nur die Werte der Arbeitszufriedenheit mit Fluktuationsdaten korrelieren, nicht jedoch das Klima.

Work Environment Scale (WES) von Booth et al. (1976)

Um den Einfluss von Faktoren aus dem Arbeitsumfeld zu überprüfen, haben Insel und Moos (1974) die *Work Environment Scale (WES)* entwickelt. Die Befragten werden gebeten, anzugeben, wie sie ihr aktuelles Umfeld einschätzen, und wie es sich in Zukunft ihrer Meinung nach entwickeln wird. Hintergrund dieser Vorgehensweise ist die Annahme, dass eine große Differenz zwischen aktueller und erwarteter Einschätzung in der Folge zu Rückzugsverhalten führt – was sich tatsächlich in Form von höheren Fehlzeiten, Krankheit und Fluktuation zeigte (Booth et al., 1976). Eine Replikationsstudie von Booth et al. (1976) konnte Faktorstabilität auch in anderen Organisationsformen als den ursprünglich untersuchten nachweisen.

Siegel Scale of Support for Innovation von Siegel und Kaemmerer (1978)

Das Instrument von Siegel und Kaemmerer (1978) wurde entwickelt, um Einflussfaktoren innovativen Handelns zu untersuchen. Ein theoretisches Modell mit fünf Dimensionen wird vorgestellt und an mehreren Stichproben im Schulbereich faktorenanalytisch überprüft. Die Ergebnisse legen – abweichend vom a-priori-Ansatz – ein 3-Faktoren-Modell nahe, das sich aus *Support for Creativity*, *Tolerance of Differences* und *Personal Commitment* zusammensetzt. Ein Vergleich von Schulen mit ‚traditioneller' und ‚alternativer' Ausrichtung (erhoben durch Selbst- und Fremdeinschätzung) zeigt, dass Mitglieder alternativer Schulen mehr Unterstützung für Kreativität und eine größere Akzeptanz unterschiedlicher Meinungen wahrnehmen.

Instrument zur Unternehmenskultur von Jones und James (1979)

Um die Arbeitsbedingungen von US-Navy-Angehörigen, Feuerwehrleuten und Führungskräften aus dem Krankenhausbereich zu testen, entwickelten Jones und James (1979) einen Fragebogen zum Organisationsklima. Wie die Ergebnisse der Faktorenanalyse zeigten, erwiesen sich die Konstrukte als stabil, wenngleich Cronbach's Alpha zur Überprüfung der internen Konsistenz der Skalen teilweise recht niedrig ausfiel. Wie die Autoren erklären, kann dies ein Hinweis sein, dass sich die Messung von Klimafaktoren auf Subkulturen, also z.B. relativ homogene Abteilungseinheiten, beschränken sollte und eine Aggregation der Daten unter diesen Umständen problematisch ist. Im Weiteren konnte ein Zusammenhang mit Leistungsdaten[14] einzelner untersuchter organisatorischer Einheiten nachgewiesen werden.

Norms Diagnostic Index von Allen und Dyer (1980)

Der *Norms Diagnostic Index* (Allen/ Dyer, 1980) erfasst allgemein akzeptierte Normen, die der Kultur zugrunde liegen, und die das Verhalten beeinflussen. Durch Faktorenanalyse wurden die Skalen entwickelt, wie z.B. *Partizipation, Training* oder *Vorgesetzten-Mitarbeiter-Beziehungen.* Einige der Skalen zeigten im Zuge einer Validierung schwache bis mäßige Korrelationen mit dem *Job Descriptive Index* (Smith/ Kendall/ Hulin, 1969).

Corporate Culture Survey von Glaser (1983)

Auf der Basis des theoretischen Ansatzes von Deal und Kennedy (1982) zur Beschreibung von Organisationskulturen beschreibt der *Corporate Culture Survey* (Glaser, 1983) – ebenfalls mithilfe von Werten – unterschiedliche Kulturtypen. Erhoben werden die folgenden Dimensionen: *Anker-Werte der Organisation, Helden (Vorbilder), Rituale (Spielregeln),* und die jeweilige kulturspezifische Art der betrieblichen *Kommunikation.* Es wird nicht berichtet, inwiefern die Validität des Instruments überprüft wurde.

[14] Aus fremdeingeschätzten Kriterien, wie Arbeitsqualität, Zielerreichung, Leistung, Effizienz, Führungsqualität und Kooperation mit anderen Abteilungen wurde ein abteilungsspezifischer Leistungsindex gewonnen.

Interkulturelles Instrument von Hofstede (1983a, 1983b, 1993)

Um interkulturelle Unterschiede in Managementstilen messen zu können, entwickelte Hofstede (1993) ein Instrument mit fünf unabhängigen Dimensionen: *Power Distance, Individualism/ Collectivism, Masculinity/ Femininity, Uncertainty Avoidance, Long Term/ Short Term Orientation.* Hintergrund ist die zunehmende Internationalisierung; durch das Instrument werden länder- oder kulturkreisabhängig unterschiedliche Führungskonzepte verdeutlicht. Zur Messung der Organisationskultur zweier Unternehmen aus dem nordeuropäischen Raum (also innerhalb eines Kulturkreises) präsentieren Hofstede et al. (1990) eine Sechs-Faktoren-Lösung, die in dichotomen Variablen die Qualität der jeweiligen Dimension beschreibt, z.B. *Prozess- vs. Ergebnisorientierung* oder *Mitarbeiter- vs. Aufgabenorientierung* usw., auch als „*Common Practices*" bezeichnet. Es wurden objektive Kriterien erhoben, wie z.B. Budgetgröße, demografische Variablen oder Krankenstand, um Korrelationen mit den genannten Dimensionen aufzuzeigen. Es finden sich ein Vielzahl an signifikanten Ergebnissen, die jedoch, so der Hinweis der Autoren, nicht aussagekräftig genug sind, um generalisiert werden zu können. Interessant dürfte dennoch sein, dass niedrige Krankenstände mit starker Ergebnisorientierung einhergehen, was bedeutet, dass die Mitarbeiter „ihr Bestes geben". Eine Überprüfung anhand von Geschäftskennzahlen[15] führte nicht zu signifikanten Ergebnissen.

Culture Gap Survey von Kilman und Saxton (1983)

Um Verhaltensnormen zu untersuchen, entwickelten Kilman und Saxton (1983) den *Culture Gap Survey.* Im Vordergrund steht die Frage, inwiefern gewünschte und tatsächlich beobachtete Normen auseinanderklaffen. Die interne Konsistenz der Skalen war zunächst nur schwach ausgeprägt, in einer Replikationsstudie[16] von 1987 konnte Saxton jedoch stabile Faktorenlösungen nachweisen (*Task Support, Task Innovation, Social Relationship, Personal Freedom*). Die Autorin kommt zum Ergebnis, dass ein großes Problem der untersuchten (amerikanischen) Unternehmen das Denken in kurzfristigen Optimierungszyklen sei – was sich besonders negativ auf die Innovationsfähigkeit auswirke (Kilman/ Saxton/ Serpa, 1985).

---

[15] Da diese Finanzkennzahlen keine empirischen Befunde liefern konnten, sind sie vom Autor auch nicht näher aufgeführt.

[16] Diese Studie entstammt einem unveröffentlichten Manuskript und wird in Rousseau (1990, S. 174) zitiert.

Group Climate Questionnaire von MacKenzie (1983)

Um die Interaktion von Gruppenmitgliedern zu messen, die sich einer gemeinsamen Psychotherapie unterziehen, wurde der *Group Climate Questionnaire* entwickelt. Er misst das „Gruppenklima“ anhand von drei Skalen: *Engagement, Konflikt* und *Vermeidung*. Eine Replikation von Tschuschke, Hess und MacKenzie (1990) bestätigt weitgehend diese faktorenanalytisch gewonnenen Dimensionen.

Instrument zum Betriebsklima von Rosenstiel et al. (1983)

Das von Rosenstiel et al. entwickelte Instrument zum Betriebsklima misst die *„Wahrnehmung und Bewertung von Organisationsgegebenheiten“* (Rosenstiel/ Bögel, 1992, S. 29) durch die Mitglieder einer Organisation. Die Mitarbeiter werden gebeten, u.a. zu folgenden Berei-chen ihre Meinung zu äußern: *allgemeine Einschätzung des Betriebes, Zusammenarbeit mit Kollegen und Vorgesetzten, Möglichkeiten der Information und Mitsprache*. Der Fragebogen ist validiert und in einer großen Anzahl an Unternehmen eingesetzt worden. Eine Prozent-rangskala gibt Aufschluss über Vergleichsergebnisse in anderen Organisationen. Das Instrument wurde von Bögel und Rosenstiel (1999) in Zusammenarbeit mit dem Bayerischen Innenministerium weiterentwickelt und bei einer Mitarbeiterbefragung im Verwaltungsbereich eingesetzt. Die Fragen umfassen die folgenden Aspekte: *Bedingungen am Arbeitsplatz, Kollegenbeziehungen, Vorgesetztenverhalten, Zusammenarbeit, Behördenklima* und *Organisation* sowie die *berufliche Entwicklung und Anerkennung*. Diese Dimensionen konnten in einer Stichprobe von 13 000 Mitarbeitern von Schulen, Behörden, Gerichten und Universitäten nach Angaben der Autoren faktorenanalytisch bestätigt werden. Auch die interne Konsistenz der Skalen ist zufriedenstellend.

Organizational Beliefs Questionnaire von Sashkin (1984)

Ein Ansatz, der versucht, das Phänomen Organisationskultur auf der Werte-Ebene zu erfassen, ist der *Organizational Beliefs Questionnaire* (Sashkin, 1984). Die Bandbreite der erfassten Werte erstreckt sich dabei von *Leistungsorientierung, Innovationsfähigkeit* und *Kommunikation* bis hin zu Erfolgsfaktoren wie *Wachstum, Ertrag* u.a..

Organizational Value Congruence Scale von Enz (1986)

Ebenfalls auf der Basis unternehmerischer Werte überprüft die *Organizational Value Congruence Scale* (Enz, 1986), ob die Einschätzung dieser Werte in Abhängigkeit von der jeweiligen Position unterschiedlich ausfällt. Dahinter steht die Annahme, dass sich die Werte der Mitarbeiter in unterschiedlichem Ausmaß mit den Werten der Organisation decken können („Value Congruence"), und dass diese Unterschiede Auswirkungen auf Mitarbeiter und Vorgesetzte haben. Dies wurde insofern bestätigt, als die Beurteilung des Top-Managements stark von der der Mitarbeiter anderer Hierarchieebenen abweicht. Die Ergebnisse zeigen: Je mehr Mitarbeiter und Vorgesetzte in der Wahrnehmung der Werte übereinstimmen, desto höher ist auch die jeweilige Entscheidungsmacht der Abteilung (Enz, 1986, 1988) – wobei vor allem die *wahrgenommene* Deckungsgleichheit sich als entscheidend herausstellte, weniger die tatsächliche oder latente Kongruenz. Die Konstrukte konnten über mehrere Stichproben hinweg aufgrund von Reliabilitätsanalysen bestätigt werden.

Instrument zur Unternehmenskultur von Kobi und Wüthrich (1986)

Ein Ansatz aus dem deutschsprachigen Raum fasst die erfolgsbestimmenden Faktoren der Unternehmenskultur in einem Facettenmodell zusammen. Als Dimensionen werden z.B. *Kunden-*, *Mitarbeiter-* oder *Technologieorientierung* gemessen und exemplarisch entsprechende Profile ausgewählter Unternehmen dargestellt. Über die zugrundegelegten methodischen Voraussetzungen (Konstruktvalidierung) machen die Autoren jedoch keine Angaben.

Instrument zur Unternehmenskultur von Reynolds (1986)

In einer Pilotstudie von Reynolds (1986) wird ein Fragebogen vorgestellt, der das Arbeitsumfeld der Mitarbeiter erfasst, indem insgesamt 14 verschiedene Aspekte von Unternehmenskultur berücksichtigt werden. Obwohl das Instrument die kulturellen Bedingungen gut wiedergeben konnte, gab es keinen konsistenten Zusammenhang zwischen Leistung und Kultur. Von den drei untersuchten *Fortune-500*-Unternehmen wurde eines als ‚exzellent' klassifiziert (aufgrund von besserem Abschneiden in Ertrags- und Wachstumszahlen über einen 20-Jahres-Durchschnitt). Dieses Unternehmen lag jedoch nur in drei der 14 Dimensionen über den Vergleichsunternehmen: die Mitarbeiter zeigten sich loyaler, wiesen mehr Gemeinschaftsgeist auf und nahmen weniger Formalisierung wahr. Ein weiteres Ergebnis ist, dass die Wahrnehmung des Arbeitsumfeldes abhängig von der Position im Unternehmen und je nach Branche unterschiedlich ist.

Work Environment Inventory von Burnside, Amabile und Gryskiewicz (1988)

Der *Work Environment Inventory* (Burnside/ Amabile/ Gryskiewicz, 1988) ist auf dem Hintergrund der Frage entstanden, welche Bedingungen im Arbeitsumfeld für kreative Prozesse verantwortlich sind. Auf der Basis der ‚*critical incident*'-Methode wurden Skalen entwickelt (und faktorenanalytisch bestätigt), die förderliche und hinderliche Umfeldfaktoren (z.B. Freiräume, Herausforderungen, Anerkennung, Ressourcen usw.) beschreiben.

Organizational Culture Inventory von Cooke und Rousseau (1988)

Der *Organizational Culture Inventory* (Cooke/ Rousseau, 1988; Cooke/ Lafferty, 1989) untersucht Verhaltensweisen, die die Integration in das Unternehmen erleichtern und auf Erwartungen von Kollegen eingehen. Es wurden 12 Skalen (mit je 10 Items) entwickelt, die faktorenanalytisch zu drei übergeordneten Dimensionen zusammengefasst wurden: *People/ Security Culture, Satisfaction Culture, Task/ Security Culture*. Anhand einer Normierungstabelle ist es möglich, Unternehmen nach ihrem Grad an ‚Exzellenz' zu klassifizieren. Der Fragebogen zeigt konsistente Faktorenlösungen auch über unterschiedliche Stichproben hinweg.

Instrument zur Unternehmenskultur von Taubitz (1988)

Eine vertiefte Anwendung des Modells von Kobi und Wüthrich (1986) nimmt Taubitz (1988) in exemplarischer Weise bei einer Erhebung bei der Deutschen Bundespost vor. Er beruft sich dabei auf die bei Kobi und Wüthrich dargestellten Dimensionen, passt sie allerdings der Fragestellung entsprechend an. Die Skalen sind auch hier weder faktoren- noch itemanalytisch abgesichert.

Survey of Organizations von Hansen und Wernerfelt (1989)

Der von Taylor und Bowers (1972) entwickelte *Survey of Organizations* wurde in einer Folgestudie in 60 Firmen mit dem Ziel eingesetzt, den Zusammenhang zwischen Organisationsvariablen und ökonomischen Kennzahlen zu überprüfen (Hansen/ Wernerfelt, 1989). Als Ergebnis halten die Autoren fest, dass organisatorische Einflussvariablen (wie z.B. Kommunikationsfluss, Entscheidungsprozesse, Zielorientierung) in weitaus höherem Maß für die Rentabilität verantwortlich sind als ökonomische Faktoren (wie z.B. Unternehmensgröße oder relativer Marktanteil).

Instrument zur Unternehmenskultur von Calori und Sarnin (1991)

Ziel der Studie von Calori und Sarnin (1991) war es, nicht nur ein Instrument für die Messung von Organisationskultur zu entwickeln, sondern auch einen Zusammenhang mit dem Erfolg der betrachteten unternehmerischen Einheiten herzustellen. Die kulturellen Eigenarten eines Unternehmens (Werte-Ebene) schlagen sich ihrer Meinung nach in korrespondierenden Management-Praktiken (Verhaltensebene) nieder, weshalb beide Aspekte in die Befragung aufgenommen wurden. Ihre Untersuchung (in französischen Unternehmen) konzentriert sich auf organisationskulturelle Variablen, Kulturstärke[17] und den Bezug zu objektiven Kriterien (Umsatz, Ertrag, Umsatzrentabilität (Return on Sales, ROS), Return on Investment, ROI). Es zeigt sich, dass die *Stärke* der jeweiligen Kultur positiv korreliert mit hohen Wachstumsraten. Einige der untersuchten kulturellen Faktoren zeigen wiederum einen starken Zusammenhang mit der Ertragslage, so z.B. *Selbstverwirklichung, Zuhören, Teamgeist, Anpassungsfähigkeit, Unternehmertum*, usw.. Insgesamt kommen die Autoren zum Schluss, dass die untersuchten Variablen einen stärkeren Einfluss auf *Wachstums-* als auf *Gewinnzahlen* haben – was daran liegen mag, dass Unternehmen am Markt heutzutage stärker wachstums- als ertragsorientiert wirtschaften.[18]

[17] *Kulturstärke* zerfällt hier in zwei Dimensionen: Die *Homogenität*, die sich aus der mittleren Standardabweichung der Antworten ergibt, sowie die *Intensität*, die als Indikator dafür gilt, welche Werte für die Organisation in besonderem Maße charakteristisch sind.

[18] Diese Erklärung sollte kritisch betrachtet werden: Ob ein Betrieb Wachstums- oder Ertragsziele in den Vordergrund stellt, hängt zu großen Teilen von der jeweiligen Branche ab. Junge Unternehmen, z.B. aus dem IT-Bereich, werden mehr Wachstum anvisieren, während Großunternehmen die Erzielung von Erträgen in den Vordergrund stellen. Die Ergebnisse der Studie von Calori und Sarnin (1991) müssen daher auf dem Hintergrund

Competing Values Model (CVM) von Cameron und Freeman (1991)

Eine Weiterentwicklung des *Competing Values Model (CVM)* (Quinn/ Spreitzer, 1991) findet sich bei Cameron und Freeman (1991). Seine Typologie der Kulturen (*clan, hierarchy, adhocracy, market*) hinterfragt, inwiefern ‚starke' Kulturen einen größeren Erfolgsbeitrag leisten als ‚schwache'. Tatsächlich zeigt sich, dass der *Kulturtyp* einen größeren Einfluss auf die Leistungsfähigkeit der untersuchten Hochschulen hat, als die Stärke bzw. Schwäche der Kultur[19]. Operationalisiert wurde diese Leistungsfähigkeit aufgrund von neun subjektiven Kriterien, die jedoch in früheren Studien einen deutlichen Zusammenhang mit objektiven Daten aufwiesen (Cameron, 1978; Cameron/ Freeman, 1991).

Metaanalyse über Instrumente zur Unternehmenskultur von Koys und DeCotiis (1991)

In ihrer Metastudie leiten Koys und DeCotiis (1991) aus 80 Dimensionen, die sie in der Literatur zur Klimaforschung fanden, ein Acht-Faktoren-Modell ab: *Pressure, Autonomy, Cohesion, Innovation, Recognition, Trust, Support* und *Fairness* – wobei diese letzten drei in einer zweiten Stichprobe zu einem Faktor zusammengefasst werden konnten. Die faktorenanalytische Ableitung erfolgte an zwei Stichproben und konnte im wesentlichen repliziert werden. In beiden Fällen lag Cronbach's Alpha als Maß für die Reliabilität der Skalen auf einem zufriedenstellenden Niveau.

Organizational Culture Profile von O'Reilly, Chatman und Caldwell (1991)

Die Entwicklung des *Organizational Culture Profile* (O'Reilly/ Chatman/ Caldwell, 1991) wurde von dem Anliegen geleitet, aktuelle Strömungen zum Thema *‚person-organization-fit'* aufzugreifen. Untersucht werden sollte zum einen die Interaktion zwischen Person und Situation, zum anderen die Einschätzung der Organisationskultur. Die Studie kommt zu folgenden Ergebnissen: Je besser die Passung zwischen der Organisation und ihren Mitgliedern, desto höher ist auch die Arbeitszufriedenheit bzw. das *‚organizational commitment'* und desto niedriger die Fluktuationsrate. Die Studie wurde mit konsistenten Ergebnissen von Vandenberghe (1999) repliziert.

---

der in der Stichprobe enthaltenen Unternehmenstypen gesehen werden; darüber machen die Autoren jedoch keine näheren Angaben.

Competing Values Model (CVM) von Quinn und Spreitzer (1991)

Das *Competing Values Model (CVM)* wurde ursprünglich entwickelt, um unterschiedliche Wertorientierungen hinsichtlich der Leistungsfähigkeit von Organisationen zu erklären (Quinn/ Rohrbaugh, 1981). Vier Kulturtypen wurden entworfen und in unterschiedlichen Settings getestet: *group culture, developmental culture, rational culture* und *hierarchichal culture* (Denison/ Spreitzer, 1991; Zammuto/ Krakower, 1991; Quinn/ Spreitzer, 1991). Wie eine erste Studie an amerikanischen Universitäten (Cameron/ Freeman, 1991) zeigen konnte, weisen die erfolgreichen Hochschulen ein ausgeglichenes Kulturprofil auf, das heißt, jede Dimension ist in etwa gleich stark ausgeprägt. Es gibt klare Zusammenhänge mit objektiven Leistungskriterien, wie z.B. Zufriedenheit der Studenten und des Personals, Ressourcenbeschaffung, Karrierefortschritt, etc. Eine deutliche Verbindung zwischen der durch das *CVM* erhobenen Organisationskultur und (subjektiven) Leistungsdaten[20] zeigen weiterhin Yeung, Brockbank und Ulrich (1991): Je schwächer (oder ‚eindimensionaler') ausgeprägt die einzelnen Kulturen sind, desto weniger leistungsfähig ist auch die entsprechende Organisation (Quinn/ Spreitzer, 1991). Das Instrument wurde außerdem zur Beobachtung und Bewertung eines Veränderungsprozesses herangezogen. Weicht die ideale, gewünschte Kultur zu stark von der beobachteten, erlebten, ab, hat dies Auswirkungen auf das *‚organizational commitment'* und die (optimistische) Einschätzung der Zukunft der Organisation (Harris/ Mossholder, 1996).

Instrument zur Unternehmenskultur von Gordon und DiTomaso (1992)

Dass sich die ‚Stärke' einer Kultur[21] positiv auf den Unternehmenserfolg auswirkt, zeigen Gordon und DiTomaso (1992) in ihrer Untersuchung in 11 amerikanischen Versicherungsunternehmen. Die Befragten wurden um eine Beurteilung der Unternehmenskultur gebeten – hinsichtlich der beiden Konstrukte *Anpassungsfähigkeit* und *Stabilität*. Liegt das strategische Hauptaugenmerk der Organisation auf der *Fähigkeit zur Anpassung* (im Gegensatz zu *Stabilitätszielen*), ist auch ein höheres Wachstum des bilanziellen Vermögens (eine branchen

[19] Die *Stärke* der Kultur wurde gemessen an der Punktzahl, die die Befragten einem bestimmten kulturellen Attribut gaben: Je höher die Punktzahl über alle Attribute hinweg ist, desto ‚stärker' ist die Kultur.

[20] Die Befragten sollten die Wettbewerbsfähigkeit ihres Unternehmens hinsichtlich 15 betrieblicher Aktivitäten sowie einer ökonomischen Größe einschätzen.

[21] Die *Stärke* der Kultur drückt sich darin aus, wie konsistent die Befragten die Items angekreuzt haben. Je niedriger die Standardabweichung der Individuen innerhalb einer Organisation sind, desto stärker die Übereinstimmung in der Wahrnehmung kultureller Faktoren, und desto stärker mithin die Kultur.

spezifische Größe, die dem *Ertragswert* in anderen Unternehmen entspricht) zu verzeichnen. Je konsistenter zudem die Urteile durch die Mitarbeiter ausfallen[22], desto höher sind die Wachstumsraten.

Instrument zur Unternehmenskultur von Denison und Mishra (1995)

Auf der Basis einer qualitativen Studie entwickelte Denison (1984, 1990) ein theoretisches Modell, das die Beziehung zwischen kulturellen Einflussvariablen und Erfolg abbildet. Die Analysen, die er anhand von Fallstudien durchführte, ergaben, dass insbesondere der Grad an partizipativer Einbindung von Mitarbeitern in Entscheidungen (als *Involvement* bezeichnet) mit wirtschaftlicher Effizienz (Return on Assets, ROA) einhergeht (Denison, 1984). Aus der detaillierten Auswertung der qualitativen Untersuchung konnten weitere Faktoren (neben dem erwähnten *Involvement*) abgeleitet werden, die die wirtschaftliche Entwicklung beeinflussen. Um diese „multidimensionale Natur" ökonomischer Erfolgsgrößen abbilden zu können, wählten Denison und Mishra (1995) als Grundlage ihres Modells vier kulturelle Eigenschaften von Organisationen: *Involvement*, *Consistency*, *Adaptability* und *Mission*. Zu jeder Dimension wurden zwei Items formuliert, die zusammen mit den Fragen zu den Leistungsdaten mehreren hundert Organisationen vorgelegt wurden. Die Validierung erfolgte mithilfe multidimensionaler Skalierung, wobei die vier Faktoren klar voneinander abgegrenzt werden konnten. Sowohl hinsichtlich der subjektiven als auch der objektiven Kriterien konnten die aufgestellten Hypothesen bestätigt werden. Die selbsteingeschätzten Leistungsdaten – Qualität, Mitarbeiterzufriedenheit, und allgemeine Leistungsfähigkeit des Unternehmens („Overall Performance") – korrelierten mit allen vier Dimensionen. Die Ergebnisse zu den objektiven Kriterien – die sich nur in größeren Unternehmen als stabil erwiesen –, fassen die Autoren wie folgt zusammen: Die beiden Dimensionen *Involvement* und *Adaptability* zeichnen eine flexible, offene und verantwortliche Kultur aus; sie eignen sich als Prädiktoren für unternehmerisches Wachstum (Umsatz). Hingegen lässt sich die Ertragslage (Return on Assets) besser durch die Kriterien *Consistency* und *Mission* prognostizieren; sie bezeichnen die Fähigkeit eines Unternehmens, Ziele und Visionen festzulegen, und diese einheitlich und konsistent umzusetzen (Denison/ Mishra 1995).

Eine Folgestudie von Fisher (1997) bestätigt die Theorie von Denison: Anhand verschiedener Leistungskriterien (Wachstums- und Ertragskennziffern; Produktqualität, Innovationen,

[22] Diese subjektive Einschätzung gibt Auskunft über die *Kulturstärke*.

Mitarbeiterzufriedenheit)[23] konnten positive Zusammenhänge mit kulturellen Eigenschaften festgestellt werden.

Instrument zur Unternehmenskultur von Thompson (1996)

In einer umfassenden Fallstudie von Thompson (1996) wird dem Zusammenhang zwischen Organisationsklima und Leistungskriterien nachgegangen. Im ersten Teil wurden quantitative Zusammenhänge zwischen weichen (Fragebögen zum Organisationsklima) und harten Faktoren (Leistungsdaten, wie z.B. Finanzdaten, Krankenstand, Kundenzufriedenheit) untersucht. Die dabei eingesetzten Befragungsinstrumente wurden spezifisch auf das Unternehmen abgestimmt und entwickelt und sind nicht durch Faktoren- oder Reliabilitätsanalysen validiert worden. Anschließend – in der zweiten Phase – wurden die Ergebnisse in einer qualitativen Nachuntersuchung rückgespiegelt, um geeignete Erklärungsmuster zu finden. Dabei wurden die untersuchten Unternehmen in unterschiedliche Leistungsstufen eingeteilt. Diese Klassifizierung erfolgte auf der Basis eines kombinierten Verfahrens: Die Ergebnisse aus der Befragung („Performance Management Index" als subjektives Kriterium) wurden im zweiten, qualitativen Teil der Studie, durch Interviews und nachfolgende (objektive) Fremdeinschätzungen validiert. Es zeigte sich, dass herausragende Führungsqualitäten (verkörpert im Begriff des „caring, involved leader") ein Schlüsselelement für den Erfolg der jeweiligen unternehmerischen Einheit bilden.

Metaanalyse über Instrumente zur Unternehmenskultur von Xenikou und Furnham (1996)

Angesichts der Vielzahl an Instrumenten zur Messung von Organisationskultur haben Xenikou und Furnham (1996) den Versuch unternommen, vier ausgewählte Fragebögen zu vergleichen, um zu einer gemeinsamen Faktorenstruktur zu gelangen. Es handelte sich um die folgenden Befragungsinstrumente:[24]

(a) *Corporate Culture Survey* (Glaser, 1983)
Messung von Unternehmenswerten, wie z.B. allgemeine Wertorientierungen, „Helden", Rituale, usw.

---

[23] Diese Kennzahlen wurden von den Top-Managern des jeweiligen Unternehmens eingeschätzt.

[24] Alle aufgeführten Instrumente sind in diesem Kapitel näher beschrieben.

(b) *Culture Gap Survey* (Kilman/ Saxton, 1983)
Messung von Verhaltensnormen, wie z.B. Aufgaben- oder Mitarbeiterorientierung, Kurz- oder Langfristigkeit, Prozessinnovation, usw.

(c) *Organizational Beliefs Questionnaire* (Sashkin, 1984)
Messung von Unternehmenswerten, wie z.B. Innovation, Freude an der Arbeit, Leistungsorientierung, Erfolgskriterien, usw.

(d) *Organizational Culture Inventory* (Cooke/ Lafferty, 1989)
Messung von Verhaltensweisen, die den Eingliederungsprozess in die Organisation erleichtern, wie z.B. Menschlichkeit, Leistungsorientierung, Anerkennung, Unabhängigkeit, Macht, usw.

Wie berichtet wird, wies dabei der *Organizational Culture Inventory* die höchste interne Reliabilität auf. Die Autoren kommen als Ergebnis des angestrebten Vergleichs zu einer Fünf-Faktoren-Lösung, die die Dimensionen *openness to change in a supportive culture, negativism/ resistance to change, the human factor in a bureaucratic culture, positive social relations in the workplace* und *task-oriented organizational growth* abbildet. Eine Kriteriumsvalidierung findet darüber hinaus nicht statt.

Instrument zur Unternehmenskultur von Arad, Hanson und Schneider (1997)

Eine systematische Erfassung organisatorischer Einflussvariablen ist das Ziel einer Untersuchung von Arad, Hanson und Schneider (1997). Die faktorenanalytisch abgeleiteten Konstrukte umfassen die folgenden Bereiche: *Organisationsstruktur, Führung, Zielvereinbarung, Human Ressources-Praktiken* und *Unternehmenswerte.* Dabei wird angenommen, dass jeder dieser Bereiche in Zusammenhang mit Spitzenleistungen und Innovation steht (auch wenn dies nicht durch entsprechende Außenkriterien überprüft wurde). Die Ergebnisse zeigen im Vergleich, dass große Unternehmen aufgrund ‚träger' Strukturen weniger innovativ sind, dass der Grad an Innovationsorientierung branchenunabhängig ist (Hochtechnologie-Firmen sind nicht innovativer), und dass innovatives Handeln überall dort zu finden ist, wo auch „high performance practices", also eine entsprechende Verpflichtung zu Spitzenleistungen, konsequent umgesetzt werden.

Team Climate Inventory von Anderson und West (1998)

In ihrem *Team Climate Inventory* zeichnen Anderson und West (1998) vier verschiedene Faktoren für ein *Climate for Innovation* verantwortlich:

- *Vision* ist die Fähigkeit, realistische Ziele zu definieren bzw. zu erreichen;
- *Partizipative Sicherheit* ist das Einbeziehen der Mitarbeiter in Entscheidungen;
- *Aufgabenorientierung* zielt auf die Verantwortlichkeit jedes einzelnen Teammitglieds ab;
- *Unterstützung für Innovation* bezieht sich auf das organisationale Umfeld.

Wie sich anhand verschiedener Studien zeigen ließ, führten konfirmatorische Faktorenanalysen durchgehend zu der dargestellten 4-Faktoren-Lösung. Brodbeck und Maier (2001) halten indes auch eine 5-Faktoren-Struktur für möglich, wenngleich diese Annahme noch durch weitere empirische Befunde gestützt werden muss. Auch die interne Reliabilität der Skalen erwies sich als zufriedenstellend.

In einer Längsschnittstudie mit 27 Management-Teams (West/ Anderson, 1996) und nachfolgenden Validierungsstudien (Agrell/ Gustafson, 1994; Kivimäki et al., 1997; Brodbeck/ Maier, 2001) konnte gezeigt werden, dass die Skalen des *Team Climate Inventory* sowohl subjektive als auch objektive Leistungsdaten voraussagen konnten. Als subjektive Daten dienten Selbsteinschätzungen, wie leistungsfähig und innovativ (nach Qualität und Quantität) das Team ist, und wie es um die subjektive Befindlichkeit der Teammitglieder steht. Die objektiven Daten wurden durch Fremdeinschätzung gewonnen, und betreffen z.B. Neuerungen, Kosteneffizienz und Teamerfolg. Brodbeck und Maier (2001) berichten zusammenfassend, dass über mehrere Studien hinweg starke Zusammenhänge zu verzeichnen sind, wenn die beiden Dimensionen *Vision* und *Unterstützung für Innovation* zur Innovations- und Teamleistung in Bezug gesetzt werden; moderat bis hoch korrelieren die beiden anderen Faktoren *Partizipative Sicherheit* und *Aufgabenorientierung*.

Instrument zur Unternehmenskultur von Johnson und McIntye (1998)

Eine Fallstudie aus dem administrativen Bereich deckt 19 unterschiedliche Aspekte von Organisationskultur und -klima ab, die zu großen Teilen einen deutlichen positiven Zusammenhang mit Werten der Arbeitszufriedenheit zeigen. Die interne Reliabilität der Skalen erwies sich als recht zufriedenstellend, eine faktorenanalytische Überprüfung fand jedoch nicht statt.

Instrument zur Unternehmenskultur von Müller (1999)

Der Einfluss kultureller Faktoren wurde in der Untersuchung von Müller (1999) über die Variablen *Kommunikations-* und *Vertrauenskultur*[25] erhoben. Eine Pfadanalyse zeigt, dass sich beide Aspekte deutlich auf die Zufriedenheit der Mitarbeiter auswirken. Das dargestellte Strukturgleichungsmodell weist gute Anpassungsfähigkeiten auf und verhält sich über verschiedene Organisations- und Hierarchietypen stabil.

Fragebogen zur Arbeit im Team (F-A-T) von Kauffeld (2001)

Ein Vier-Stufen-Modell zur Teamdiagnose stellt Kauffeld (2001) vor. Ein funktionsfähiges Team muss demnach die folgenden Phasen erfolgreich bewältigen: *Zielorientierung*, *Aufgabenbewältigung*, *Zusammenhalt* und *Verantwortungsübernahme*. Das Modell konnte faktorenanalytisch an mehreren Stichproben bestätigt werden, auch die Reliabilitäten sind zufriedenstellend. Darüberhinaus konnte auch die Kriteriumsvalidität des F-A-T nachgewiesen werden. Es zeigte sich u.a., dass *Aufgabenbewältigung* und *Verantwortungsübernahme* signifikante Prädiktoren für die Produktivität der untersuchten Teams sind.

Situational Outlook Questionnaire (SOQ) von Isaksen et al. (2001)

Zur Bestimmung innovationsfördernder Klima-Faktoren dient der *Situational Outlook Questionnaire*, eine Weiterentwicklung des *Creative Climate Questionnaire* von Ekvall (1991). Die insgesamt neuen Dimensionen wurden aus bisherigen Forschungsarbeiten abgeleitet (z.B. *Challenge and Involvement, Freedom, Trust/ Openness, Idea Time*, usw.). Die faktorenanalytische Überprüfung bestätigte das Modell weitgehend, und auch die interne Konsistenz erwies sich als gut. Es wurden innovative und stagnierende Unternehmen verglichen. Dabei zeigte sich, dass das Instrument kreative und nicht-kreative Umfeldbedingungen deutlich voneinander unterscheiden konnte.

[25] Die Variablen wurden auf sprachanalytischer Grundlage ausgearbeitet und den Befragten in Form von „Sprüchen" vorgelegt (Bsp.: *Ich denke, also bin ich hier falsch.*)

Zusammenfassung

Wie dieser Überblick zeigt, sind in den letzten Jahrzehnten ein Vielzahl an quantitativen Instrumenten entwickelt worden sind, die sich in großen Teilen sehr ähneln.

Als Ergebnis lässt sich feststellen, dass die Unternehmenskultur...

(a) ... in verschiedenen Dimensionen wahrgenommen wird.

(b) ... die Zufriedenheit der Mitarbeiter beeinflusst.

(c) ... sich auf die Effizienz betrieblicher Prozesse auswirkt.

(d) ...sich als eine gestaltbare organisatorische Variable darstellt.

Eine kritische Würdigung der Arbeiten auf dem Feld der Kultur- und Klimaforschung zeigt jedoch auch eine Reihe von Unzulänglichkeiten auf:

- Die praktische Anwendbarkeit steht im Vordergrund, und das Ziel der Theoriebildung wird oftmals vernachlässigt (Kaschube, 1993). Dementsprechend sind Ansätze, die eine theoretische Untermauerung der eingesetzten Instrumente aufweisen, unterrepräsentiert.
- Das methodische Instrumentarium genügt nicht immer wissenschaftlichen Anforderungen (fehlende Konstrukt- und Kriteriumsvalidierung) (Fabrigar et al., 1999).[26] Nur im Ausnahmefall werden die Ergebnisse repliziert; in vielen Fällen handelt es sich lediglich um Fallstudien. Folglich gibt es wenig standardisierte Instrumente – vor allem nicht innerhalb der Betriebswirtschaftslehre (Heinen/ Fank, 1997) und nicht im deutschsprachigen Raum.

---

[26] In einer umfassenden Metaanalyse über Studien, die explorative Faktorenanalysen einsetzen, stellen Fabrigar et al. (1999) fest, dass die methodischen Mindeststandards im überwiegenden Fall nicht eingehalten werden. Dazu haben die Autoren die Originaldaten der untersuchten Studien angefordert, um die veröffentlichten Ergebnisse nachzuprüfen. Es zeigte sich, dass die Ergebnisse in Abhängigkeit von der statistischen Prozedur stark variierten. Sie fordern daher ein höheres Verantwortungsbewusstsein der Forscher bezüglich der Auswahl der Datenbasis, der gewählten Methoden und der Begründung für die jeweiligen Arbeitsschritte.

- Es wird zu wenig der Versuch unternommen, kausale Zusammenhänge zu finden. So wird in der Regel nur zu einem Messzeitpunkt (Querschnittanalyse) erhoben.

4 Zum Begriff Innovation

4.1 Innovatives Handeln in Organisationen

Der bedeutende Nationalökonom Schumpeter (1934) führte das Konzept des „dynamischen Unternehmers" ein. Durch seine Fähigkeit, kontinuierlich Produktionsfaktoren neu zu kombinieren und auf diese Weise Innovationen zu schaffen, wird der Unternehmer zum treibenden Motor der wirtschaftlichen Entwicklung.

Roberts (1987, S. 3) betont, dass dieser Prozess der Neuschöpfung von Werten in zwei Phasen zerfällt:

> *„..innovation = invention + exploitation. The invention process covers all efforts aimed at creating new ideas and getting them to work. The exploitation process includes all stages of commercial development, application, and transfer, including the focusing of ideas or inventions towards specific objectives, evaluating those objectives, downstream transfer of research and/ or development results, and the eventual broad-based utilization, dissemination, and diffusion of the technology-based outcomes."*

Jedem Innovationsprozess ist mithin ein individueller, kreativer Prozess vorgelagert (Amabile, 1988, S. 126):[27]

> *„Creativity is the production of novel and useful ideas by an individual or small group working together. Organizational innovation is the successful implementation of creative ideas within an organization."*

West und Farr (1989, S. 16) heben hervor, dass ‚Neuheit' immer im Verhältnis zum jeweiligen Anwendungsfeld gesehen werden muss und definieren Innovation daher als:

> *„...intentional introduction and application within a role, group or organization of ideas, processes, products, procedures, new to the relevant unit of adoption, designed to significantly benefit role performance, the group, the organization or the wider society."*

---

[27] Einen Überblick über die Verschränkung von Innovation und Kreativität geben Bollinger und Greif (1983).

Kreatives Handeln findet innerhalb einer Organisation auf mehreren Ebenen statt. So sind am gesamten Prozess – von der ersten Idee eines Entwicklers bis zum marktreifen Produkt – sowohl Einzelpersonen als auch Gruppen beteiligt. Folglich gibt es auf jeder Handlungsebene spezifische Bedingungen, die innovatives Verhalten fördern – weshalb West und Altink (1996) für jede dieser Stufen die notwendigen Voraussetzungen beschreiben.

Worauf aber gründet die Annahme, dass kreatives Handeln ein Grundelement menschlicher Entwicklung ist, und Innovation ein natürlicher Bestandteil betrieblichen Handelns? West und Altink (1996) verweisen zur Erklärung auf zwei zentrale Axiome menschlichen Verhaltens: Demnach liegt auf **individueller Ebene** das Hauptmotiv im Forschungs- und Erkenntnisdrang des Menschen begründet sowie im Bestreben, die Umwelt aktiv zu gestalten (Nicholson/ West 1988; West/ Farr, 1990; West/ Fletcher/ Toplis, 1994). Ein weiteres Grundbedürfnis ist ihren Worten zufolge der Wunsch nach Sicherheit und Vorhersehbarkeit – entsprechend der Theorie der kognizierten Kontrolle (Osnabrügge/ Stahlberg/ Frey, 1985). Am Arbeitsplatz werden Risiken folglich nur dann eingegangen, wenn keine Sanktionen drohen (Ford/ Gioia, 1995). Dazu gehört auch das Gewähren von experimentellen Spielräumen, die autonomes und selbstgesteuertes Handeln ermöglichen (West, 1987). Damit die angebotenen Freiräume tatsächlich genutzt werden, muss jedoch ein intrinsisches Interesse vorliegen (Amabile, 1988); nur dann wird der Mitarbeiter eine umfassende und zukunftsorientierte Sichtweise einnehmen, um Chancen und Grenzen neuer Ideen oder Verfahren ausloten zu können.

Auf **Gruppenebene** konnten Anderson und West (1998) zeigen, dass die Innovationsfähigkeit von Gruppen durch die in ihrem *Team Climate Inventory* entwickelten Dimensionen beurteilt werden kann. Dabei ist es wichtig, klare Ziele zu definieren, die Mitarbeiter in Entscheidungen einzubeziehen, Verantwortlichkeiten klar zuzuordnen und innovatives Handeln aktiv zu unterstützen.[28]

Was die **Ebene der Organisation** anbetrifft, sind es vor allem flexible Strukturen, die innovationsfördernd wirken: Flache Hierarchien, starke Dezentralisierung, geringe Spezialisierung, Selbstabstimmung, Projektteams statt Stabsabteilungen, u.ä. (Kieser/ Kubicek, 1992). Doch gehen solche Strukturen in der Regel mit einer spezifischen Organisationskultur einher, die einen ebenso großen Einfluss auf innovatorische Prozesse hat. Als Eckpunkte nennen

[28] Zur Thematik Innovationen in Gruppen und am Arbeitsplatz siehe auch King (1990) und King und Anderson (1990).

Kieser und Kubicek (1992) den Stellenwert, den innovative Werte genießen, die Toleranz gegenüber Fehlschlägen, Sicherheit für die Mitarbeiter und Unterstützung für ‚Ideen-Champions'. Sein Ansatz spiegelt sich in dem teambasierten Konzept von Anderson und West (1998) wider; man kann daraus schließen, dass die Wirkmechanismen auf Gruppen- und Organisationsebene ähnlich sind.

Schließlich können Innovationen auf dem **sozio-kulturellen** Hintergrund eine enorme Tragweite besitzen. Wie es Kondratieff (1928) am Anfang dieses Jahrhunderts beschrieb, unterliegt die Konjunktur gewissen Schwankungen. Als auslösende Kräfte für diese alle 30 bis 45 Jahre wechselnden Zyklen sind *Basisinnovationen* verantwortlich zu machen, wie die Dampfmaschine, das Flugzeug oder der Personal Computer. Diese Neuerungen können Arbeits- und Erlebniswelten so entscheidend prägen, dass es zu radikalen Veränderungen im gesellschaftlichen Leben kommt.

Diese Zyklen haben sich durch moderne Technologien extrem verkürzt. Unternehmen sind somit ständig inneren und äußeren Impulsen ausgesetzt, die die organisatorische Entwicklung bedingen und beeinflussen. Greiner (1998, S. 56) zufolge spielen sich diese Veränderungen in Zyklen ab:

> *„... we can identify a series of developmental phases through which companies tend to pass as they grow. Each phase begins with a period of evolution, with steady growth and stability, and ends with a revolutionary period of substantial organizational turmoil and change.... The resolution of each revolutionary period determines whether or not a company will move forward into its next stage of evolutionary growth."*

Innovationen spielen in der jeweiligen „revolutionären Phase" eine zentrale Rolle. Da sie dem Unternehmen neue Wachstumspotentiale eröffnen, stellen sie die eigentliche Grundlage für die langfristige Unternehmenssicherung dar.

4.2 Ideenmanagement und Betriebliches Vorschlagswesen

Ziel des Ideenmanagements ist es, das Innovationspotential jedes einzelnen Mitarbeiters zu fördern, und die Anzahl an Ideen, Verbesserungsvorschlägen und Neuerungen innerhalb eines Unternehmens bewusst zu steuern (Böhme, 1994).

Dazu stehen dem Unternehmen verschiedene Instrumente zur Verfügung. Als wichtigstes ist das *Betriebliche Vorschlagswesen (BVW)* zu nennen, dass den Mitarbeiter durch Prämien ermutigt, Verbesserungsvorschläge einzureichen. Aus ökonomischer Sicht können dadurch Produktionsverfahren verbessert, die Produktivität gesteigert, Ressourcen eingespart und die Qualität der Produkte erhöht werden (Merz/ Biehler, 1994). Gleichzeitig dient das BVW als Motivationsinstrument, da es die Mitarbeiter zu kritischem Hinterfragen und autonomem Handeln anregt (DIB, 1993). Durch die Möglichkeit der Prämienzahlung wird die Eigeninitiative des einzelnen (oder auch von Gruppen) entsprechend anerkannt (Wildemann, 1995; DIB, 1999). Wildemann weist jedoch darauf hin, dass diese extrinsischen Motivatoren zwar kurzfristig wirksam sind (wie eine Befragung von Nickel und Krems (1998) zeigen konnte)[29], eine langfristige Sicherung der Effizienz des Vorschlagswesens jedoch nur durch intrinsische Faktoren möglich ist (Sinngebung, Lernmöglichkeiten, Kommunikation, Freiräume etc.; siehe auch Neubeiser, 1999).

Abbildung 5: Rahmenbedingungen für ein innovatives Vorschlagswesen (nach Wildemann, 1995)

Nur wenn die Rahmenbedingungen entsprechend flexibel gestaltet sind, kann sich das kreative Potential des einzelnen optimal entfalten (Abb. 5): Aktive Beteiligung der Mitarbeiter an Verbesserungsprozessen, fairer und unbürokratischer Umgang mit Vorschlägen oder partizipativer Führungsstil seien hier beispielhaft genannt (Wildemann, 1995; Frey/ Schmook, 1995; Frey/ Fischer/ Winzer, 1996).

[29] Siehe im Weiteren zum motivierenden Effekt monetärer Vergütung oder Bonuszahlungen Tang/ Gilbert (1995) sowie Yukl/ Wexley/ Seymore (1972)

Neben dieser institutionalisierten Form des Ideenmanagements gibt es verwandte Konzepte, die innovatives Handeln fördern sollen. So geht der *kontinuierliche Verbesserungsprozess* auf die japanische Erfindung der *Qualitätszirkel* zurück, in denen in kleinen Gruppen Prozesse überdacht und Lösungen erarbeitet werden (Böhme, 1994).

4.3 Empirische Untersuchungen zum Vorschlagswesen

Bislang gibt es nur wenige empirische Studien zum Betrieblichen Vorschlagswesen. Aiken, Bacharach und French (1980) betonen, wie wichtig die organisatorischen Rahmenbedingungen für den Umgang mit Ideen sind. Sie richten ihr Augenmerk auf den ersten Abschnitt des Innovationsprozesses (Ideengenerierung – Ideenprüfung – Ideenimplementation), um zu zeigen, welchen Einfluss das Umfeld auf das Einbringen von Verbesserungsvorschlägen hat. Dabei erweisen sich unterschiedliche Faktoren als entscheidend, in Abhängigkeit von der jeweiligen Hierarchieebene (hier im Bereich der Verwaltung). Für die mittlere Führungsebene zeigte sich: Je komplexer das Aufgabenfeld des Mitarbeiters („vertikale Differenzierung"), und je intensiver die interne Kommunikation, desto zahlreicher gehen Verbesserungsvorschläge ein. Dagegen werden Mitarbeiter der unteren Organisationsebenen umso mehr zu Ideen motiviert, je umfassender ihr Arbeitsbereich und je größer ihre Einflussmöglichkeiten sind. Es wird die Schlussfolgerung gezogen, dass die Nähe zum Kunden das Vorschlagsverhalten indirekt beeinflusst.

Weiterhin steht u.a. die Frage im Vordergrund, wie sich das Führungsverhalten auf das Einreichen von Vorschlägen auswirkt. So zeigen Nickel und Krems (1998), dass sich ein partnerschaftlicher Umgang mit den Mitarbeitern auf die Beteiligung am BVW positiv auswirkt. Einen ebenso großen Einfluss auf die Kreativität der Mitarbeiter hat den Ergebnissen zufolge ein Führungsstil, der die Mitarbeiter ermutigt, eigene Ideen zu entwickeln. Vorgesetzte, die ihre Mitarbeiter an Entscheidungen beteiligen und regelmäßiges Feedback geben, schaffen ein innovativeres Klima (Bitzer/ Nieder/ Poppe, 1989). Eine Befragung, die den Stärken und Schwächen des Ideenmanagements nachgeht, kommt zum Schluss, dass Mitarbeiter sich von ihren Vorgesetzten mehr Aufgeschlossenheit gegenüber Ideen, bzw. Verbesserungsvorschlägen wünschen (Völker/ Hochberg, 1999).

Auch Thom und Vonlanth (1994) haben Mitarbeiter gefragt, welche Änderungen im Vorschlagswesen ihrer Meinung nach notwendig wären. Wichtigstes Ergebnis war dabei, das Vorschlagswesen aus seinem traditionell angestammten Bereich der technischen Produktion herauszuholen und auch in anderen Unternehmensbereichen zu etablieren. Die Zukunft des Vorschlagswesens liegt in einem integrativen, dezentralisierten Ansatz (Nickel, 1999; Thom, 1996).

Frese, Teng und Wijnen (1999) fragen nach den Einflussfaktoren im Ideenmanagement und kommen zu dem Schluss, dass u.a. die folgenden Aspekte das Vorschlagsverhalten nachhaltig positiv beeinflussen: Initiative am Arbeitsplatz, Selbstwirksamkeit, die erwarteten Verbesserungen im eigenen Arbeitsbereich sowie das Fehlen bürokratischer Hemmnisse. Letztere werden auch von Frey, Fischer und Winzer (1996) als negative Einflussfaktoren ausgemacht, neben fehlender Begründung bei Ablehnung von Vorschlägen, fehlender Transparenz über Umsetzungsschritte, mangelnde Offenheit für neue Ideen bei Vorgesetzten und Kollegen usw..

5 *Center of Excellence* – Ein Modell zur Erfassung von Unternehmenskultur

5.1 Grundlagen

5.1.1 Grundannahmen menschlichen Verhaltens

Das vorgestellte Modell *Center of Excellence* gründet auf der Annahme, dass Menschen durch fünf psychologische Grundbedürfnisse gekennzeichnet sind (Frey/ Schulz-Hardt, 2000, S. 20):

*„a) Menschen haben das Bestreben, ein **Gefühl von Kompetenz** zu entwickeln.*

*b) Menschen haben das Bestreben nach **Autonomie**, wollen also selbstbestimmend und selbstverantwortlich handeln.*

*c) Menschen haben das Bestreben nach **sozialem Bezug** und **sozialer Eingebundenheit**, sie wollen mit anderen zusammensein, die ihnen positive Unterstützung geben.*

*d) Menschen möchten ein **Gefühl von Kontrolle** über ihre Umwelt haben, d.h. sie möchten Dinge beeinflussen, vorhersagen und erklären können.*

*e) Menschen streben nach **Sinn**, d.h. sie möchten das Gefühl haben, dass das, was sie tun und erleben, für sie eine Bedeutung besitzt."*

Die ersten drei dieser Grundbedürfnisse, *Kompetenz*, *Autonomie* und *Soziale Einbindung*, wurden von Deci und Ryan (1985, 1993) im Rahmen ihrer Selbstbestimmungstheorie postuliert und durch umfangreiche Forschung dokumentiert. Das Kontrollmotiv (siehe im Überblick Osnabrügge/ Stahlberg/ Frey, 1985) sowie das Sinnstreben (Schulz-Hardt/ Frey, 1997) sind ebenfalls durch umfangreiche Forschungsergebnisse belegt.

Auf der Grundlage dieser Modellannahmen wurden die im Folgenden dargestellten *Führungsprinzipien* abgeleitet. Dabei bilden diese Prinzipien die Grundlage für das Modell des *Center of Excellence*, das die kulturellen Aspekte unternehmerischen Handelns zusammenfasst. Entscheidend für das Verständnis und die Interdependenz beider Modelle ist die Verbindung von Unternehmens- und Mitarbeiterführung. Ganzheitliches Management berücksichtigt neben der strategischen Ausrichtung des Unternehmens nach außen auch die entsprechende Integration nach innen (Frey, 1998, S. 202):

„Durch Unternehmensführung wird die Orientierung, die Richtung (analog der Richtlinienkompetenz des Bundeskanzlers), das Ziel vorgegeben. Die Umsetzung der Inhalte der Unternehmensführung obliegt den Führungskräften in der Art ihrer Mitarbeiterführung: Höchstleistungen und Veränderungen sind keine Sache von Zahlen; sie sind Folge des Handelns von Menschen. Daher sollte der einzelne in seinen Talenten, Fähigkeiten und Interessen gefordert und gefördert werden."

Diese Verzahnung von Kultur und Strategie äußert sich in einer durchgehenden Leistungs- und Prozessorientierung, die mit dem Begriff „Exzellenz" zusammengefasst werden kann. Exzellente unternehmerische Leistungen verweisen dabei auf zwei Dimensionen: So wird 1.) eine starke Wettbewerbsposition angestrebt, die 2.) nur auf dem Hintergrund der entsprechenden kulturellen Gegebenheiten erreicht werden kann (Denison, 1990). Wird von der Geschäftsführung beispielsweise eine höhere Kundenbindung angestrebt, muss dies auf operativer Ebene in eine Vielzahl von Maßnahmen umgesetzt werden: Mitarbeiter müssen im Umgang mit Kunden geschult werden, die zugehörigen Abläufe müssen in Hinblick auf ihre Kundenfreundlichkeit überprüft werden und Führungskräfte müssen kundenorientiertes Handeln belohnen. Zusammenfassend lässt sich somit sagen, dass exzellente Unternehmen nicht nur nach außen, in Hinblick auf ihre ökonomischen Leistungen im Wettbewerb, Überlegenheit zeigen, sondern auch in einer entsprechenden Integration nach innen: die Ursache des Markterfolges ist in den internen Bedingungen zu suchen, die diese Leistungen erst ermöglichen. Diese Bedingungen werden durch den Begriff „exzellente Unternehmenskultur" oder auch *Center of Excellence* umschrieben.

5.1.2 Modellannahmen

Grundsätzlich ist die Messung von kulturellen Aspekten organisatorischen Handelns mit Problemen behaftet: Wie Schein (1995) in seinem Drei-Ebenen-Modell aufzeigt, fließen die *Grundannahmen* nur indirekt in das Verhalten der Organisationsmitglieder ein. Sie prägen die darüberliegende Ebene der *Werte*, die wiederum die *Artefakte* bestimmen. Eine solche Beobachtung fällt leichter, wenn einzelne Ausschnitte der Wirklichkeit zur Betrachtung herangezogen werden, wie z.B. die Zusammenarbeit im Team oder das Verhalten gegenüber dem Kunden. Vor diesem Hintergrund ist die Entwicklung von Verfahren zur Kulturdiagnose zu sehen, die die unterschiedlichen *Facetten* oder *Dimensionen* von Kultur messen (Rousseau, 1988; Rosenstiel et al., 1983). Diese Vorgehensweise spiegelt sich sowohl in den nun folgenden *Prinzipien der Führung* als auch in den Kulturen des *Center of Excellence* wider (siehe Kapitel 5.3).

5.1.3 Zur Frage geteilter Wahrnehmungen

Jedwede Kulturanalyse auf Gruppen- oder Organisationsebene setzt voraus, dass die Mitglieder der jeweiligen Untersuchungseinheit ihre Sicht der Wirklichkeit teilen. Laut Hosking und Anderson (1992) ist dies u.a. der Fall, wenn Individuen...

(a) ...direkt interagieren können,

(b) ...gemeinsame Ziele verfolgen, und

(c) ...aufgrund von Aufgabeninterdependenz gezwungen sind, direkt handlungsbezogene, sozial geteilte Wahrnehmungen ihrer unmittelbaren Arbeitsumgebung kollaborativ zu konstruieren.

Die Wahrnehmung des Arbeitsumfeldes kann demnach in unterschiedlichem Grad oder Ausmaß geteilt werden. Da die Interdependenz innerhalb von Teams größer ist als zum Beispiel über Abteilungen oder gar Standorte hinweg, werden die Teammitglieder eine größere Übereinstimmung aufweisen (Brodbeck/ Maier, 2001). Entscheidend für die Analyse ist jedoch, wie stark diese Übereinstimmung ist – was sich statistisch in einer niedrigen Varianz der Antworten oder in entsprechenden Clustern von Subgruppen zeigt (Schneider, 1972; Joyce/ Slocum, 1982, 1984). Verfügen die Mitarbeiter über gleichartige Ausbildungswege und Erfahrungen, oder vermittelt das Management einheitliche Visionen und Werte, so wird der einzelne auch im Sozialisationsprozess entsprechend stärker eingebunden werden (Brodbeck/ Maier, 2001). In diesem Falle kann man auch auf der Ebene der Organisation von sozial geteilten Wahrnehmungen und damit von einer gemeinsamen Kultur ausgehen.

5.2 Das Prinzipienmodell der Führung

Das vorliegende Führungsmodell nach Frey (Frey/ Schulz-Hardt, 2000) berücksichtigt die zentralen Faktoren, die Menschen zur engagierten Mitarbeit in Unternehmen bewegen. Ausgangspunkt ist der ‚mündige Mitarbeiter', der selbstverantwortlich und initiativ handelt. Die Verwirklichung dieser Prinzipien beeinflusst Einstellung und Verhalten der Mitarbeiter in vielerlei Hinsicht: Arbeitszufriedenheit, Leistungsmotivation und Selbständigkeit steigen, das

Betriebsklima verbessert sich und Fluktuation und Krankenstand verringern sich (Abb. 6). Insgesamt zeigen sich positive Wirkungen auf die Leistung und die Kreativität – sowohl der Führungspersonen als auch der Geführten (Frey/ Schulz-Hardt, 2000; Wendt, 1999).

1. Das Prinzip der Sinn- und Visionsvermittlung

Jeder Mitarbeiter und jede Führungskraft kann die eigene Rolle und Tätigkeit in ein sinnvolles Ganzes einordnen. Dem Unternehmen gelingt es, Visionen aufzuzeigen, aus denen dann konkrete Ziele abgeleitet werden. Zudem gilt, *„...wo Vision und Sinngebung erfüllt werden, steigt die intrinsische Motivation.“* (Frey 1998, S. 205)

2. Das Prinzip der Transparenz (Information und Kommunikation)

Die Führungskraft stellt alle notwendigen Informationen bereit, die der Mitarbeiter zur Erledigung seiner Arbeit braucht, und die ihm einen Einblick über die betrieblichen Gesamtprozesse liefern. Diese Transparenz entsteht durch einen persönlichen Dialog, der die Kooperation verstärkt und damit zu höherer Effizienz führt (Frey, 1996a; Möller et al., 1998).

3. Das Prinzip der Autonomie und Partizipation

Die Möglichkeit der Mitwirkung an betrieblichen Entscheidungen erhöht die Identifikation mit der Aufgabe und auf diese Weise die Bereitschaft, Verantwortung zu übernehmen. Dieses Prinzip fordert ein hohes Maß an Delegation und ist daher in flachen Hierarchien gut umsetzbar.

4. Prinzip der konstruktiven Rückmeldung (Lob und Kritik)

Anerkennung zu geben bzw. Kritik zu üben sollte als Kompetenz betrachtet werden, die die Qualität der Führung wesentlich bestimmt. Dem Mitarbeiter die Bewertung seiner Leistungen rückzumelden, gibt diesem die Gelegenheit, das eigene Tun zu reflektieren und gegebenenfalls zu verbessern.

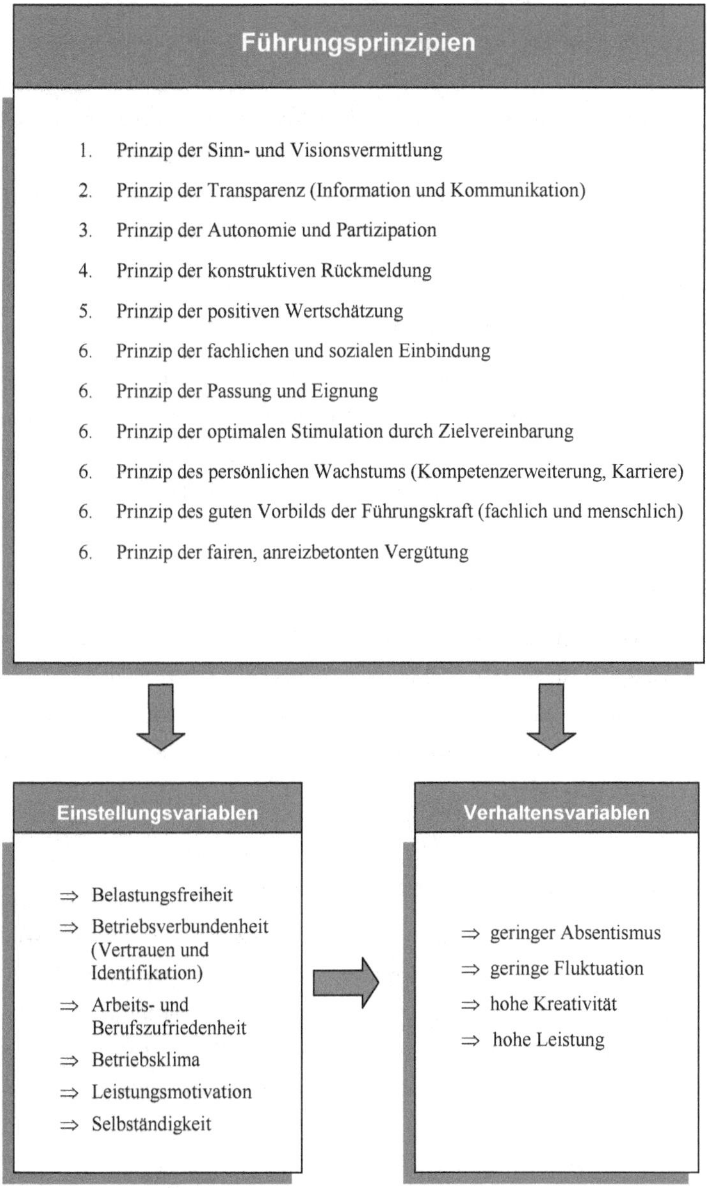

Abbildung 6: Das Prinzipienmodell der Führung nach Frey (Frey/ Schulz-Hardt 2000, S. 21)

5. Prinzip der positiven persönlichen Wertschätzung

Respekt und Wertschätzung der persönlichen wie fachlichen Qualitäten ist die Grundlage für ein vertrauensvolles Verhältnis zwischen Führungskraft und Mitarbeiter. Eine fundierte Kenntnis psychologischer Mechanismen trägt dazu bei, dass die Führungsperson ihre Mitarbeiter hinsichtlich ihrer Stärken und Schwächen objektiv einzuschätzen weiß. Erst wenn Schwächen erkannt werden, kann man an ihnen arbeiten – die Entscheidung darüber kann jedoch nur der einzelne selbst fällen.

6. Prinzip der fachlichen und sozialen Einbindung

Die Identifikation mit der beruflichen Tätigkeit ist eine wichtige Voraussetzung für Arbeitszufriedenheit und Leistungsmotivation. Um eine soziale Identität zu entwickeln, muss der Mitarbeiter in das Team bzw. Unternehmen integriert sein. Diese Integration wirkt sich auf das Engagement und die Einstellung zur betrieblichen Tätigkeit positiv aus.

7. Prinzip der Passung und Eignung

Dieses Prinzip zielt auf ein kongruentes Verhältnis zwischen den Anforderungen der Tätigkeit und den Qualifikationen des Mitarbeiters ab. Sowohl Unter- als auch Überforderung kann demotivierend wirken. Zusammen mit der Führungskraft wird kontrolliert, welche Probleme, Störquellen oder Konflikte beseitigt oder gemindert werden müssen, um das Arbeitsumfeld zu verbessern.

8. Prinzip der optimalen Stimulation durch Zielvereinbarung

Ziele werden in einem zweiseitigen Verhandlungsprozess zwischen Führungskraft und Mitarbeiter festgelegt. Zielvereinbarungen können sich auf die Dimensionen Zeit, Kosten, Qualität und Kompetenzen beziehen. Eine konsequente Zielorientierung des Vorgesetzen führt zu besseren Projektergebnissen (Sonnentag et al., 1997). Sie geht in der Regel mit regelmäßigen Mitarbeitergesprächen, Maßnahmenkatalogen und Kontrollinstrumenten einher.

9. Prinzip des persönlichen Wachstums

Unter der Maßgabe, dass sich der Mitarbeiter weiterentwickeln möchte, fällt der Führungskraft eine beobachtende und beratende Funktion zu. Persönliche Wachstumsziele müssen definiert werden, und im Folgenden Mittel und Wege gefunden werden, wie diese verwirklicht werden können. Dies kann durch eine höhere Position, aber auch – in flachen Hierarchien – durch Erweiterung der Kompetenzen und der Verantwortung geschehen.

10. Prinzip des guten Vorbilds der Führungsperson (fachlich und menschlich)

Führungskräfte überzeugen am nachhaltigsten, wenn sie sich selbst fachlich und menschlich als lebendiges Vorbild zeigen. Insbesondere die Vermittlung und Umsetzung von Unternehmenszielen wird umso glaubhafter und wirkungsvoller sein, wenn die Mitarbeiter die Führungsperson mit gutem Beispiel vorangehen sehen.

11. Prinzip der fairen, anreizbetonten Vergütung

Eine angemessene Vergütung ist Ausdruck des Respekts vor den Leistungen des Mitarbeiters. Leistung und Bezahlung sollten daher in einem ausgewogenen Verhältnis stehen – wobei sowohl die Sicht des Unternehmens als auch die Bedürfnisse des Mitarbeiters berücksichtigt werden müssen. Sind allerdings die genannten Grundprinzipien zu großen Teilen unerfüllt, kann auch eine gute Entlohnung die fehlende intrinsische Motivation nicht ausgleichen.

5.3 Das Modell *Center of Excellence*

Erfolgreiche Unternehmen zeichnen sich durch eine besondere Art der Unternehmenskultur aus. Sie streben auf allen Dimensionen Spitzenleistungen an, d.h. Kundenorientierung, Innovationsfähigkeit, professionelle Mitarbeiterführung usw. sind leitende Werte (Frey, 1996b). Sie können daher als ein *Center of Excellence* bezeichnet werden. Diesem Ansatz liegt ein normatives Konzept (Denison/ Spreitzer, 1991) zugrunde, das heißt, die Erfolgsorientierung dieser Unternehmen schlägt sich auch in ökonomischen Kategorien nieder, wie stärkerer Innovationstätigkeit, stärkerer Kundenbindung, oder höherem Umsatz- und Ertragswachstum (Frey/ Schulz-Hardt, 2000). Die einzelnen Facetten erfolgreichen unternehmerischen Handelns spiegeln sich in den sog. *Kulturen des Center of Excellence* (Abb. 7) wider, wobei all diese Dimensionen miteinander verwoben sind und einander bedingen. Gleichzeitig kommt es zu Rückkoppelungseffekten: durch den aktiven Einbezug der Mitarbeiter werden Defizite wie unzureichende Kommunikation, mangelndes Feedback, schlechtes Betriebsklima usw. verringert. Voraussetzung ist allerdings, dass die Beteiligten die dargestellten Kulturen des *Center of Excellence* verinnerlichen (Frey/ Schulz-Hardt, 2000, S. 43):

> *„Die Realisierung dieser Prinzipien und Kulturen ergibt sich dann fast automatisch, wenn sich nämlich die Beteiligten aus Überzeugung in Übereinstimmung mit ihnen verhalten, also aus sich selbst heraus (autonom) zu ihrer Verwirklichung motiviert sind."*

Center of Excellence

1. Kundenorientierungskultur
1. Konkurrenzorientierungskultur
1. Kreativkultur bzw. schöpferische Chaoskultur
1. Wertschöpfungskultur
1. Mitarbeiterorientierungs- bzw. Führungskultur
1. Kommunikationskultur
1. Unternehmerkultur
1. Kulturen des Kritischen Rationalismus
    a) Problemlösekultur
    a) Konstruktive Fehlerkultur
    a) Lern- und Zukunftskultur
    a) Konstruktive Streit- und Konfliktkultur
    a) Frage- und Neugierkultur
1. Team- und Synergiekultur
1. Zivilcouragekultur
1. Rekreationskultur

Abbildung 7: Darstellung der Kulturen des *Center of Excellence* nach Frey (Frey/ Schulz-Hardt, 2000, S. 31)

1. Kundenorientierungskultur

Jeder Mitarbeiter agiert als Service-Center und verfolgt das Ziel, die höchste Kundenzufriedenheit zu erreichen. Der Begriff der Kundenorientierung wird dabei nicht nur auf den externen Kunden, sondern auch auf die internen Leistungsempfänger angewandt. Die zugrundeliegenden Austauschprozesse werden in der *Equity-Theorie* (Müller/ Hassebrauck 1993) und in anderen Austauschtheorien (Mikula, 1985) beschrieben. Wird der Prozess nicht als fair erlebt, reagiert der Kunde mit Verärgerung, Widerstand und schließlich der Auflösung des Austauschverhältnisses.

2. Konkurrenzorientierungskultur

Die Leistungen des Wettbewerbers werden beobachtet und analysiert, um die eigene Leistung kritisch zu hinterfragen. Dienen andere Unternehmen als Benchmark, kann verhindert werden, dass neue Entwicklungen unberücksichtigt bleiben. Stattdessen sieht man sich einem „konstruktiven Wettbewerb" ausgesetzt, der die Leistungsfähigkeit der Branche insgesamt anhebt. In der *Theorie der sozialen Vergleichsprozesse* (Frey et al., 1993) kommt dieses Phänomen zum Ausdruck: Es ist ein natürliches Bedürfnis des Menschen, sich mit anderen zu vergleichen. Sind solche Vergleiche allerdings auf das Bestreben zurückzuführen, den eigenen Selbstwert zu schützen, läuft man Gefahr, Vergleiche nur in eine Richtung anzustellen. Daher sollte ein Unternehmen immer die Besten der Branche als Vorbild heranziehen, um von den „best practices" der anderen zu lernen.

3. Kreativkultur bzw. schöpferische Chaoskultur

Phantasie und Kreativität sind die Voraussetzung für das Beschreiten unbekannter Wege. Entsprechend müssen die betrieblichen Rahmenbedingungen Freiräume schaffen, innerhalb derer reflektiert, spielerisch ausprobiert und experimentiert werden kann. Durch die systematische Anwendung von Kreativitätstechniken können Ideenpotentiale freigesetzt werden. Entscheidend ist dabei, sich nicht von feststehenden oder voreingenommenen Denkmustern leiten zu lassen. Wie aus der *Hypothesentheorie der sozialen Wahrnehmung* (Lilli/ Frey, 1993) abzuleiten ist, wird die Art und Weise, wie wir unsere Umwelt wahrnehmen, durch unsere Hypothesen beeinflusst. Ein kreatives betriebliches Umfeld basiert folglich auf Hypothesen, die den ständigen Wandel als einzige Konstante betrachten.

4. Wertschöpfungskultur

Jeder Mitarbeiter sollte erkennen können, welchen Beitrag er im Rahmen des Ganzen leistet. Voraussetzung ist das Bewusstsein ökonomischer Gesetzmäßigkeiten, wie knappe Güter, Kosten-Nutzen-Erwägungen usw., das im Konzept des *„homo oeconomicus“* (Kirchgässner 1991; Frey/ Brandstätter/ Schuster, 1994; Picot/ Dietl/ Franck, 1999) seinen Ausdruck findet. Die einzelnen Schritte in der Prozesskette werden analysiert, um eventuelle Verluste an Wertschöpfung aufzudecken. Dazu gehört auch die klare Definition von Abbruchkriterien, um beispielsweise ein neues Produkt nicht ‚am Kunden vorbei' zu entwickeln oder durch zu hohen Kostenaufwand unwirtschaftlich zu machen.

5. Mitarbeiterorientierungs- bzw. Führungskultur

Fragen der Zusammenarbeit zwischen Führungskräften und Mitarbeitern wurden in den bereits genannten Führungsprinzipien (Frey/ Schulz-Hardt, 2000; siehe Kapitel 5.2) näher erläutert.

6. Kommunikationskultur

Die Qualität der Kommunikation beeinflusst innerbetriebliche Prozesse, da sie nicht nur dem Austausch von Informationen („Wissensmanagement“) dient, sondern auch die Grundlage persönlicher Beziehungen darstellt („Wissenskultur“) (Mandl/ Reinmann-Rothmeier, 2000). So haben bestimmte Kommunikationsstile Auswirkungen auf die Zufriedenheit, die Qualität von Beziehungen zwischen Vorgesetzen und Mitarbeitern und auf allgemeine organisatorische Variablen, wie z.B. das Organisationsklima (Muchinsky, 1977). Insbesondere bei Veränderungsprozessen zeigt sich, dass die Mitarbeiter Informationen als das höchste Gut betrachten (Miller/ Johnson/ Grau, 1994; Hogan/ Overmyer-Day, 1994), da sie Vorhersehbarkeit und Transparenz schaffen. Auch die Kommunikation nach außen im Sinne eines ‚Stakeholder Value'-Ansatzes sorgt dafür, dass die Interessengruppen ein positives Bild des Unternehmens vermittelt bekommen.[30]

---

[30] Ein Befragungsinstrument zur *Erfassung der Kommunikation in Organisationen (KomminO)* wurde von Sperka (1997) vorgestellt.

7. Unternehmerkultur

„An entrepreneurial act is an attempt to respond to, and thereby change, a set of circumstances (perceived in a positive or negative light) with a view to creating a desired outcome." (Chell, 2000, S. 71)

Unternehmerisches Handeln findet daher überall dort statt, wo sich Probleme stellen und Entscheidungen getroffen werden. Um als ‚Intrapreneur' handeln zu können, ist Ganzheitlichkeit und Weitsichtigkeit in diesen Entscheidungen notwendig (Einbezug vor- und nachgelagerter Prozesse), ständiges Informieren – auch über den eigenen Arbeitsbereich hinaus – und die Bereitschaft, Verantwortung zu übernehmen (Bleicher, 1986; Lumpkin/ Dess, 1996). Als ‚Unternehmer im Unternehmen' handelt jeder Mitarbeiter eigenverantwortlich, das heißt aus autonomer Motivation. Diese Form der Motivation führt nicht nur zu höherem Wohlbefinden, sondern auch zu besseren und kreativeren Leistungen (Deci/ Ryan 1985, 1987).

8. Kulturen des Kritischen Rationalismus

Die *Kulturen des Kritischen Rationalismus* fußen auf der Wissenschaftstheorie von Karl Popper. Er fordert, dass sich die Wissenschaft nicht wie in der Vergangenheit am Prinzip der Verifikation orientieren sollte, sondern vielmehr versuchen muss, die vorhandenen Theorien kritisch zu hinterfragen, um eventuelle Schwächen oder Mängel aufdecken zu können. Dieses Prinzip erlaubt es, die theoretischen Grundlagen einer Wissenschaft ständig zu verbessern, um sich auf diese Weise der Erkenntnis oder der Wahrheit anzunähern (Popper, 1973).

„Diese Grundidee kann auch auf Unternehmen übertragen werden: Es geht nicht darum, Bestehendes abzusichern (...), sondern jeweils kritisch zu reflektieren, ob aufgrund veränderter Situationen, veränderter Märkte, veränderter Kunden- und Mitarbeiterbedürfnisse jeweils ganz neue Problemlösungen initiiert werden müssen." (Frey/ Schulz-Hardt, 2000, S.36)

a) Problemlösekultur

Die wichtigste Voraussetzung, um erfolgreich Probleme lösen zu können, ist die Perspektive: werden Probleme als Herausforderungen gesehen, wirken sie nicht als Denkblockaden, sondern fördern sogar die Kreativität. Personen, die sich selbst als „hilflos" wahrnehmen („Ich kann es nicht", „Ich weiß es nicht", usw.), schneiden beim Lösen von Problemen schlechter ab (Dweck, 1991). Weiter zeigen Untersuchungen, dass eine strukturierte und systematische Problemlösungssuche zielführender ist als ein zufallsgeprägtes „Ad-hoc-Lösen“ (Dörner, 1976, 1989, 1994).

b) Konstruktive Fehlerkultur

Eine konstruktive Fehlerkultur zeigt sich in einer kontinuierlichen Selbstreflexion: Prozesse und Arbeitsschritte werden analysiert, um Fehlerquellen und Verbesserungspotentiale aufzudecken. Die eigenen Fähigkeiten werden in einem Prozess des „trial-and-error“ ständig weiterentwickelt, und Fehler sind dabei natürlicher Bestandteil dieses Reifeprozesses. Sie dienen als Rückkoppelungsmechanismen, die uns helfen, die Richtigkeit unserer Entscheidungen zu überprüfen (Wahren, 1996). So empfiehlt Sitkin (1992) die Strategie der „small losses“, also der kleinen, produktiven Fehler. Bezogen auf den Arbeitsplatz hieße dies, experimentelle Freiräume zu schaffen und entsprechende Ressourcen für das Erproben und Analysieren bereitzustellen, um das Erfahrungslernen auf allen Ebenen betrieblicher Aktivität zu fördern.

c) Lern- und Zukunftskultur

Wie auch im Bereich des Fehlermanagements setzt Lernen einen Entwicklungsprozess voraus. Entsprechend dieser Grundannahme werden die Mitarbeiter gefördert, um ihre Kompetenzen, aber auch ihre Persönlichkeit weiterbilden zu können. Entscheidend ist dabei, das Lernen als lebenslangen Prozess zu sehen, und die Möglichkeiten, die sich diesbezüglich am Arbeitsplatz bieten, zu erkennen und zu nutzen. So wird aus der Vielfalt von integrierten Lernkonzepten ein *lernendes Unternehmen*. Immer dann, wenn die Organisationsmitglieder erkennen, dass ihre Vorstellungen über die Wirksamkeit herkömmlicher Theorien nicht zu den erwarteten Ergebnissen führt, findet organisationales Lernen statt (Argyris/ Schön, 1978).

d) Konstruktive Streit- und Konfliktkultur

Konflikte sind eine natürliche Begleiterscheinung, wenn Menschen mit unterschiedlichen Interessen zusammenarbeiten. Entscheidend ist daher, wie mit Konflikten umgegangen wird: Solange sie thematisiert und analysiert, sowie in sachlicher, kooperativer Weise gelöst werden (Deutsch/ Krauss, 1960, 1962), führen sie zu „win-win-

Situationen" und dienen als Fundus für die Optimierung von Prozessen. Konflikte können sogar – so sie auf der Sachebene ausgetragen werden – die Qualität von Entscheidungsprozessen erhöhen (z.B. Cosier/ Schwenk, 1990; Schulz-Hardt/ Frey, 1997; Schwenk, 1988; Stanley, 1981; Tjosvold, 1985).

e) Frage- und Neugierkultur

Die Etablierung einer effizienten Fragekultur setzt voraus, dass die beiden Seiten der Kommunikation optimal eingestellt sind: Die Botschaft (hier die Frage) wird vom Sender an den Empfänger übermittelt, die Antwort wird dann an den Sender zurückgeleitet (Schulz von Thun, 1981). Dieser Austauschprozess funktioniert am besten, wenn die ‚Kanäle' beider Seiten durchlässig sind: Einerseits sollten Mitarbeiter den Mut haben, Fragen zu stellen (was wiederum von einer Atmosphäre des Vertrauens positiv beeinflusst wird), ihre Kollegen oder Vorgesetzten sollten aber auch zuhören und antworten können. So sollte die Führungskraft „*neugierig sein auf die Welt der Mitarbeiter*", wie Frey und Schulz-Hardt (2000, S. 40) es formulieren. Die Neugier ist dabei – als Ausdruck des menschlichen Erkenntnisdrangs – der Motor, um Neues zu schaffen (Reio/ Wiswell, 2000). Gerade für innovative Prozesse, aber auch für die Anpassungsfähigkeit betrieblicher Strukturen ist daher das Fragen eine wertvolle Basis. Zudem gilt im Umgang miteinander, dass die Frageform sich – im Gegensatz zur Aussage – besser eignet, um eingefahrene Strukturen aufzuweichen bzw. neuartige Lösungswege anzustoßen. Das Fragen geht somit eng mit der Fehlerkultur einher: sowie ein Fehler erkannt wird, sollte analysiert werden, wo sein Ursprung liegt, und wie er in Zukunft vermieden werden kann (Frese/ Altmann, 1989; Frese, 1995a, 1995b).

9. Team- und Synergiekultur

Synergieeffekte entstehen, wenn heterogene Talente und Fähigkeiten integriert werden, um zu einem Output zu gelangen, der höher ist als die Summe der einzelnen Beiträge. Wichtige Voraussetzung ist dabei, diese Integration sowohl auf fachlicher als auch auf der Beziehungsebene zu erreichen – wobei auf ein ausgewogenes Verhältnis dieser beiden Aspekte geachtet werden sollte. So berichtet Janis in seinen Forschungen zu ‚*Groupthink*', dass ein zu starker Zusammenhalt in der Gruppe zu einer Verzerrung der Wahrnehmung und somit zu fatalen Fehlentwicklungen führen kann (Janis, 1982). Dagegen sorgt Meinungsvielfalt für eine offene, kritische Auseinandersetzung mit den in der Gruppe thematisierten Standpunkten (Frey/ Schulz-Hardt/ Stahlberg, 1996; Schulz-Hardt/ Frey, 1997).

10. Zivilcouragekultur

Die aktuelle Auseinandersetzung zum Thema ‚Mobbing'[31] zeigt, dass Zivilcourage als Wert zunehmend höher eingeschätzt wird (Inceoglu, 2001). Auf Missstände am Arbeitsplatz, im Team oder im Verhältnis zum Vorgesetzten aufmerksam zu machen, erfordert viel Mut, da die Betroffenen sich oftmals in einer schwächeren Machtposition befinden. Welche Rolle in diesem Zusammenhang das Lernen am Modell und an Vorbildern spielt, zeigt eindrucksvoll das sog. *Milgram-Experiment* (Milgram, 1974): Im Rahmen eines angeblichen Lernexperiments wurden die Teilnehmer (‚Lehrer') gebeten, anderen (nicht tatsächlich vorhandenen) Personen als Bestrafung einen Elektroschock zu verabreichen. Über 60% leisteten den Anordnungen gehorsam Folge – bis hin zur tödlichen Schockstufe von 450 Volt. Als Strohmänner des Versuchsleiters eingeschleust wurden und den Befehlen widersprachen, gehorchten nur noch 10% der Teilnehmer den Anordnungen (siehe im Überblick bei Günther, 1994). Zivilcouragiertes Handeln geht daher Hand in Hand mit Verantwortungsübernahme, sachlicher Konfliktlösung und dem frühzeitigen Erkennen von Warnsignalen.

11. Rekreationskultur

Spitzenleistungen erfordern hohe Einsatzbereitschaft, daher sollte dem Mitarbeiter das Recht eingeräumt werden, seine ‚Batterien wieder aufzuladen'. Dahinter steht die bereits erwähnte Wertschätzung des einzelnen, die für ein ausgewogenes Kräfteverhältnis zwischen den Anforderungen der Tätigkeit und den erbrachten Leistungen sorgt. Konkret schlägt sich dieses Prinzip in flexiblen Arbeitszeitregelungen oder auch in fairen Urlaubs- oder Überstundenregelungen nieder. Aber nicht nur das Ausruhen nach Phasen großer beruflicher Anspannung gehört zur Rekreationskultur – auch das Feiern von Erfolgen, bzw. die

[31] Einen Forschungsüberblick zu *Mobbing* und *Bullying* gibt Zapf (1999).

Anerkennung von außergewöhnlichen Leistungen motiviert den Mitarbeiter, sich auch weiterhin für sein Team bzw. Unternehmen einzusetzen.

6 Anforderungen an ein Instrument zur Diagnose Exzellenter Unternehmenskulturen (InDEx)

Der Messung komplexer psychologischer Phänomene, wie der Unternehmenskultur, geht eine umfassende Vorbereitung voraus, denn das Messergebnis hängt entscheidend von den Fähigkeiten und Grenzen des zugehörigen Messinstruments ab. Die genaue Kenntnis des Untersuchungsgegenstandes ist daher eine notwendige Bedingung, um zu optimalen Ergebnissen zu gelangen, wie Schein (1990, S.118) betont:

„Organizational culture is a complex phenomenon, and we should not rush to measure things until we understand what we are measuring."

Welche Kriterien sind folglich bei der Entwicklung eines *Instruments zur Diagnose Exzellenter Unternehmenskulturen (InDEx)* zu beachten?

(a) *Theoretische Fundierung*

Bei der Entwicklung des Instruments sollte eine Kombination aus induktiven und deduktiven Verfahren gewählt werden: Sowohl das Gesamtmodell als auch dessen Konstrukte sollten aus bestehenden Theorien abgeleitet sein, und Erkenntnisse aus vergleichbaren empirischen Untersuchungen sollten so weit wie möglich Berücksichtigung finden. Insbesondere Ansätze, die Theorien aufgrund von empirischen Daten überprüfen oder ableiten, sind von Interesse. Grundlage für die Entwicklung des vorliegenden Diagnoseinstruments ist das Modell *Center of Excellence* (Frey/ Schulz-Hardt, 2000). Es erfasst Stärken und Schwächen betrieblicher Prozesse und bietet so implizit die Möglichkeit, Handlungsanweisungen zur Verbesserung dieser Prozesse abzuleiten. Da die Unternehmenskultur einen wesentlichen Beitrag zum Entstehen von Innovationen leistet (siehe u.a. Schreyögg, 1989; Anderson/ West, 1998; Siegel/ Kaemmerer, 1978), wird geprüft, inwiefern kulturelle Aspekte mit innovativem Verhalten, Ideenmanagement und Betrieblichem Vorschlagswesen in Zusammenhang stehen, und welche Kriterien sich zur Operationalisierung eignen.

(b) *Fokussierung des Untersuchungsansatzes*

Angesichts der Vielzahl von Einflussfaktoren soll sich die Untersuchung auf zentrale Aspekte der Unternehmenskultur konzentrieren. Es wird nicht außer acht gelassen, dass es zahlreiche weitere Einflussvariablen gibt; wenn sie aus der Untersuchung ausgeschlossen werden, so bedeutet das nicht, dass damit ihre Wirksamkeit negiert wird (Rousseau, 1990). Vielmehr werden die zentralen, kulturrelevanten Aspekte und ihre Auswirkung auf betriebliche Prozesse untersucht. Da dies in Hinblick auf die praktischen Anwendungsmöglichkeiten geschieht, werden im Zuge der Itemgenerierung Expertenmeinungen aus unterschiedlichen Bereichen integriert.

(c) *Einsatz geeigneter Methoden*

Was das zugrundegelegte Methodeninstrumentarium betrifft, sollte der aktuelle Stand der Forschung Maßstäbe setzen. Das betrifft sowohl wissenschaftliche Gütekriterien (Objektivität, Reliabilität, Validität), anhand derer ein Messinstrument beurteilt wird, als auch allgemein anerkannte Prüfgrößen, die als Entscheidungsgrundlage in den eingesetzten Verfahren dienen.

(d) *Anwendungsorientierung*

Das Instrument sollte vielseitig einsetzbar sein, und kulturelle Faktoren auch über unterschiedliche Organisationstypen und organisationale Kontexte erfassen. Um dem Instrument eine möglichst hohe Akzeptanz zu sichern, wird auf einen leicht und zügig beantwortbaren Fragenkatalog Wert gelegt. Dazu gehört die rasche Erfassbarkeit der zugrundeliegenden Struktur (i.e. der *Center of Excellence*-Kulturen) – was die Ableitung entsprechender Konstrukte erfordert. Dies ist auch in Hinblick darauf notwendig, dass die Ergebnisse (unter Umständen durch die Organisationsmitglieder selbst) an die Befragten zurückgemeldet werden, um Impulse für Veränderungen bieten zu können. Damit unterschiedliche Gruppen oder Einheiten miteinander verglichen werden können, soll ein quantitatives Verfahren entwickelt werden. Weiterer Vorteil eines solchen Untersuchungsdesigns ist die Erzielung von Benchmarkeffekten auf interorganisationaler Ebene.

(e) *Darstellung kausaler Wirkzusammenhänge*

Um Hinweise auf die prognostischen Fähigkeiten des Instruments zu erhalten, wäre es notwendig, Längsschnittanalysen mit mehreren Messzeitpunkten durchzuführen. Dem kann die vorliegende Arbeit aus zeitlichen und praktischen Gründen nicht gerecht werden.[32] Aus dieser Anforderung können jedoch Hinweise für zukünftige Forschungen bzw. Anschlusserhebungen abgeleitet werden. Dies betrifft zum einen die Untersuchung mehrerer Messzeitpunkte (Pettigrew, 1979), die Durchführung von Interventionen (Pritchard et al., 1988) sowie die Erhebung ökonomischer Leistungskriterien (Brodbeck, 1996).

[32] So sind beispielweise die Geschäftskennzahlen der Unternehmen üblicherweise erst 4 bis 6 Monate nach Ablauf des Geschäftsjahres zugänglich.

7 Entwicklung des InDEx

7.1 Untersuchungsaufbau

Wie das Modell *Center of Excellence* von Frey (Frey/ Schulz-Hardt, 2000) zeigt, gibt es eine Reihe von Bedingungen, die einen idealen Nährboden für innovative Ideen und unternehmerischen Erfolg darstellen. Um diese aus psychologischer Sicht relevanten Erfolgsfaktoren messen zu können, wird auf der Grundlage des Modells ein **Instrument zur Diagnose Exzellenter Unternehmenskulturen (InDEx)** entwickelt.

Da sich innovative Prozesse nur auf dem Hintergrund entsprechender organisatorischer Bedingungen ereignen können, werden zudem Fragen und Kriterien zum Ideenmanagement und zum Betrieblichen Vorschlagswesen untersucht.

In einer **Pilotstudie** wird zunächst ein ‚Itempool' generiert; in einem systematischen Auswahlverfahren wird untersucht, welche Statements sich am besten eignen, um die jeweiligen Konstrukte abzubilden. Die korrigierten Skalen gehen dann zur eigentlichen Hypothesenprüfung in die Hauptstudie ein. In diesem zweiten Teil der Untersuchung (**Hauptstudie**) geht es vornehmlich darum, die Konstruktvalidität des Fragebogens zu überprüfen. Auf der Basis dieser Prüfung werden im letzten Teil ausgewählte **Ergebnisse** der Studie präsentiert, die auf der Grundlage von Unternehmensvergleichen ermittelt wurden.

7.2 Modifikation des Ausgangsmodells

Das Modell *Center of Excellence* (Frey/ Schulz-Hardt, 2000) diente als Grundlage, um ein Messinstrument zu entwickeln, das die Stärken und Schwächen betrieblicher Prozesse diagnostizieren kann. Die ursprünglichen 15 Kulturen von Frey (Frey/ Schulz-Hardt, 2000; siehe Kapitel 5.3) wurden zur Vereinfachung zu *sechs Dimensionen* zusammengefasst (Abb. 8). Diese Vorgehensweise wurde von einer Reihe von empirischen Befunden geleitet. So hat Denison (1996) in einem Überblick über verschiedene Studien zeigen können, dass sich einige Dimensionen gleich einem Grundmuster wiederholt zeigen (Abb. 4; Seite 25); diesbezügliche Metaanalysen von Koys und DeCotiis (1991) sowie Xenikou und Furnham (1996) kommen zu ganz ähnlichen Resultaten (siehe Kapitel 3.3, Seite 24ff.).

Auch Kobi und Wüthrich (1986) sowie Taubitz (1988) stützen sich in ihren Untersuchungen auf inhaltlich verwandte Dimensionen:

- Kundenorientierung
- Mitarbeiterorientierung
- Innovationsorientierung
- Resultats- und Leistungsorientierung

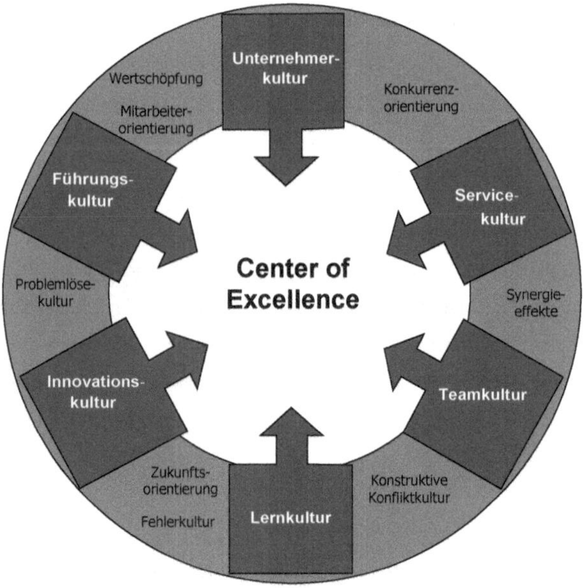

Abbildung 8: Die Kulturen des *Center of Excellence*[33]

In der Literatur wurden darüber hinaus diverse Konzepte entwickelt, die *einzelne* Aspekte des gesamten Spektrums abbilden, z.B. „Climate for Safety“ (Schneider/ Rentsch, 1988), „Climate for Innovation“ (Anderson/ West, 1998) und „Climate for Service“ (Schneider/ Bowen, 1985). Der Aspekt der Kundenorientierung fand in bisherigen Studien zur Unter

[33] Auf die ursprünglichen Dimensionen des Frey'schen Modells wurde in dieser Darstellung nur in Auswahl Bezug genommen.

nehmenskultur wenig Beachtung. Da er aber für die betriebliche Praxis von zentraler Bedeutung ist, ergänzt er das Modell. Dabei ist zu betonen, dass die einzelnen Dimensionen der *Excellence-Kultur* nicht unabhängig voneinander ihre Wirkung ausüben: Bei einem erfolgreichen Unternehmen werden alle Dimensionen ähnlich stark ausgeprägt sein.

Für die Konzeption des Befragungsinstruments galt aus ökonomischer Sicht die Prämisse, möglichst die gesamte Bandbreite unternehmerischer Prozesse in die Analyse einzubeziehen und eine Modellstruktur zu schaffen, die den Anforderungen der Praxis gerecht wird. So sollte das Grundkonzept des *Center of Excellence* für die Ansprechpartner in den Unternehmen (gleich welcher Position) leicht verständlich und kommunizierbar sein.

Was die Analyse kultureller Elemente betrifft, gibt es Schein (1995) zufolge mehrere Zugangsebenen: die Ebene der beobachtbaren Verhaltensweisen (Artefakte) oder die Ebene der zugrundeliegenden Wertkonzepte (siehe Kapitel 2.2). Im Vorliegenden wird davon ausgegangen, dass sich die von den Mitarbeitern gelebten Werte in ihrem Verhalten ausdrücken und beobachten lassen (Calori/ Sarnin, 1991). Die Verhaltensebene ist daher die gewählte ‚Messebene'. Dies geht insofern in die Formulierung der Statements ein, als diese bestimmte Verhaltensmuster beschreiben. So weist z.B. die Aussage ‚*Wenn ein Mitarbeiter einen Fehler macht, steht der Vorgesetzte dennoch hinter ihm*' darauf hin, dass Vorgesetzte ihren Mitarbeitern ein Gefühl der Sicherheit vermitteln.

Im Folgenden werden die sechs Dimensionen des *Center of Excellence* näher beschrieben. Die darin enthaltenen Konzepte sollen durch empirische Befunde aus der Literatur erklärt und gestützt werden. Studien aus den relevanten Bereichen sollen die Brücke zum Exzellenz-Begriff schlagen. Aus diesem Grund wird der Auswirkung der einzelnen Kulturen auf Leistung, Erfolg und Innovation (von Einzelpersonen oder Gruppen) besonderes Augenmerk geschenkt.

Führungskultur

Es ist Aufgabe der Führungskraft, am Arbeitsplatz transparente Bedingungen zu schaffen, die es den Mitarbeitern erlauben, ihren eigenen Beitrag zum Arbeitsprozess richtig einordnen und ausführen zu können. Über diese Bedingungen sagt Yukl (1999, S. 35):

> *„These conditions include subordinate clarity and agreement about objectives, skills in problem solving, individual and collective self-efficacy, access to essential information, and cohesiveness and trust among group members. Participative leadership must be combined with other types of leadership behavior (e.g. supporting, inspiring, coaching, informing, team building, conflict management, and leading meetings) to be effective, and the appropriate mix of behaviors will depend on the situation."*

In einem Überblick über die Forschung zeigt Yukl (1998) auf, dass die große Bandbreite an Studien nicht unbedingt zur konzeptuellen Klärung von Führung, Führungsstilen und Führungsverhalten beigetragen hat[34]. Er stellt zwei große Strömungen gegenüber: die charismatische Führung, die vor allem auf den (direktiven) Einfluss der Führungsperson auf die Geführten abhebt[35], und die reziproke (rekursive) Einflussnahme, die von einem wechselseitigen Geflecht ausgeht. Letzterer Ansatz erweist sich als geeigneter, um die Interaktionen in sozialen Systemen zu beschreiben. Er hat zur sogenannten situativen Führungstheorie geführt (Vroom/ Yetton, 1973): Die Führungskraft bezieht die Ziele und Erwartungen ihrer Mitarbeiter ein, und passt ihr Verhalten somit den jeweiligen situationsbedingten Erfordernissen an.

Auch wenn die Forschung zur Effizienz des partizipativen Führungsstils, wie Yukl (1999) berichtet, aufgrund der streng dichotomen Fragestellung (*autoritär* versus *partizipativ*) inkonsistent ist, so zeigt doch eine Studie von Schmidt (1996), dass die Möglichkeit zur Mitbestimmung entscheidenden Einfluss auf die Motivation hat: Mitarbeiter, deren Vorgesetzte Änderungsvorschläge willkommen heißen, Aufgaben und Arbeitsgebiete gemeinsam festlegen, und wichtige Entscheidungen erst nach Rücksprache treffen, weisen niedrigere Krankenstands- und Fluktuationsraten auf. Denselben Gedanken greifen zwei Studien zum

---

[34] Diese Forschungslinien lassen sich in vier Bereiche einteilen: *Führungssituation*, *Führungsverhalten*, *Einflussnahme durch die Führung* und *Eigenschaftstheorie der Führung* (Yukl, 1998). Eine gute Darstellung findet sich auch bei Rosenstiel, Molt und Rüttinger (1995).

[35] Der Zusammenhang zwischen transformationaler Führung und Erfolgskriterien sowie Einstellungsvariablen konnte in zwei Meta-Analysen nachgewiesen werden (Shamir/ House/ Arthur, 1993; Bass/ Avolio, 1993). Einen Überblick über die Forschung zur transformationalen Führung bietet Bass (1999).

„Partizipativen Produktivitätsmanagement (PPM)" (Pritchard et al. 1988; Pritchard/ Paquin, 1997) auf. Hintergrund ist die Motivationstheorie von Naylor, Pritchard und Ilgen (1980), die besagt, dass Mitarbeiter besonders motiviert sind, wenn sie einen klaren Zusammenhang erkennen zwischen ihrer Leistung und der Bewertung bzw. Belohnung dieser Leistung. Von Pritchard und Paquin (1997) konnte nachgewiesen werden, dass die Produktivität stark ansteigt, sobald das erste Leistungsfeedback erfolgt; auch für alle weiteren Rückmeldungen war ein positiver Effekt zu verzeichnen, der über einen untersuchten Zeitraum von vier Jahren stabil blieb. Das PPM-System bewirkte weiterhin Verbesserungen bei Einstellungsvariablen wie Arbeitszufriedenheit, Klima und Stress. Ein wichtiges Element der Mitarbeiterführung ist somit die Fähigkeit, konstruktive Rückmeldungen zu geben. Doch auch das Annehmen von Kritik bzw. die Fähigkeit zur Selbstkritik sind Teil eines effektiven Führungsstils. Wer gelernt hat, sein eigenes Verhalten zu reflektieren, der beurteilt sich auch objektiver. So konnte Church (1997) zeigen, dass Manager, die sich selbst besser einschätzen können (d.h., über einen höheren Grad an „self-awareness" verfügen), auch leistungsfähiger sind als ihre Kollegen.

Teamkultur

Die Interaktionen zwischen den Mitgliedern einer Gruppe werden auch als „Work Group Climate" bezeichnet, wobei die Qualität dieser Interaktionen die Leistungsfähigkeit des Teams bestimmt (Litwin/ Humphrey/ Wilson, 1978; Schneider, 1980). In einer Studie von Church (1995) werden zu diesem Zweck verschiedene Dimensionen des Teamklimas gemessen. Dabei erwiesen sich als stärkste Prädiktoren für einen (von der Gruppe eingeschätzten) positiven „Team Spirit" die gegenseitige Unterstützung sowie die Definition klarer und hoher Leistungsziele. Als weitere Dimensionen des untersuchten Konstrukts gingen Transparenz, Anerkennung, Partizipation, Heterogenität und abteilungsübergreifende Beziehungen ein; diese spielen jedoch eine untergeordnete Rolle.

Wie Moscovici in seinen Untersuchungen festgestellt hat, wirkt sich eine tolerante Haltung Minoritäten oder Andersdenkenden gegenüber auf Entscheidungsprozesse in Gruppen positiv aus; oftmals ist gerade der Konflikt der Nährboden für eine radikale Veränderung im Denken (Moscovici/ Doise, 1995; Moscovici/ Mugny/ Avermaet, 1985; Nemeth/ Chiles, 1988). Entscheidend ist letztendlich, *wie* konkret mit Konflikten umgegangen wird. So wird plädiert, eine „konstruktive Kontroversität" (Tjosvold/ Wedley/ Field, 1986) oder auch „konstruktive Streitkultur" (Frey/ Schulz-Hardt, 2000) zuzulassen. Kontroverse Diskussionen haben positive Auswirkungen auf die Lösungssuche: Sie führen dazu, dass gegensätzliche Positionen ausgelotet, und mit einer offenen Grundhaltung sorgfältig erwogen und nachvollzogen werden. So entsteht die Bereitschaft, diese Ideen in eine ausgereifte und allgemein akzeptierte Lösung umzusetzen (Tjosvold/ Wedley/ Field, 1986). Können Auseinandersetzungen nicht konstruktiv gelöst werden, belasten sie das Gruppenklima. Je stärker die Mitglieder einer Gruppe Konflikte wahrnehmen, desto unterschiedlicher sind auch ihre Einstellungen. Da sie sich folglich weniger mit den Gruppenzielen identifizieren, kann es auch nicht zu den gewünschten Synergieeffekten kommen (Brown et al., 1986). Zusammenfassend lässt sich sagen, dass erst ein optimales Maß an Konflikten leistungssteigernd wirkt; dies gilt insbesondere für Aufgaben, die nicht der Routine unterliegen, wie Jehn (1995) anhand einer Untersuchung an 105 Arbeitsgruppen zeigen konnte. Die Herausforderung besteht darin, Konflikte auf sachlicher Ebene auszutragen, so dass sie den zwischenmenschlichen Bereich nicht berühren. Solange dies gelingt, tragen sie auch zum Erfolg des Teams bei (Eisenhardt/ Kahwajy/ Bourgeois, 1997; Pelled/ Eisenhardt/ Xin, 1999).

Lernkultur

Um auf Änderungen im betrieblichen Umfeld reagieren zu können, sind Flexibilität und Anpassungsfähigkeit notwendig. Als spezifische Kulturmerkmale bilden sie die Voraussetzung für erfolgreiches Wirtschaften (u.a. Calori/ Sarnin, 1991; Dension/ Mishra, 1995; Gordon, 1985; Kanter, 1983). Individuelles Lernen wird dabei als Grundlage für vernetzte Lernprozesse auf Gruppen- und Unternehmensebene betrachtet. Wenn Mitarbeiter über die Fähigkeit verfügen, Probleme zu lösen, auf unvorhergesehene Ereignisse angemessen zu reagieren, sich in neue Aufgaben oder Verfahren schnell einzuarbeiten sowie sich Veränderungen im Umfeld anzupassen, so zeichnet sie eine hohe „Adaptive Performance" aus (Pulakos et al. 2000); auf Gruppenebene auch als „Team Adaptability" bezeichnet (Kozlowski et al., 1999). Wer gelernt hat, sich auf neue Bedingungen einzustellen, steht Veränderung und Wandel grundsätzlich offen gegenüber. Im täglichen Arbeitsablauf zeigt sich dies in einer Fokussierung auf Verbesserungspotentiale, die auf *inkrementale* und *kontinuierliche* Weise den Nährboden für innovative Projekte schafft (Anderson/ Rungtusanatham/ Schroeder, 1994). Mitglieder hochinnovativer Teams sind, wie eine Studie von Burpitt und Bigoness (1997) zeigt, mehr daran interessiert, neue Fähigkeiten und Techniken zu erforschen, zu erlernen und anzuwenden, als Mitarbeiter in durchschnittlichen Teams. Hilfreich sind in diesem Prozess des ‚trial-and-error' reflexive Methoden, wie z.B. die retrospektive

Beurteilung von Projekten: Durch die Diskussion im Projektteam werden Fehleinschätzungen korrigiert, der gemeinsame Wissens- und Erfahrungsschatz erweitert sowie Handlungsalternativen für die Zukunft abgeleitet (Busby, 1999). Frese betont die ökonomische Tragweite von Fehlern (Frese, 1991) und schlägt eine doppelte Handlungsstrategie vor, um negative Folgen von Fehlern gering zu halten: zum einen die *Fehlervermeidung*, die durch entsprechende Schulungsmaßnahmen erreicht werden kann, und zum anderen ein aktives *Fehlermanagement*, das Lernprozesse fördert (Frese, 1995a, 1995b).

Innovationskultur

Kreatives Handeln und betriebliche Innovation sind nicht voneinander zu trennen: „*Individual creativity is the most crucial element of organizational innovation, but it is not, by itself, sufficient.*“ (Amabile, 1988, S.125) Vielmehr bestimmen die Rahmenbedingungen, inwiefern ein „Climate for Innovation“ (Anderson/ West, 1998) geschaffen werden kann. Insbesondere die Fähigkeit, realistische Ziele zu setzen und die Unterstützung innovativen Handelns durch die Führung trägt zur Innovations- und Teamleistung bei (Brodbeck/ Maier, 2001). Voraussetzung ist eine klare Verpflichtung, Innovationen auf allen Unternehmensebenen zu fördern und zu belohnen (Kanter, 1983; Feldman, 1988). Dies betrifft nicht nur die Festlegung eines entsprechenden Leitbildes, sondern auch die konkrete Umsetzung der darin formulierten Ziele in Verfahren und Praktiken, die innovationsfördernd sind (Tesluk/ Farr/ Klein, 1997; West/ Altink, 1996; Burningham/ West, 1995). Dabei unterstützt das Top-Management innovatorische Prozesse, indem es die Mitarbeiter zu einer offenen Grundeinstellung ermutigt, um neue Lösungswege zu erkennen und auszuprobieren (Anderson/ West 1998; Kanter, 1988; Mumford/ Guftason, 1988).

Die treibende Kraft hinter einer Innovation ist oftmals eine kleine Gruppe von Personen, die auch als „Corporate entrepreneurs“ (Kanter, 1983), „Intrapreneure“ (Frey/ Kleinmann/ Barth, 1995) oder „Idea champions“ (Galbraith, 1982) bezeichnet werden. Unternehmerisches Denken öffnet den Blick für Chancen und Risiken in gleichem Maße – der ‚Intrapreneur‘ kann Möglichkeiten nicht nur schneller ausloten als andere, sondern identifiziert sich auch stärker mit seinen Aufgaben. Dies hat unter Umständen zur Folge, dass er – zum Wohle des Unternehmens – über die formalen Rollenanforderungen hinausgeht. Dieses „Extra-Rollenverhalten“ (Nerdinger, 2000), das häufig bei Mitarbeitern zu beobachten ist, die Innovations prozesse vorantreiben, muss jedoch im Gegenzug von der Unternehmensleitung toleriert werden, d.h., es darf zu keinen Sanktionen kommen.[36]

Unternehmerkultur

Im klassischen Sinne ist der *Unternehmer* oder *Entrepreneur* der Gründer und/ oder Eigentümer eines Unternehmens, das er selbständig und eigenverantwortlich leitet, und für das er ein persönliches oder monetäres Risiko übernimmt (Gabler Wirtschafts-Lexikon, 1988). Im Rahmen des strategischen Managements wurde der Begriff jedoch auf Firmenebene übertragen („Corporate Entrepreneurship", vgl. Covin/ Slevin 1991). Lumpkin und Dess (1996) bezeichnen mit „Entrepreneurial Orientation" die Fähigkeit einer Führungskraft, auch innerhalb organisatorischer Einheiten unternehmerisch zu agieren. Diese Haltung kann jedoch auch jeder einzelne Mitarbeiter einnehmen, so dass es in einem internationalen Konzern idealerweise *„464 000 kleine Unternehmer"* gibt – wie es ein Abteilungsleiter der Firma Siemens ausdrückt (Hammer/ Bögel, 2001, S. 50). Unternehmerisches Handeln geht im Einzelnen einher mit Entscheidungsautonomie, Risikobereitschaft und Innovationsförderung, sowie einer offensiven Haltung gegenüber Markt und Wettbewerbern. In einer neueren Studie zeigt sich diesbezüglich, dass Innovationsfähigkeit als Mediator zwischen Leistungsorientierung und geschäftlichem Wachstum fungiert (Utsch/ Rauch, 2000). Dieser Zusammenhang zwischen Unternehmergeist und Innovation tritt besonders deutlich im Ideenmanagement hervor, wo vor allem Weitblick und Eigeninitiative der Mitarbeiter darüber entscheiden, ob und wie viele Verbesserungsvorschläge eingereicht werden.

Als psychologische Grundlage des unternehmerischen Handelns werden interne Kontrolle, Risikobereitschaft und Leistungsmotive herangezogen, wobei Hisrich (2000) zufolge diese Variablen noch nicht ausreichend untersucht wurden, um zu endgültigen Aussagen zu gelangen. Studien zur Leistungsorientierung weisen darauf hin, dass diese sich positiv auf betriebliches Wachstum, auf Zielerreichung und Spitzenleistungen auswirkt (Miner/ Smith/ Bracker, 1994; Miner, 2000; Epstein/ Harackiewicz, 1992; Lee, 1992; Sagie/ Elizur, 1999), und vorwiegend durch intrinsische Erfolgserlebnisse, weniger durch extrinsische Belohnungen befriedigt wird (Atkinson, 1964; McClelland, 1961). Ein wichtiges

[36] Auch in den begleitenden Expertengesprächen mit dem *Deutschen Institut für Betriebswirtschaft* zeigte sich, dass die Fähigkeit zum unternehmerischen Denken für innovatives Handeln eine zentrale Rolle spielt. Siehe dazu auch die im Folgenden dargestellte *Unternehmerkultur*.

Element unternehmerischen Handelns ist die Fähigkeit, hohe, aber realistische sowie klar umrissene Ziele zu setzen. Dabei ist das ‚Commitment' diesen Zielen gegenüber umso höher, je höher die Akzeptanz ist – und diese wird durch gemeinsame Zielvereinbarungsprozesse[37] gestärkt. Eine Untersuchung von van Gelderen (2000) zeigt, dass Menschen nicht nur an ihrem Arbeitsplatz, sondern auch in anderen Lebensbereichen, z.B. in ihrer Freizeit, unternehmerisch agieren. Andere Ansätze untersuchen allgemeine Persönlichkeitsfaktoren: Die ‚Gründerpersönlichkeit' ist emotional stabiler, unabhängiger und neuen Erfahrungen gegenüber offener (Brandstätter, 1997).[38]

Servicekultur

Ob ein Kunde mit einem Produkt oder einer Dienstleistung zufrieden ist, hängt davon ab, in welchem Ausmaß der Anbieter seine Erwartungen erfüllen kann (Narver/ Slater, 1990):

> *„The buyer must perceive that the expected value to him of that offering (i.e., that proposed solution to his need) exceeds the expected value to him of any alternative solution."*

Je ausgeglichener dieses Austauschverhältnis, desto stärker der wirtschaftliche Erfolg, der „Return on Quality (ROQ)" (Rust/ Zahorik/ Keiningham, 1995). Im allgemeinen entsteht Kundenzufriedenheit auf dem Hintergrund einer komplexen Mischung aus Preis, Leistung, Kundenbetreuung und Servicequalität. Peters und Waterman (1982) ist zu verdanken, dass der Aspekt der Kundenorientierung gegenüber den „technischen Daten" des Kaufakts in den Vordergrund gestellt wurde. Spitzenunternehmen „hören ihren Kunden zu", sie schaffen ein „Climate for Service" (Schneider/ Bowen, 1985; Schneider/ Wheeler/ Cox, 1992), d.h., Mitarbeiter finden dort unternehmerische Bedingungen vor, die sie dabei unterstützen, exzellenten Kundenservice zu leisten (Schneider/ Bowen, 1993) – was sich wiederum positiv auf die Kundenzufriedenheit auswirkt (Schneider/ White/ Paul, 1998). Diesen Ergebnissen zufolge wird die Kundenorientierung in jenen Unternehmen umso höher sein, in denen sich auch intern der Servicegedanke durchgesetzt hat: Wer sich selbst als Lieferant von Leistungen und Kollegen bzw. Abteilungen als Kunden betrachtet, wird auch externen Kunden gegenüber

[37] Einen ausführlichen Überblick zur Forschung zum Thema „Zielsetzung und -erreichung" geben Locke/ Latham (1990)

[38] Wie auch in verwandten Forschungsfeldern, z.B. der Führungstheorie, werden eigenschaftsorientierte Ansätze zunehmend als beschränkt aussagefähig gesehen. Eine kritische Würdigung und einen Überblick über aktuelle Forschungsergebnisse zu unternehmerischem Handeln geben Rauch und Frese (2000).

ein anderes Selbstverständnis an den Tag legen. Die Verschränkung interner und externer Prozesse kommt in einer durchgängigen „Marktorientierung" zum Ausdruck (Narver/ Slater, 1990). Diese wirkt sich auf die Komponenten Kundenorientierung, Konkurrenzorientierung und interne Koordination aus, und wird nicht nur auf strategischer Ebene, sondern auch im täglichen Kontakt zum Kunden umgesetzt.

Ideenmanagement

Wie die empirischen Befunde zum Ideenmanagement zeigen, können organisatorische Rahmenbedingungen als hemmende oder förderliche Faktoren die Kreativität der Mitarbeiter und somit die Innovationsfähigkeit des Unternehmens beeinflussen (siehe Kapitel 4.3). Beispielhaft seien hier genannt die Offenheit gegenüber Veränderungen, der jeweilige Führungsstil oder die Einbindung von Mitarbeitern in Entscheidungen (Wildemann, 1995; Frey/ Fischer/ Winzer, 1996). Aus diesem Grund werden Fragen zu allgemeinen innovativen Prozessen und zum Betrieblichen Vorschlagswesen als weitere Bestandteile in das zu entwickelnde Instrument integriert. Innovatives Verhalten – operationalisiert beispielsweise in der Anzahl der Verbesserungsvorschläge – wird dabei als eigenständiges Leistungskriterium betrachtet (Brodbeck, 1996; Cummings, 1981; Pearce/ Ravlin, 1987).

7.3 Skalenentwicklung

7.3.1 Vorstudie

7.3.1.1 Ziel der Vorstudie

Um über eine Richtlinie zu verfügen, inwiefern das Modell *Center of Excellence* kulturelle Aspekte betrieblichen Handelns zu erfassen vermag, wurde eine Vorstudie durchgeführt. Ziel war es, zu den sechs Dimensionen des Modells Items zu formulieren, die Aussagekraft dieser Items zu überprüfen sowie erste Hinweise auf die Richtigkeit der gebildeten Konstrukte zu erhalten. Eine erste Evaluation der Daten sollte zeigen, in welchem Ausmaß die diesbezüglichen Hypothesen bestätigt werden können.

7.3.1.2 Stichprobe

Die Befragung wurde in einem Industrieunternehmen (Chemische Industrie) durchgeführt. Es beteiligten sich insgesamt 91 Personen, die drei verschiedenen Abteilungen angehörten. Bei Abteilung A (N = 36) handelte es sich um eine Verkaufsabteilung, bei Abteilung B (N = 39) um einen Teilbereich der Forschung und Entwicklung und bei Abteilung C (N = 16) um einen Querschnittsbereich, der die interne Kommunikation (EDV) betreut.

7.3.1.3 Messinstrument

Um zu testen, ob das Modell rasch erfasst und nachvollzogen werden kann, wurde es in der Vorphase Personen mit unterschiedlichem beruflichem Hintergrund vorgelegt (Professoren, wissenschaftlichen Mitarbeitern und Studenten sowie Führungskräften und Mitarbeitern aus verschiedenen Unternehmen). Hier hat sich gezeigt, dass die Strukturierung in sechs Dimensionen sich ohne Verständnisprobleme in den betrieblichen Alltag und Erfahrungshorizont einfügt.

Die erste Fassung des Fragebogens enthielt 60 Items, die aus den *Excellence-Kulturen* abgeleitet wurden (10 Items pro Skala). Die Antworten konnten auf einer Likert-Skala von 1 („trifft nicht zu") bis 5 („trifft zu") angekreuzt werden. Um Kontexteffekte zu vermeiden, wurden die Fragen thematisch umgestellt, so dass die Zuordnung zu den Kulturen für die Untersuchungspartner nicht ersichtlich war. Neben demografischen Angaben wurde auch die Frage gestellt, ob der Mitarbeiter Führungsverantwortung besitzt, und wie viele Verbesserungsvorschläge von ihm eingereicht bzw. umgesetzt wurden.

7.3.1.4 Auswertungsmethode

Zunächst wurde eine Itemanalyse durchgeführt, um Aufschluss über die interne Konsistenz der Skalen zu erhalten. Mithilfe einer explorativen Faktorenanalyse sollte zudem überprüft werden, ob sich die Dimensionen so abbilden lassen, wie das Modell es voraussagt. Dabei ist zu beachten, dass die Faktorenanalyse ein statistisches Verfahren ist, das eine gewisse Stichprobengröße erfordert. Fabrigar et al. (1999) weisen darauf hin, dass insbesondere das Verhältnis von Stichprobe zu Variablen die Aussagekraft der Ergebnisse entscheidend beeinflusst. Aus diesem Grund wurde die Itemanalyse der Faktorenextraktion vorangestellt. In das Reduktionsverfahren gingen anschließend lediglich 45 der ursprünglich 60 Variablen ein – wodurch die Stichprobengröße relativ gesehen zur Anzahl der Variablen zunahm. Als Verfahren wurde die Hauptkomponentenanalyse mit Oblimin-Rotation gewählt; dabei wurden sechs Faktoren voreingestellt. Zur Überprüfung der faktorenanalytisch gewonnenen Skalen wurde eine zweite Itemanalyse nachgeschaltet.

7.3.1.5 Ergebnisse

7.3.1.5.1 Interne Konsistenz der Ausgangsskalen

Die Skalen wurden einer detaillierten Analyse unterzogen: Die deskriptive Statistik zeigte, dass einige Items eine sehr hohe Streuung (Zweigipfligkeit) aufwiesen, was darauf schließen lässt, dass die Formulierung missverständlich war. Auch wenn die Trennschärfen außerhalb des gültigen Bereichs (0,30 – 0,70) lagen, wurden die entsprechenden Variablen aufgrund ihrer inhaltlichen Aussage entfernt. Wie aus Tabelle 1 ersichtlich wird, zeigen die Skalen nach der Bereinigung ausreichende interne Konsistenz.

	Dimension	M	SD	N Items	α
1	**Führungskultur**	3,6	,65	8	,82
2	**Teamkultur**	3,0	,62	9	,83
3	**Lernkultur**	3,6	,58	8	,75
4	**Innovationskultur**	3,3	,48	5	,65
5	**Servicekultur**	4,1	,58	8	,82
6	**Unternehmerkultur**	3,4	,50	7	,70

Tabelle 1: Interne Konsistenz der Ausgangsskalen (Pilotstudie); Mittelwerte und Standardabweichungen. N = 91.

7.3.1.5.2 Dimensionsreduktion

Die Ergebnisse der in Tabelle 2 dargestellten Faktorenanalyse müssen mit Vorsicht interpretiert werden, da es sich nur um eine kleine Stichprobe handelt (Fabrigar et al., 1999). Dennoch zeigt sich, dass die Unternehmenskultur auf fünf der sechs modelltheoretisch postulierten Dimensionen abgebildet werden kann.

		1	2	3	4	5	6
		Team-kultur	**Untern.-kultur**	**Service-kultur**	**Fehler-kultur**	**Lern-kultur**	**Führungs-kultur**
Teamkultur	Toleranz	,79					
	Gemeinsame Aktivitäten	,73					
	Passivität	,68					
	Kontakte zu Kollegen	,65					
	Betriebsklima	,55					
	Teamgeist	,54					
	Anerkennung (Team)	,48					
	Veränderungsbereitschaft 1	,45					
	Konfliktlösung 1	,45					
Unternehmerkultur	Kosten-/ Nutzen-Denken		-,70				
	Fachwissen		-,70				
	Professionalität		-,67				
	Ganzheitlichkeit		-,66				
	Learning-on-the-job		-,60				
	Zielvereinbarung		-,56				
	Teamentscheidungen		-,36				
	Erfolgserlebnisse		-,35				
Servicekultur	Konkurrenzorientierung			,77			
	Zukunftsorientierung			,69			
	Kundenbindung			,65			
	Kontin. Verbesserungsprozess			,61			
	Kundenzufriedenheit			,60			
	Training (Kunden)			,57			
	Beschwerdemanagement 1			,52			
	Rückmeldung Kunden			,45			
Fehlerkultur	Kundenorientierung				,65		
	Fehlermanagement 1				,58		
	Fehlermanagement 2				,57		
	Beschwerdemanagement 2				,49		
	Flexibilität				,42		
Lernkultur	Aufgabenverteilung					-,67	
	Kritik üben					-,59	
	Probleme als Herausforderung					-,58	
	Konfliktlösung 2					-,54	
	Selbstverantwortung					-,49	
	Sicherheit					-,46	
	Informationsverhalten					-,44	
Führungskultur	Handlungsspielräume						-,81
	Vorbildfunktion						-,74
	Kreativität						-,72
	Vertrauen						-,52
	Erfindergeist						-,50
	Sinngebung						-,43
	Anerkennung (Vorgesetzter)						-,43
	Wertschöpfung						-,41

Tabelle 2: Ergebnis der explorativen Faktorenanalyse (Hauptkomponentenanalyse mit Obliminrotation). Faktorladungen unter ,30 sowie Querladungen von Items auf anderen Faktoren sind nicht ausgewiesen. N = 91.

7.3.1.5.3 Interne Konsistenz der Faktoren

Nach der Faktorenanalyse wurden die neu gewonnenen Skalen erneut einer Reliabilitätenanalyse unterzogen. In Tabelle 3 ist Cronbach's Alpha der sechs Faktoren dargestellt. Insgesamt klären diese sechs extrahierten Faktoren 55% der Gesamtvarianz auf.

	Faktoren	M	SD	N Items	α
1	**Teamkultur**	3,64	,73	8	,87
2	**Unternehmerkultur**	3,52	,68	9	,82
3	**Servicekultur**	4,74	,72	8	,82
4	**Fehlerkultur**	4,05	,55	5	,71
5	**Lernkultur**	3,95	,66	8	,85
6	**Führungskultur**	3,40	,60	7	,85

Tabelle 3: Interne Konsistenz der Faktoren (Pilotstudie); Mittelwerte und Standardabweichungen. N = 91.

7.3.1.6 Diskussion

Die Skalen hielten inhaltlich weitgehend der empirischen Überprüfung stand. Aus der Analyse wird ersichtlich, dass ein Teil der Items anderen Skalen zugeordnet wird, als vom Modell vorhergesagt wird. Der erste Faktor umschließt die Zusammenarbeit mit Kollegen (**Teamkultur**), der zweite Faktor die Optimierung betrieblicher Abläufe (**Unternehmerkultur**), als drittes beschreiben die Fragen zur Kunden- und Marktorientierung die **Servicekultur**. Lernprozesse, wie die Bereitschaft aus Fehlern zu lernen, und die Fähigkeit zur Problemlösung, sind Inhalt der beiden folgenden Faktoren (**Fehler-** und **Lernkultur**). Die **Führungskultur** schließlich umfasst im letzten Faktor alle Fragen zum Verhältnis zwischen Vorgesetzten und Mitarbeitern. Die interne Konsistenz der Faktoren nach der Extraktion erwies sich als zufriedenstellend.

Die Konstrukte des *Center of Excellence* finden sich zum Großteil auf der Ebene der extrahierten Faktoren wieder – mit Ausnahme der **Innovationskultur**. Wie aufgrund der Itemanalyse bereits absehbar war, bestand das Problem darin, dass auf drei unterschiedliche Bereiche von Innovation – kreatives Handeln, Marktorientierung und Innovationsorientierung – verwiesen wurde. Ein interessanter Aspekt findet sich in den folgenden beiden Faktoren: Die Fehlerkultur gibt Auskunft über die Fähigkeit zur Anpassung auf äußere Impulse, während die Lernkultur die internen Adaptionsprozesse beschreibt.

Die Vorstudie ermöglichte somit eine vorläufige Bestätigung der Ausgangsthesen. Auch wenn ein Teil der Fragen überarbeitet oder neu hinzugefügt werden musste, so konnte doch die Grundkonzeption des Modells beibehalten werden.

7.3.2 Hauptstudie

7.3.2.1 Ziel der Hauptstudie

Aufgrund der Ergebnisse der Pilotstudie sollte die nunmehr revidierte Form des Fragebogens anhand einer größeren und vielschichtigeren Stichprobe getestet werden. Die Befragung wurde diesmal in verschiedenen Unternehmen durchgeführt, um auf der Grundlage von Vergleichen die psychometrische Qualität des Befragungsinstruments überprüfen zu können. Weiteres Ziel war, die postulierten Konstrukte abzusichern (Konstruktvalidität). Dies erforderte eine größere Stichprobe, als es in der Pilotstudie der Fall war. Auch war die Anzahl der Variablen – die aufgrund der Itemselektion auf 45 reduziert worden war – zu erweitern, um jedem der sechs Modellkonstrukte zehn Items zuordnen zu können.

Das Untersuchungsdesign wurde insofern erweitert, als Kriterien zum Ideenmanagement erhoben wurden. Hier zeigen empirische Befunde zum „Klima für Innovation" (Anderson/ West, 1998), dass kulturelle Rahmenbedingungen einen entscheidenden Einfluss auf die Teamleistung und die Innovationsbereitschaft der Mitarbeiter haben. Diese Einflussfaktoren genauer bestimmen zu können, ist ein weiteres Anliegen der folgenden Untersuchung.

7.3.2.2 Stichprobe

Es wurden elf Unternehmen an insgesamt 18 Standorten in Deutschland aus der Automobil-, Chemie-, Pharma- und Dienstleistungsbranche befragt. Insgesamt beträgt die Stichprobe 1670 Personen, bei einer Mindestanzahl von 20 befragten Personen je Unternehmen.

Die im Folgenden durchgeführten statistischen Verfahren wurden auf der Grundlage einer bereinigten Stichprobe durchgeführt, die lediglich Fälle von Versuchspersonen enthielt, die alle Fragen beantwortet hatten (N = 1118). Dadurch sollte verhindert werden, dass das Ergebnis der Analyse durch fehlende Werte verzerrt wird. Des weiteren wurde eine Teilstichprobe, die eine vergleichsweise hohe Streuung und bei näherer Analyse eine außergewöhnlich inkonsistente Antwortstruktur aufwies, aus der weiteren Bearbeitung ausgeschlossen[39].

Zur Überprüfung der Faktorstabilität an getrennten Stichproben wurde die Gesamtstichprobe von N = 1118 geteilt. Jeder Versuchsperson wurde eine Rangzahl zugeordnet, und

[39] Es handelt sich hierbei um die Gruppe der gewerblichen Mitarbeiter eines Unternehmens, das kurz vor einem Akquisitionsprozess stand (der den Mitarbeitern zum Zeitpunkt der Untersuchung bekannt war). Die damit verbundene negative Befindlichkeit (drohender Verlust des Arbeitsplatzes) mag u.U. auffallend häufig zu Extremwerten und inkonsistenten Antworten geführt haben.

die Aufteilung erfolgte anschließend nach gerader bzw. ungerader Rangzahl. Beide Teilstichproben enthalten demnach ein N von 559.

7.3.2.3 Messinstrument

Die vorliegenden Daten wurden mittels eines Fragebogens erhoben, der insgesamt 60 Fragen umfasst. Für jedes Konstrukt, das heißt, für jede *Excellence-Kultur,* wurden auf der Grundlage der Ergebnisse der Vorstudie zehn Items formuliert. Die Antworten konnten auf einer Likert-Skala von 1 („trifft nicht zu") bis 5 („trifft zu") angekreuzt werden.

7.3.2.4 Entscheidungskriterien zur Dimensionsreduktion

Inwiefern man mit einer faktorenanalytischen Methode zu einer geeigneten Lösung kommt, hängt wesentlich vom Untersuchungsdesign ab, wie Fabrigar et al. (1999, S. 273) zusammenfassen:

„As with any statistical procedure, the utility of the results obtained in EFA [explorative factor analysis] is in large part determined by the soundness of the design of the study from which the data are collected."

So bestimmt zunächst die inhaltliche Validität der Variablen, die in die Analyse eingehen, die Qualität der Ergebnisse (Cattell, 1978). Aus diesem Grund wurde in der Pilotstudie überprüft, ob die Fragen richtig formuliert und verstanden wurden (‚face validity', konvergente Validität) (Fabrigar et al., 1999). Die angepassten Skalen werden in einem nächsten Schritt faktorenanalytisch überprüft. Dabei sollte – unabhängig von den statistischen Maßzahlen, die bei der Faktorenextraktion zu berücksichtigen sind –, Ehrenberg zufolge (1975, S. 272; Hervorh. i. Orig.) der ‚praktischen Signifikanz' besonderes Augenmerk verliehen werden:

"The results of a factor or component analysis are usually not altogether 'obvious' even after the analysis, especially with regard to the quantitative details. One is therefore relying on the particular version of the analytic technique used to 'justify' one's findings (e.g. "as shown by factor analysis with 'Maximax' type of rotation"). While component and factor analysis are often regarded as ***objective*** *ways of reducing large numbers of variables, in fact they are not. The choice of variables to put into the analysis, whether to use factor analysis or component analysis, the choice of a particular version of these techniques, the choice of a particular type of 'rotation', and the interpretation of the results are all* ***subjective****. There is nothing inherently wrong with*

subjectivity since judgment has to be exercised in many problems in data analysis. But the adoption of some arbitrary analytic technique should not be regarded as objective justification for one's results."

Aus diesem Grund ist eine kombinierte Vorgehensweise aus induktiven und deduktiven Verfahren zur Dimensionsreduktion sinnvoll, wie in Abbildung 9 dargestellt ist. Ausgangspunkt sind die theoretischen und empirisch nachgewiesenen Erkenntnisse zum jeweiligen Forschungsgegenstand. Auf dieser Basis wird entweder

(a) ein bestehendes Modell anhand einer konfirmatorischen Analyse überprüft, oder

(b) durch eine explorative Vorgehensweise eine neue Theorie entwickelt.

In beiden Fällen wird eine Reliabilitätsanalyse zur Messung der internen Konsistenz hinzugezogen werden. Entscheidend ist dabei, den Einsatz statistischer Verfahren durch geeignete nachvollziehbare Interpretationsmuster abzusichern.

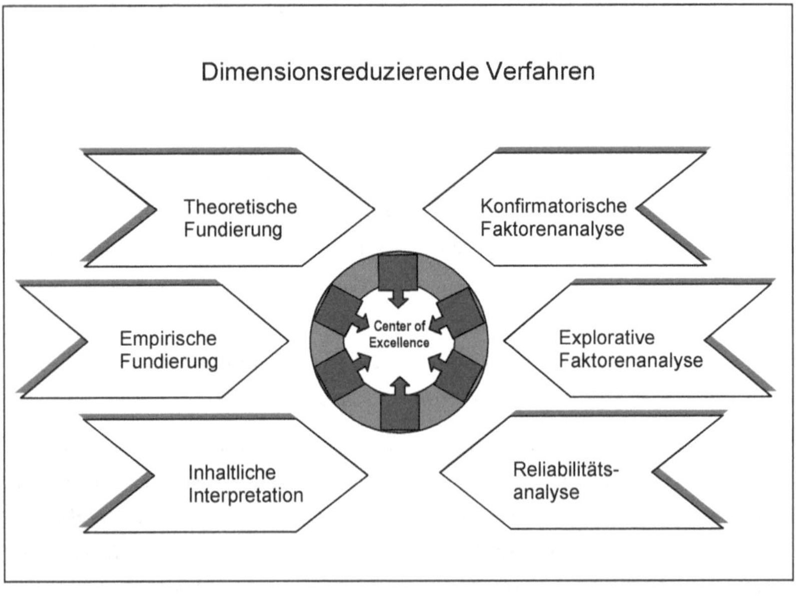

Abbildung 9: Kombiniert deduktiv-induktives Vorgehen zur Dimensionsreduktion

Auf der Basis dieser Verfahrensweise wird im Folgenden geschildert, welche Schritte zum Auffinden einer geeigneten Faktorenstruktur im Rahmen der vorliegenden Arbeit unternommen wurden.

7.3.2.5 Auswertungsmethode

Um die Konstruktvalidität des Instruments zu überprüfen, gingen alle Fragen zu den *Excellence-Kulturen* in die Analyse ein. Ziel war es, zu einer Dimensionsreduktion der insgesamt 60 Items zu gelangen. Folglich bot sich eine faktorenanalytische Vorgehensweise an, die sich in folgende Arbeitsschritte gliederte:

(a) Im ersten Schritt kam eine konfirmatorische Faktorenanalyse zur Anwendung, um ein Strukturgleichungsmodell zu überprüfen, das durch die Modellannahmen hergeleitet wurde. (Kap. 7.3.2.6.1)

(b) Anschließend wurde eine explorative Analyse der Daten durchgeführt. (Kap. 7.3.2.6.2)

(c) Die Ergebnisse dieser explorativen Faktorenanalyse gingen dann erneut in ein (entsprechend modifiziertes) Strukturgleichungsmodell ein. (Kap. 7.3.2.6.3)

(d) Zum Schluss wurden die extrahierten Faktoren einer Reliabilitätsanalyse unterzogen, um die interne Konsistenz der gewonnenen Skalen zu überprüfen. (Kap. 7.3.2.6.4)

7.3.2.6 Ergebnisse

7.3.2.6.1 Überprüfung des Ausgangsmodells

Die Items wurden entsprechend der Modelldefinition sechs Dimensionen zugeordnet und einer konfirmatorischen Faktorenanalyse (Strukturgleichungsmodell; siehe z.B. Stevens, 1996, Kap. 11) unterzogen. Als Alternativmodell wurde eine einfaktorielle Struktur getestet. Es zeigte sich, dass die hypothetisch angenommene Struktur der sechs Dimensionen nicht bestätigt werden konnte: Das Modell wies negative Varianzen auf, was nach Jöreskog und Sörbom (1979) bei einer großen Stichprobe auf ein falsches Modell hinweist.

Daher wurde eine Modifikation des ursprünglichen Modells auf der Basis einer explorativen Faktorenanalyse (bei voreingestellter Extraktion von 6 Faktoren) durchgeführt.

7.3.2.6.2 *Modifikation des Modells*

Um Aufschluss zu erhalten, inwiefern die angenommene Facettenstruktur auch empirisch vorliegt, wurden die Daten einer explorativen Analyse (siehe z.B. Stevens, 1996, Kap. 11; Fabrigar et al., 1999) unterzogen. Als Methode bot sich die Maximum-Likelihood-Faktorenanalyse[40] an, da diese auch die Grundlage für das sich anschließende Strukturgleichungsverfahren darstellt. Als Rotationsverfahren wurde Promax (Hendrickson/ White, 1964) gewählt, eine einfache Methode, die von einer schiefwinkligen (obliquen) Verteilung der Variablen ausgeht, und sich besonders für große Stichproben eignet. Um die Ergebnisse der Faktorenextraktion im Sinne einer Messwiederholung bestätigen zu können, wurde die Gesamtstichprobe geteilt.[41]

Um einen Hinweis auf die optimale Anzahl an Faktoren zu erhalten, bieten sich mehrere Richtlinien an (Fabrigar et al., 1999):

- *Paralleltest* nach Horn (Horn, 1965)
- *MAP (Minimum Average Partial)-Test* nach Velicer (Velicer, 1976)
- Interpretierbarkeit der Faktoren (Fabrigar et al., 1999)

Daneben gibt es noch weitere statistische Testverfahren, wie das *Kaiser-Kriterium* (Kaiser, 1960), den *Scree-Test* nach Cattell (Cattell, 1966) sowie den *KMO-Bartlett-Test* (Bartlett, 1950, 1951). In einer Metaanalyse haben Zwick und Velicer (1986) alle gängigen Kriterien an unterschiedlichen Stichproben systematisch gegeneinander getestet. Dabei schneiden der *Paralleltest*[42] (Horn, 1965) und der *MAP Test*[43] nach Velicer (1976) am besten

---

[40] Die Maximum-Likelihood-Methode eignet sich insbesondere, da sie robust ist gegenüber Verletzungen der Annahme der Normalverteilung (Chou/ Bentler, 1995, S. 38). Die Grenzwerte für die Normalverteilung werden jedoch im Vorliegenden Datensatz nicht überschritten (Schiefe < 2; Kurtosis < 7). Siehe dazu West, Finch und Curran (1995).

[41] Auch in die Teilstichproben (N = 559) gingen, wie bereits erwähnt, nur Fälle ein, die keine fehlenden Werte aufwiesen. Für explorative Faktorenanalysen sollte das Verhältnis von Versuchspersonen zu Variablen mindestens 10 : 1 betragen, was für die Teilstichproben knapp und für die Gesamtstichprobe voll erfüllt ist (Fabrigar et al, 1999).

[42] Der *Paralleltest* gibt Auskunft darüber, inwiefern die Faktorenstruktur einem zufälligen Verlauf folgt. Er vergleicht dazu die Eigenwerte, die (auf der Basis der vorliegenden Variablen und Stichprobengröße) zufällig extrahiert wurden, mit dem Eigenwertverlauf der tatsächlichen Faktorenstruktur. Ausgewählt werden jene Faktoren, die eine vergleichsweise höhere Varianzaufklärung leisten. Siehe im Detail (inklusive Anwendungsbeispiel in SPSS) O'Connor (2000).

[43] Das *MAP-Kriterium* basiert auf einer Matrix der partiellen Korrelationen aller Variablen. Schrittweise werden Faktoren extrahiert, um anschließend den jeweiligen Restanteil an Varianz in der Korrelationsmatrix zu überprüfen. Dies geschieht so lange, bis die geringste durchschnittliche quadratische partielle Korrelation

ab; beide Verfahren erweisen sich als weitgehend unempfindlich gegenüber Variationen in den Untersuchungsbedingungen (Stichprobe, Streuung, etc.). Insbesondere die Kombination beider Tests wird als sinnvoll erachtet, um zu einer optimalen Faktorenlösung zu gelangen (O'Connor, 2000).

Angesichts der vorliegenden Stichprobengröße war es von besonderer Wichtigkeit, Testverfahren auszuwählen, die nicht oder nur in geringem Maß von der Anzahl der Versuchspersonen beeinflusst werden. Deshalb erweisen sich *Kaiser-Kriterium, Scree-Test* und *KMO-Bartlett-Test* im vorliegenden Fall als ungeeignet.[44] Zum Einsatz kamen folglich der *Paralleltest* sowie das *MAP-Velicer-Kriterium.*

Der *Paralleltest* zeigt, dass erst ab dem sechsten Faktor die vorliegende Struktur sich mit der zufällig gewonnenen deckt – die ersten *fünf Faktoren* stellen somit eine geeignete Grundlage für eine Dimensionsreduktion dar (Tab. 4).

Dieses Ergebnis konnte durch das *MAP-Velicer-Kriterium* bestätigt werden: Es zeichnet sich für *eine* der beiden Stichproben eine *Fünf-Faktoren-Struktur* ab. Die Analyse der zweiten Stichprobe allerdings ergab auf Basis dieses Tests Hinweise auf eine *Sechs-Faktoren-Lösung* (Tab. 4).

	Stichprobe 1	Stichprobe 2
Paralleltest	5	5
MAP-Test	5	6

Tabelle 4: Vorgeschlagene Anzahl an Faktoren bei geteilter Stichprobe. N = 559.

Zusammenfassend lässt sich sagen, dass die Ergebnisse zur Faktorenextraktion einen klaren Hinweis auf eine Mehrfaktorenstruktur geben. Da die Ergebnisse jedoch nicht

erreicht ist (Minimum Average Partial Correlation). Siehe im Detail (inklusive Anwendungsbeispiel in SPSS) O'Connor (2000).

[44] Die Analyse nach dem sog. *Kaiser-Kriterium* (es werden alle Faktoren ausgewählt, deren Eigenwert größer als 1 ist) ist nach Stevens (1996, S. 366ff.) besonders aussagekräftig, wenn wenig Variablen zugrundeliegen und die Kommunalitäten hoch sind (über ,70) – letztere Bedingung gilt auch für den *Scree-Test*, der prüft, ab wann der Eigenwertverlauf deutlich absinkt. Weiterhin ist zu erwähnen, dass der *KMO-Bartlett-Test*, der die zufällige Verteilung des Eigenwertverlaufs überprüft, nur bei kleinen Stichproben anwendbar ist (Stevens, 1996, S. 366ff.). Zusammenfassend lässt sich somit sagen, dass im Vorliegenden Fall die Voraussetzung für die Anwendung dieser drei Kriterien nicht gegeben ist.

vollkommen eindeutig sind (fünf- oder sechsfaktorielle Lösung), schien eine erneute Überprüfung an der Gesamtstichprobe ratsam.[45]

Wie die dargestellte Analyse über die *gesamte Stichprobe* (Tab. 6, Seite 89) zeigt, ergeben sich aufgrund der beiden genannten Testverfahren (Paralleltest und MAP-Kriterium) *sechs* Faktoren. Bereits im ersten Untersuchungsschritt, der explorativen Analyse an getrennten Stichproben, hatte sich diese Lösung abgezeichnet – dies gewinnt insbesondere dadurch Bedeutung, als das konservativere der beiden Kriterien, der MAP-Test, für die Sechs-Faktoren-Struktur sprach.

		Vor der Rotation			Nach der Rotation
	Faktor	Eigen-werte	% der Varianz	Kumulierte %	Extrahierte Varianz
1	**Führungskultur**	17,7	29,5	29,5	11,7
2	**Teamkultur**	2,6	4,4	33,9	9,2
3	**Lernkultur**	1,4	2,3	36,1	12,8
4	**Innovationskultur**	1,1	1,8	37,9	11,7
5	**Unternehmerkultur**	1,0	1,6	39,5	11,5
6	**Servicekultur**	,8	1,3	40,8	12,6

Tabelle 5: Extrahierte Varianz der einzelnen Faktoren vor und nach der Rotation.
Bei schiefwinkligen Rotationsverfahren können die einzelnen Varianzanteile nicht addiert werden.
N = 1118.

Tabelle 5 gibt an, welchen Beitrag die einzelnen Faktoren leisten, um die gegebene Varianz aufzuklären. Die Faktorladungen liegen, wie aus Tabelle 6 ersichtlich wird, zwischen ,24 und ,78. Stevens (1996, S. 370f.) gibt diesbezüglich den Hinweis, dass ab einer Stichprobe von 1000 Personen bereits Ladungen ab ,16 statistisch signifikant sind; und bei großen

[45] Wie ähnliche Untersuchungen, z.B. zum *Team Klima Inventar*, berichten, ist es nicht ungewöhnlich, dass in Abhängigkeit von der jeweiligen Stichprobe unterschiedliche Faktorenlösungen auftreten (Brodbeck/ Maier, 2001).

		1 Führungs-kultur	2 Service-kultur	3 Lern-kultur	4 Team-kultur	5 Innov.-kultur	6 Untern.-kultur
Führungskultur	Rückmeldung (Kritik üben)	,76					
1	Sicherheit (Vorgesetzter)	,72					
	Rückmeldung (Kritik annehmen)	,66					
	Vertrauen	,60					
	Vorbildfunktion	,55					
	Rückmeldung (Lob)	,55					
	Konfliktlösung	,52					
	Toleranz	,37					
Servicekultur	Kundenorientierung		,76				
2	Konkurrenzorientierung		,75				
	Kontin. Verbesserungsprozess		,62				
	Zukunftsorientierung		,54				
	Kundenorientierte Prozesse		,50				
	Kundenzufriedenheit		,49				
	Beschwerdemanagement		,45				
	Verbesserungen Kunden		,44				
	Rückmeldung Kunden		,28				
Lernkultur	Flexibilität			,68			
3	Effektivität			,60			
	Verantwortungsübernahme			,52			
	Reflexionsfähigkeit			,49			
	Fehlermanagement 1			,48			
	Veränderungsbereitschaft			,46			
	Langfristigkeit			,46			
	Vernetzung			,44			
	Teamorientierung			,42			
	Implementation			,35			
	Fehlermanagement 2			,33			
	Kontroversität			,32			
	Kundenbetreuung			,30			
Teamkultur	Unterstützung				,78		
4	Rückmeldung (Team)				,61		
	Problemlösung				,59		
	Betriebsklima				,38		
	Konfliktmanagement				,37		
	Ganzheitlichkeit				,34		
	Sicherheit (Team)				,32		
	Aufgabenverteilung				,32		
	Erfahrungsaustausch				,31		
	Learning-on-the-job				,28		
	Sinngebung				,26		
	Leistungsorientierung				,24		
Innovationskultur	Handlungsspielräume					,62	
5	Erfindergeist					,61	
	Kreativität					,52	
	Ideenmanagement					,46	
	Offenheit					,39	
	Selbstverantwortung					,39	
	Ideenmanagement					,37	
	Innovationsorientierung					,37	
	Probleme als Herausforderung					,33	
Unternehmerkultur	Partizipation						,55
6	Professionalität						,55
	Zielvereinbarung						,53
	Transparenz						,51
	Karriereförderung						,47
	Training (Kunden)						,42
	Zielerreichung						,41
	Wertschöpfung						,34
	Prozessuales Lernen						,30

Tabelle 6: Ergebnis der explorativen Faktorenanalyse mit obliquer Rotation. Faktorladungen unter ,20 sowie Querladungen von Items auf anderen Faktoren sind nicht ausgewiesen. N = 1118.

Stichproben (ab N > 300) seien auch Faktorladungen von unter ,60 aussagekräftig. Darüberhinaus ist zu beobachten, dass einzelne Items auch auf anderen Faktoren statistisch relevante Ladungshöhen (von ,16 bis ,40) aufweisen; der Wert auf dem ‚eigenen', relevanten Faktor liegt jedoch in der Regel deutlich über der Querladung. Daher werden diese Ladungen im Weiteren nicht berücksichtigt.

7.3.2.6.3 Überprüfung eines Strukturgleichungsmodells

Die explorativ gewonnenen Skalen gingen nunmehr erneut in eine konfirmatorische Analyse ein.[46] Dazu wird die *Sechs-Faktoren-Lösung* gegen ein *einfaktorielles Modell* getestet, um zu eruieren, welcher Ansatz die empirischen Strukturen besser abbildet.

Bei der Auswahl der Prüfgrößen[47], die die Anpassungsgüte eines Modells abbilden, ist darauf zu achten, dass diese von Stichprobengröße, Verteilung oder Modellspezifizierung[48] unbeeinflusst bleiben. Folgt man der Meta-Analyse von Hu und Bentler (1999), in der alle gängigen Indices hinsichtlich ihrer Aussagekraft verglichen wurden, sollten u.a. in Betracht gezogen werden: RMSEA, SRMR, TLI und CFI. Weiterhin wird als deskriptives Maß der Quotient aus χ^2-Wert und Freiheitsgraden empfohlen (Arbuckle, 1997, S. 555).[49]

Wie Hu und Bentler (1999) darüber hinaus zeigen konnten, ist eine Kombination aus mehreren Kriterien sinnvoller als Einzelindikatoren, um zu bestmöglichen Aussagen über die Passung des Modells zu gelangen. Es wird daher angeraten, die beiden unempfindlichsten Indikatoren, den RMSEA und den SRMR einzusetzen. Als Richtwert gilt, dass der SRMR den Wert von ,06 nicht überschreiten sollte; liegt der RMSEA in diesem Falle unter ,05, so

---

[46] Fabrigar et al. (1999) empfehlen diese Doppelstrategie explorativer und konfirmatorischer Analysen, um ein Modell näher zu spezifizieren. Sie halten dieses Vorgehen vor allem sinnvoll, wenn die Stichprobe geteilt untersucht wird, und beide Lösungen miteinander verglichen werden.

[47] Gerbing und Anderson (1993) unterscheiden zwischen zwei Gruppen von Indikatoren: zum einen Werte, die die empirisch vorliegende Kovarianz mit der durch das Modell erzeugten vergleichen (z.B. Chi-Quadrat-Wert, GFI, RMR), oder Werte, die untersuchen, inwiefern das zu prüfende Modell die empirisch vorliegende Kovarianz besser erklärt als ein Grundmodell, bei dem meist alle Indikatoren als unkorreliert angenommen werden (z.B. TLI).

[48] So weisen Hu und Bentler (1998) darauf hin, dass frühere Untersuchungen zu Anpassungs-Indices von der Voraussetzung ausgehen, dass das zu prüfende Modell korrekt ist. Es sei jedoch entscheidend, diese Indices auch im Falle von missspezifizierten Modellen anwenden zu können.

[49] Zur vollständigen Übersicht über Kriterien zur Bestimmung der Anpassungsgüte eines Modells siehe Hu und Bentler (1999). In ihrer Studie überprüfen die Autoren die üblicherweise eingesetzten Kriterien hinsichtlich ihrer Sensitivität auf Stichprobengröße, Verteilung und Modellspezifikation.

handelt es sich um eine *gute Modellanpassung.*[50] Als weitere Einzelindikatoren gehen der CFI und der TLI in die vorliegende Analyse ein, die über ,90 liegen sollten (Hu/ Bentler, 1999).

In Tabelle 7 sind die Indices eingetragen, die die Anpassungsgüte der beiden Modelle angeben. Der RMSEA liegt bei der Sechs-Faktoren-Lösung, wie gefordert, unter ,05 – was für eine gute Modellanpassung spricht; dies wird durch den SRMR (,05) gestützt. CFI und TLI werden in beiden Fällen leicht unterschritten. Der Quotient aus χ^2-Wert und Freiheitsgraden beträgt beim sechsfaktoriellen Modell 3,7 und liegt damit deutlich unter dem geforderten Grenzwert, beim Alternativmodell dagegen wird dieser mit 5,3 überschritten.

	χ^2	df	RMSEA	SRMR	TLI	CFI
Excellence-Modell (6 Faktoren)	6244,18***	1695	,05	,05	,83	,84
Alternativmodell (1 Faktor)	9135,06***	1710	,06	,06	,72	,73

Tabelle 7: Vergleich der Prüfgrößen für die Anpassungsgüte zweier alternativer Strukturgleichungsmodelle. ***$p \leq ,001$; N = 1118.

Ein Vergleich beider Modelle zeigt, dass eine signifikante Modellverbesserung durch die Sechs-Faktoren-Struktur erreicht werden kann: $\Delta\chi$ (15) = 2890,88 ($p \leq ,05$). Die mehrfaktorielle Lösung ist somit eindeutig dem Alternativmodell vorzuziehen.

7.3.2.6.4 Interne Konsistenz der Skalen

In einem nächsten Schritt wurden die Reliabilitäten der konfirmatorisch überprüften Skalen untersucht. Wie Tabelle 8 zeigt, liegt Cronbach's Alpha zwischen ,78 und ,88 (bei Trennschärfen zwischen ,36 und ,73), was die Anforderung an die interne Konsistenz der Skalen voll erfüllt.

---

[50] Von einer *guten* Anpassung spricht man laut Browne and Cudeck (1993) bei einem RMSEA-Wert < ,05; von *mittleren* Anpassungsqualitäten bei einem RMSEA zwischen ,05 und ,08; liegt der RMSEA dagegen über ,10, so ist die Modellgüte eher *schwach* ausgeprägt. Der RMSEA ist vor allem für große Stichproben geeignet (Hu/ Bentler, 1998).

	Dimension	M	SD	N Items	α
1	**Führungskultur**	3,41	,70	8	,87
2	**Teamkultur**	3,61	,56	9	,84
3	**Lernkultur**	3,32	,63	13	,86
4	**Innovationskultur**	3,26	,70	12	,88
5	**Unternehmerkultur**	3,40	,60	9	,78
6	**Servicekultur**	3,73	,61	9	,84

Tabelle 8: Interne Konsistenz der faktorextrahierten Skalen; Mittelwerte, Standardabweichungen und Reliabilitäten; N = 1118.

7.3.2.6.5 Inhaltlicher Zusammenhang der Skalen

Eine bereits erwähnte Annahme des Modells ging dahin, dass die einzelnen Kulturen nicht unabhängig voneinander betrachtet werden können. Da sie allesamt zum Erfolg des Unternehmens beitragen, beeinflussen bzw. fördern sie sich gegenseitig. Diese Vermutung findet sich in Tabelle 9 bestätigt, in der die Zusammenhänge der einzelnen Dimensionen der *Excellence-Kultur* wiedergegeben sind. Alle Faktoren weisen mittlere bis starke Interkorrelationen auf.

		Führungs-kultur	Team-kultur	Lern-kultur	Innov.-kultur	Untern.-kultur	Service-kultur
1	**Führungskultur**	–	,67***	,66***	,67***	,61***	,40***
2	**Teamkultur**		–	,70***	,73***	,68***	,57***
3	**Lernkultur**			–	,73***	,65***	,55***
4	**Innovationskultur**				–	,69***	,62***
5	**Unternehmerkultur**					–	,60***
6	**Servicekultur**						–

Tabelle 9: Korrelationsmatrix der Skalen. *** $p \leq ,001$; N = 1118.

7.3.2.7 Diskussion

Die Faktorenanalyse bildet die folgenden sechs Dimensionen des InDEx weitgehend so ab, wie durch das Modell vorausgesagt. Eine Übersicht sowie entsprechende Beispielitems finden sich in Abbildung 10.

	Dimension	Beispielitems und Kurzform der Skalen	
		Kurzform	Items
1	**Führungskultur**	Rückmeldung (Kritik üben)	Die Führungskräfte üben sachlich Kritik, ohne persönlich anzugreifen.
		Sicherheit (Vorgesetzter)	Wenn ein Mitarbeiter einen Fehler macht, steht der Vorgesetzte dennoch hinter ihm.
2	**Teamkultur**	Unterstützung	Die Mitarbeiter unterstützen sich gegenseitig, um ihre Aufgaben besser zu bewältigen.
		Rückmeldung (Team)	Die Mitarbeiter geben sich gegenseitig Anerkennung für ihre Arbeit.
3	**Lernkultur**	Flexibilität	Bürokratische Vorschriften hemmen effektives Arbeiten.
		Effektivität	Ein Großteil der Energie geht durch interne Reibungsverluste verloren.
4	**Innovationskultur**	Handlungsspielräume	Es gibt genügend Freiräume, um kreativ zu sein.
		Erfindergeist	Das Unternehmen ist von Erfindergeist geprägt.
5	**Unternehmerkultur**	Partizipation	Bei Entscheidungen, die die Mitarbeiter betreffen, werden diese miteinbezogen.
		Professionalität	Besprechungen sind stets gut vorbereitet.
6	**Servicekultur**	Kundenorientierung	Kundenwünsche werden sehr ernst genommnen.
		Konkurrenzorientierung	Es wird darüber nachgedacht, warum Kunden zur Konkurrenz gewechselt sind.

Abbildung 10: Übersicht über die Dimensionen des *Center of Excellence*. Es sind jeweils zwei Beispielitems und Kurzformen pro Skala genannt.

Entsprechend den Ergebnissen der Skalenentwicklung mussten die sechs Ausgangskonstrukte jedoch modifiziert werden. Da damit das ursprüngliche Frey'sche Modell in seinen

Annahmen korrigiert wird, werden im Folgenden die empirisch gewonnenen Strukturen neu interpretiert. Dabei wird besonderes Augenmerk auf im Ausgangsmodell nicht oder ungenügend berücksichtigte Aspekte gerichtet. Die empirisch abgeleiteten Dimensionen des *Center of Excellence* stellen sich daher wie folgt dar:

Führungskultur

Durch Offenheit und Transparenz schafft die Führungsperson ein Klima der Vorhersehbarkeit und Sicherheit. Positive Rückmeldung ist als Teil dieses umfassenden Feedback-Prozesses zu sehen. Denn Lob und Anerkennung wirken motivierend und erhöhen das Gefühl der Sicherheit, da der Mitarbeiter seine eigene Leistung besser einschätzen kann. Führungskräfte sind offen für kritisches Feedback von ihren Mitarbeitern, und wenn sie selbst Kritik üben, so tun sie dies, ohne persönlich anzugreifen. Dies führt zu einer Reflexion des eigenen Führungsstils, das heißt, das eigene Handeln wird hinterfragt und verbessert. Nur auf dieser Grundlage ist es möglich, Menschen positiv zu führen, und ihnen Möglichkeiten und Wege aufzuzeigen, wie sie Probleme und Aufgabenstellungen an ihrem Arbeitsplatz bewältigen können. Darüberhinaus ermöglicht diese Selbstreflexion eine Adaption des Führungsstils auf die jeweiligen situativen Bedingungen (situative Führung). So entsteht ein Vertrauensverhältnis, das es erlaubt, Konflikte zwischen Vorgesetzten und Mitarbeitern auf sachlicher Ebene anzugehen und zu lösen. Gleichzeitig impliziert ein reger Informationsaustausch, dass die Meinungen und Urteile der Mitarbeiter in den Führungs- und Entscheidungsprozess einbezogen werden (partizipative Führung). Zentrale Aufgabe der Führung ist es, als Vorbild zu dienen und auf diese Weise die Unternehmensziele (als gelebte Werte) an die Mitarbeiter zu vermitteln.

Was die inhaltliche Modifikation der Führungskultur betrifft, so stellte sich heraus, dass sie weitestgehend den Modellvoraussetzungen entspricht. Stärker als erwartet kommen jedoch zwischenmenschliche Aspekte der Zusammenarbeit (Konfliktmanagement, Toleranz) zum Tragen. Aufgrund des besonderen Machtverhältnisses zwischen Führungskräften und Mitarbeitern scheint dieses Thema in den Vordergrund zu treten.

Teamkultur

Im Team werden durch geeignete Aufgabenverteilung Stärken und Schwächen der einzelnen Mitglieder ausgeglichen. Die Heterogenität in den Erfahrungen und Kenntnissen der

Teammitglieder wird als notwendige Grundlage für kreative Prozesse erkannt. Um von unterschiedlichen Perspektiven profitieren zu können, werden gemeinsame Spielregeln festgelegt: Konstruktive Kritik, offenes Ansprechen und Klären von Konflikten sowie Toleranz und persönliche Wertschätzung sind Bestandteile effektiver Teams. Dabei hängt die reibungslose Zusammenarbeit der Mitarbeiter zum einen von der Fähigkeit ab, gemeinsam Probleme zu erkennen und zu lösen. Ein gut funktionierendes Team setzt zum anderen voraus, dass die Persönlichkeit jedes einzelnen den notwendigen Freiraum erhält – das bedeutet, sich z.B. gegenseitig für Erfolge anzuerkennen, oder auch Sinn und Hintergrund des eigenen Tuns erkennen und vermitteln zu können.

Die Teamkultur in ihrer aktuellen Form setzt Akzente auf das gruppenbasierte Lernen: Die Fähigkeit zum gemeinsamen Problemlösen rückt in den Mittelpunkt, wobei die Klarheit über das eigene Rollenverständnis und die Optimierung der eigenen Leistung wesentlich zum Teamerfolg beiträgt.

Lernkultur

Lernfähige Unternehmen zeichnen sich dadurch aus, dass sie sich ständig weiterentwickeln und an die Veränderungen des Marktes anpassen. Im Einzelnen äußert sich das durch die Fähigkeit, schnell und flexibel zu reagieren, Ereignisse kritisch zu reflektieren, Verantwortung zu übernehmen und das eigene Handeln in Frage zu stellen. Weil die Mitarbeiter bereit sind, sich in einer Umgebung des Wandels mitzuverändern, gelingt es dem Unternehmen, sich den Schwankungen des ökonomischen Umfelds anzupassen. Eine flexible und reaktionsschnelle Organisationsstruktur wird begleitet von der Fähigkeit zum vernetzten und ganzheitlichen Denken. Singuläre Arbeitsschritte werden so als Teil eines übergeordneten Prozesses gesehen und Schnittstellen werden überbrückt, ohne dass es zu Verlusten an Wertschöpfung kommt. Auswirkungen auf andere Unternehmensbereiche werden in Planung und Entscheidung berücksichtigt. Dadurch werden interne Reibungsverluste auf ein Minimum reduziert.

Diese Dimension besteht in ihrer neuen Form fast ausschließlich aus negativ formulierten, umkodierten Fragen, die die Flexibilität und Schnelligkeit betrieblicher Prozesse betreffen. Damit wird auf die Fähigkeit eines Systems verwiesen, sich äußeren und inneren Veränderungen stetig anzupassen (Hrebiniak/ Joyce, 1985). In ihrer negativen Ausprägung könnte man daher die Lernkultur auch als ‚Bürokratie-Faktor'[51] bezeichnen. Lernen und Wandel wird also überall dort verhindert oder erschwert, wo defensive Verhaltensweisen, fehlende Einsicht, Reibungsverluste und bürokratische Vorschriften auftreten.

Innovationskultur

Kreativität, Risikobereitschaft und Erfindergeist prägen das innovative Unternehmen auf allen Ebenen. Die Mitarbeiter verfügen über weit gesteckte Handlungsspielräume, um eigene Ideen einbringen und Potentiale entfalten zu können. Fähigkeiten und Kompetenzen werden entsprechend erkannt und gefördert, was sich in einer offenen Haltung gegenüber Neuerungen und Verbesserungsvorschlägen äußert. Innovatives Handeln setzt zudem voraus, sich mit den Zielen des Unternehmens zu identifizieren, und diese Ziele im Arbeitsalltag schrittweise umzusetzen. Dabei erstreckt sich der Innovationsprozess von der Ideengenerierung bis zur Ideenimplementation. Jeder einzelne Schritt in diesem Prozess wird gemeinsam geplant, um Ziele und Zwischenziele zu vereinbaren. Dazu gehören auch feste Abbruchkriterien, um zu vermeiden, dass in ein Projekt weiter investiert wird, obwohl die Amortisation mit hohem Risiko behaftet ist. Gepaart mit der entsprechenden Durchsetzungskraft werden so aus kreativen Ideen innovative Prozesse, Produkte und Dienstleistungen.

Was die Innovationskultur anbelangt, konnte auch hier das ursprüngliche Konstrukt erhalten werden. Allerdings zeigt sich, dass Mitarbeiter, die zu selbstverantwortlichem Handeln ermutigt werden, in höherem Maß kreative Ideen und Vorschläge einbringen.

Unternehmerkultur

Das Unternehmen fühlt sich grundsätzlich hohen qualitativen Standards verpflichtet. Das setzt voraus, dass jeder einzelne seinen Beitrag zum Wertschöpfungsprozess leistet. Die Mitarbeiter handeln wie „Unternehmer im Unternehmen", das heißt, bei jedem einzelnen Arbeitsschritt wird geprüft, inwiefern er einen Wertbeitrag leistet. Dies führt zu einem konsequenten Kosten-/ Nutzen-Denken, das sich gegen Verschwendung, Qualitätsmängel, Doppelarbeit u.a. richtet. Es gibt eine klare Verpflichtung zu Leistungszielen, die gemeinsam vereinbart und kontrolliert werden. Die partizipative Einbindung in den Zielbildungsprozess führt dazu, dass

[51] Zur *These von der Starrheit bürokratischer Strukturen* siehe u.a. Burns und Stalker (1961)

Wertschöpfungspotentiale aufgedeckt, und Prozesse und Produkte kontinuierlich optimiert werden. Dies schlägt sich auch in einer Arbeitshaltung nieder, die von Professionalität geprägt ist: Aufgaben werden zielführend verteilt, Termine genau eingehalten und Gespräche sorgfältig vor- und nachbereitet usw..

Die Optimierung betrieblicher Prozesse steht auch im Mittelpunkt der modifizierten Fassung der Unternehmerkultur. Effizientes Handeln setzt jedoch voraus, dass die entsprechenden Voraussetzungen geschaffen werden. Um also beispielsweise die vereinbarten Ziele erreichen zu können, muss der einzelne über die notwendigen Informationen und Fertigkeiten verfügen. Im Weiteren zeigt sich, dass *Intrapreneure* von ihren Vorgesetzten stärker in Entscheidungen einbezogen werden – insbesondere, wenn deren Auswirkungen sie selbst betreffen.

Servicekultur

Der Kunde als eigentlicher Arbeitgeber steht im Zentrum unternehmerischen Handelns. Auf allen Ebenen des Unternehmens findet eine intensive Auseinandersetzung mit den Erwartungen des Kunden statt. Dadurch konzentriert sich jeder einzelne Mitarbeiter (auch wenn er nicht in direktem Kontakt zum Kunden steht) auf die Frage, wie Produkte und Prozesse in Hinblick auf zukünftige Entwicklungen des Marktes verbessert werden können. Es wird eine langfristige Kundenbindung angestrebt. Zu diesem Zweck werden auch die Leistungen der Konkurrenz beobachtet und ausgewertet – insbesondere dann, wenn Kunden das Produkt oder den Service des Wettbewerbers präferieren. Ein aktives Beschwerdemanagement garantiert den engen Kontakt zum Kunden, so dass seine Bedürfnisse in den Planungsprozess einbezogen werden können.

Insgesamt zeigt sich in der Skala Servicekultur, dass der Begriff von den Mitarbeitern weiter gefasst wurde als angenommen. So gehört zu einer durchgängigen Kundenorientierung, dass zukünftige Entwicklungen am Markt vorweggenommen und Produkte und Dienstleistungen entsprechend angepasst werden.

Inhaltlicher Zusammenhang der Skalen

Die Korrelationsmatrix (Tab. 9, Seite 92) zeigt durchweg mittlere bis starke Zusammenhänge der *Excellence-Kulturen*. Eine deutliche Verbindung gibt es zwischen der **Führungs-**

und **Lern- bzw. Innovationskultur** ($r = ,66$ und $,67$; $p \leq ,001$). Je stärker die Führung von Kritikfähigkeit, Feedbackqualitäten und situativer Anpassungsfähigkeit geprägt ist, desto flexibler und reaktionsschneller kann die Organisation auf veränderte Bedingungen reagieren. Das ‚Lernende Unternehmen' wird dementsprechend in entscheidendem Maß von der Qualität der Führung beeinflusst.

Ebenso klar sind **Teamkultur** und innovative Prozesse (**Lern-** bzw. **Innovationskultur**) ($r = , 70$ und $,73$; $p \leq ,001$) miteinander verknüpft. Jedes Team ist nur so innovativ, wie es gelingt, die Teamfertigkeiten synergetisch zu bündeln. Wie die Forschung zu *Change Management* (Miller/ Johnson/ Grau, 1994) zeigt, werden Veränderungen oftmals negativ assoziiert; ein vertrauensvolles Teamklima schafft daher den notwendigen Rückhalt, um gemeinsam tragfähige Lösungen auszuarbeiten. Dies spiegelt sich auch in der Korrelation mit der **Unternehmerkultur** ($r = ,68$; $p \leq ,001$) wider: Teambasiertes Handeln führt aufgrund der genannten Synergieeffekte zu einem Mehr an Wertschöpfung.

Wie erwartet, existiert ebenfalls ein starker Zusammenhang zwischen **Lern-** und **Innovationskultur** ($r = ,73$; $p \leq ,001$). Ideen setzen per se den Willen voraus, sich zu verändern, und auf neue Entwicklungen entsprechend offen und flexibel zu reagieren.

Damit kreative Einfälle nicht in der Schublade verschwinden, sondern in ökonomisch verwertbare Leistungen umgesetzt werden können, ist eine an Wertschöpfungen orientierte Denkweise vonnöten: Auch die Beziehung zwischen **Innovations-** und **Unternehmerkultur** ($r = ,69$; $p \leq ,001$) ist stark ausgeprägt, was darauf hinweist, dass innovative Prozesse immer auch einen positiven Beitrag zur ökonomischen Effizienz liefern. Im Weiteren sind Mitarbeiter, wenn sie wie Unternehmer handeln, gewohnt, die Erfordernisse der Situation zu berücksichtigen und über den formal abgesteckten Rollenbereich hinaus zu agieren (Nerdinger, 2000).

Zusammenfassung

Ausgangspunkt der vorliegenden Untersuchung war die Frage, ob sich das von Frey postulierte Modell *Center of Excellence* (Frey/ Schulz-Hardt, 2000) empirisch nachweisen lässt. Auf der Basis dieses Modells sollte ein Instrument entwickelt werden, das unterschiedliche Facetten von Unternehmenskultur misst. Im Folgenden wird nun diskutiert, inwiefern die Ergebnisse der vorliegenden Studie Hinweise liefern, ob ob das Instrument (InDEx) sich eignet, die Modellpostulate abzubilden.

Modellannahmen. Mithilfe eines kombinierten Verfahrens aus explorativer und konfirmatorischer Faktorenanalyse konnte die Validität der Konstrukte bestätigt werden. Aus den Ergebnissen der Analyse wird klar ersichtlich, dass die Befragten die Unternehmenskultur in den hypothetisch veranlagten Dimensionen wahrnehmen:

- Führungskultur
- Teamkultur
- Lernkultur
- Innovationskultur
- Unternehmerkultur
- Servicekultur

Auch in Hinblick auf die interne Konsistenz der Skalen lässt sich zusammenfassend sagen, dass die psychometrische Qualität des InDEx zufriedenstellend ist; das entwickelte Instrument eignet sich somit für die Diagnose von Unternehmenskultur. Einzelne Aspekte kamen dabei jedoch stärker zur Wirkung als angenommen, was zu einer geringfügigen Anpassung der entsprechenden Konstrukte führte:

(a) *Führungskultur*

Der zwischenmenschliche Bereich spielt in der Zusammenarbeit mit dem Vorgesetzten offenbar eine größere Rolle, als dies im Team oder unter Kollegen der Fall ist.

(b) *Teamkultur*

In der Gruppe wiederum bildet die Fähigkeit zur Problemlösung den Handlungsschwerpunkt. Der Aspekt der Aufgabenteilung steht somit im Vergleich zum Beziehungsgefüge im Vordergrund.

(c) *Unternehmerkultur*

Es zeigt sich, dass unternehmerisches Handeln nicht nur Freiräume voraussetzt, sondern auch das notwendige Wissen und die notwendigen Fertigkeiten. Dies hat entsprechende Implikationen auf den Trainings- und Weiterbildungsbereich.

(d) *Lernkultur*

Der Einfluss organisationaler Strukturen auf die Motivation, Einsatzbereitschaft und Leistung der Mitarbeiter darf nicht unterschätzt werden: Die Ergebnisse zur Lernkultur vermitteln den Eindruck, dass träge oder starre Strukturen arbeitsplatzgebundene Lernprozesse erschweren – was sich in der Konsequenz nachhaltig auf die Effizienz aller betrieblichen Prozesse auswirkt.

Der Vergleich an verschiedenen Stichproben (Teil- und Gesamtstichprobe) führt zu unterschiedlichen Lösungen: So tritt erst in der *Gesamtstichprobe* die 6-Faktoren-Struktur klar zum Vorschein. Dort werden zwei Dimensionen abgebildet, *Kundenorientierung* (Servicekultur) und *Unternehmerisches Handeln* (Unternehmerkultur), die im alternativen Fünf-Faktoren-Modell (an Teilstichproben) auf *einem* Faktor laden, der als *kundenorientierte Optimierung* beschrieben werden könnte. In der Gesamtstichprobe zerfällt der genannte Faktor in die beiden genannten Dimensionen, die anderen vier Dimensionen bleiben davon unberührt; sie weisen in beiden Modellen weitgehend identische inhaltliche Konstrukte auf. Auffallend ist in diesem Zusammenhang, dass die *Unternehmerkultur* im Vergleich zu den anderen Dimensionen den geringsten Alpha-Wert (Reliabilität) aufweist; dies mag als zusätzlicher Hinweis dienen, dass das Konstrukt konzeptionell überdacht werden sollte.

In vergleichbaren Validierungsstudien wird ebenfalls berichtet, dass unterschiedliche Faktorenstrukturen über verschiedene Stichproben hinweg auftreten (Anderson/ West, 1994; Brodbeck/ Maier, 2001).[52] In beiden Fällen wählen die Autoren jedoch die vierfaktorielle Lösung, da diese sich mit den theoretischen Vorhersagen deckt. Auch im vorliegenden Falle kommt daher die theoretisch postulierte Faktorenstruktur als Entscheidungsgrundlage zum Tragen. Zukünftige Untersuchungen müssen allerdings zeigen, ob das sechsfaktorielle Modell auch über unterschiedliche Stichproben hinweg – insbesondere bezüglich Branchen und Hierarchieebenen – haltbar ist.

Die Berücksichtigung der (stark ausgeprägten) Interkorrelationen zwischen den einzelnen Skalen wirft folgende Fragen auf: Sind die sechs Konstrukte tatsächlich deutlich voneinander abgrenzbar, oder ist es vielmehr so, dass die unterschiedlichen Aspekte kulturellen Handelns

---

[52] Brodbeck und Maier (2001) zeigen beispielsweise in einer Validierungsstudie zum *Team Klima Inventar* (TKI), dass sowohl eine 4-Faktoren- als auch eine 5-Faktorenstruktur denkbar wäre, wenn man die entsprechenden Kennziffern als Entscheidungsgrundlage heranzieht. Auch haben frühere Studien zum *TKI* von ähnlichen Befunden berichtet (Anderson/ West, 1994).

nicht getrennt betrachtet werden können? Ist erfolgreiches betriebliches Handeln überhaupt möglich, ohne die Auswirkungen jeder einzelnen Dimension zu berücksichtigen? Oder sind flexible Strukturen nicht eine unabdingbare Voraussetzung, damit sich Mitarbeiter wie Intrapreneure verhalten können? Um die statistisch beobachteten Zusammenhänge der Skalen in inhaltlich sinnvolle Aussagen überführen zu können, gilt auch hier die Regel, die Theorie zu Rate zu ziehen: Das Grundpostulat des Modells geht davon aus, dass die verschiedenen Kulturfacetten Voraussetzungen für Spitzenleistungen, für ‚Excellence' sind. Zwar ist anzunehmen, dass aufgrund marktlicher Einflussfaktoren (z.B. Wettbewerbsintensität, Wachstums- oder Ertragsziele, etc.) bestimmte Aspekte stärker als andere in die Geschäftsstrategien des Unternehmens einfließen (z.B. Fokus auf Innovation oder Kundenorientierung); dennoch ist es wenig wahrscheinlich, dass einzelne Dimensionen vollkommen in den Hintergrund treten, oder sogar unberücksichtigt bleiben. Erfolgreiches Handeln findet demnach auf allen Ebenen und durch alle Gruppen des Unternehmens statt – auf der Basis einer durchgängigen Vernetzung erfolgsrelevanter Aktionsfelder.

Auch der Vergleich mit bisherigen empirischen Befunden bestätigt die Modellannahmen sowie die gewonnene Faktorenstruktur. So hat Denison (1996) in einer Übersicht gezeigt, dass eine Reihe von Kultur- und Klimastudien (Hofstede et al., 1990; O'Reilly/ Chatman/ Caldwell, 1991; Cooke/ Rousseau, 1988; Litwin/ Stringer, 1968; Hellriegel/ Slocum, 1974; Koys/ DeCotiis, 1991) zu ähnlichen Ergebnissen gelangt, was die Dimensionen oder Facetten des Gesamtkonstrukts anbetrifft (Kapitel 3.3; Abb. 4, Seite 25). In Abbildung 11 sind diese Dimensionen entsprechend ihrer inhaltlichen Aussage den Dimensionen des *Center of Excellence* gegenübergestellt. Eine Überprüfung fünf ausgewählter Instrumente (Cooke/ Lafferty, 1989; Kilman/ Saxton, 1983; Sashkin, 1984; Glaser, 1983), die von Xenikou und Furnham (1996) durchgeführt wurde, bestätigt diese Ergebnisse. Darüberhinaus gibt es noch eine Vielzahl weiterer Studien, die die gefundene Modellstruktur empirisch untermauern (Kilman/ Saxton, 1983; Siegel/ Kaemmerer, 1978; Cooke/ Rousseau, 1988; Denison/ Mishra, 1995; Arad/ Hanson/ Schneider, 1997; Anderson/ West, 1998).

Kulturen des Center of Excellence	Dimensionen nach Denison	Dimensionen nach Xenikou/ Furnham
Lernkultur	*Structure*	*Resistance to Change*
Führungskultur	*Support*	*Human Factor*
Innovationskultur	*Risk*	*Openness to Change*
Teamkultur	*Cohesiveness*	*Social Relations*
Unternehmerkultur	*Outcome Orientation*	*Task-oriented Organizational Growth*
Servicekultur	—	—

Abbildung 11: Vergleich der *Excellence*-Kulturen mit empirisch nachgewiesenen Kultur- und Klima-Dimensionen nach Denison (1996) sowie Xenikou und Furnham (1996).

Praktische Relevanz. Neben das interne Gütekriterium der Konstruktvalidität des InDEx muss die Frage der praktischen Anwendbarkeit treten. Wie die Auswertung der Untersuchung zeigt, konnte die ursprüngliche Idee, ein ökonomisches, leicht erfassbares und kommunizierfähiges Instrument zu entwerfen, realisiert werden. Dies wurde durch die positive Resonanz bestätigt, die die Rückmeldung der Ergebnisse an die jeweiligen Firmenvertreter mit sich brachte. Darüberhinaus konnten das Modell sowie die darauf basierenden Ergebnisse der Befragung intern von den Verantwortlichen ohne Verständnisschwierigkeiten weitervermittelt werden.

Liegt der Fokus auf der eigentlichen Diagnose der jeweiligen Unternehmenskultur, so interessiert insbesondere die Frage, welche Abteilungen oder Geschäftseinheiten im Vergleich zu anderen besser oder schlechter bewertet werden. Die Modellstruktur erlaubt es, jeder Einheit oder jedem Unternehmen ein Kulturprofil zuzuordnen – wobei Unterschiede zwischen Einheiten sichtbar gemacht werden können. Dies führt zur Frage, inwiefern der InDEx geeignet ist, um Vergleiche zwischen Organisationen zuzulassen – dem wird in den nachfolgenden Kapiteln nachgegangen werden.

8 Ausgewählte Ergebnisse der Untersuchung

8.1 Ziel der Untersuchung

Im Folgenden werden auf der Basis der faktorenanalytisch gewonnenen Skalen weitere Ergebnisse der Untersuchung vorgestellt. Ziel ist es, zu überprüfen, ob mithilfe des InDEx die Unternehmenskulturen der untersuchten Betriebe erfasst und voneinander unterschieden werden können. Dabei lag das Forschungsinteresse vor allem auf den folgenden Fragen:

(a) Inwiefern unterscheiden sich Organisationen hinsichtlich ihrer Unternehmenskultur?

(b) Inwiefern unterscheiden sich Führungskräfte von Mitarbeitern ohne Führungsverantwortung?

(c) Inwiefern steht die Unternehmenskultur in Verbindung mit selbsteingeschätzten Innovationskennzahlen?

Diese Fragen werden anhand der vorliegenden Stichprobe von 11 Unternehmen bzw. 18 Standorten untersucht. Auch wenn diese Stichprobengröße unzureichend ist, um zu endgültigen Aussagen zu gelangen, so können doch erste Hinweise in Bezug auf die Richtigkeit der aufgestellten Hypothesen gefunden werden. Ziel der vorliegenden Studie war es, das in früheren Untersuchungen häufig verwendete Forschungsdesign der Einzel- oder Fallstudien abzulösen. Daher sollte überprüft werden, ob sich Organisationen in den kulturellen Dimensionen des *Center of Excellence* voneinander unterscheiden.

8.2 Hypothesen

Die den folgenden Untersuchungen zugrundeliegenden Hypothesen erstrecken sich auf drei Bereiche:

❶ Unternehmen im Vergleich

Die Unternehmenskultur unterscheidet sich in Abhängigkeit von der jeweiligen Organisation; eine positivere Bewertung der Excellence-Kulturen zeigen...

- ***... kleine gegenüber großen Unternehmen***
- ***... Dienstleistungs- gegenüber Industrieunternehmen;***
- ***... Unternehmen mit Betrieblichem Vorschlagswesen (BVW) gegenüber Unternehmen ohne BVW;***
- ***... Unternehmen mit einer offenen Informationspolitik gegenüber Unternehmen mit einer zurückhaltenden Informationspolitik.***

❷ Führungsebenen im Vergleich

Die Unternehmenskultur unterscheidet sich in Abhängigkeit von der jeweiligen Führungsebene; Führungskräfte bewerten die Excellence-Kulturen positiver als Mitarbeiter ohne Führungsverantwortung.

❸ Ideenmanagement im Vergleich

Die Unternehmenskultur unterscheidet sich in Abhängigkeit vom jeweiligen Vorschlagsverhalten; je mehr Verbesserungsvorschläge eingereicht werden, desto positiver ist die Bewertung der Excellence-Kulturen.

8.3 Stichprobe

In die Hypothesenprüfung gingen die elf befragten Unternehmen aus unterschiedlichen Branchen ein[53]. In einigen Unternehmen wurde an zwei getrennten Standorten erhoben, dadurch erhöht sich die Stichprobe über alle Standorte auf 18. Die im Folgenden dargestellten Ergebnisse beziehen sich auf die bereinigte Stichprobe, die lediglich Fälle von Versuchs-

[53] Die Unternehmen stammen aus folgenden Branchen: Automobilbau, Chemische Industrie, Pharmaindustrie, Versicherungen, Banken, Aus- und Weiterbildung, Werbung, Verlagswesen.

personen enthält, die alle Fragen beantwortet haben (N = 1118; siehe Kapitel 7.3.2.2). Nur in zwei Fällen wurden alle Beschäftigten des Unternehmens befragt, ansonsten handelt es sich um Teilerhebungen mit mindestens 20 Personen pro Standort.

Unter Zusicherung der Anonymität wurde den Mitarbeitern eine Frist zum Ausfüllen von zwei Wochen gegeben, die gegebenenfalls um einige Tage verlängert wurde, um auch später abgeschickte Bögen in die Untersuchung zu integrieren. Die Rücklaufquoten liegen zwischen 31 und 87 %, der mittlere Wert beträgt 64,5%.

8.4 Messinstrument

Das eingesetzte Instrument (InDEx) gliedert sich insgesamt in drei Teilbereiche:

Kulturen des *Center of Excellence*

Die *Excellence-Kulturen* umfassen insgesamt 60 Fragen (10 Items pro Skala). Die Antworten konnten auf einer Likert-Skala von 1 („trifft nicht zu") bis 5 („trifft zu") angekreuzt werden.

Ideenmanagement

Die Fragen aus dem Themenbereich Ideenmanagement und Betriebliches Vorschlagswesen wurden in Kooperation mit dem *Deutschen Institut für Betriebswirtschaft*[54] erarbeitet. Zur Frage, wie im Unternehmen mit Ideen und Vorschlägen umgegangen wird, wurden die Mitarbeiter in zwei Bereichen um ihre Meinung gebeten:[55]

Fragen zum Ideenmanagement

So finden sich acht integrierte Fragen in jenem Teil des Fragebogens, der auf die Kulturen des *Center of Excellence* und somit auf allgemeine betriebliche Prozesse Bezug nimmt. Diese Aussagen wurden zwischen andere Fragen gestreut, um zu überprüfen, ob Mitarbeiter, wenn sie gebeten werden, allgemeine innovationsorientierte Prozesse zu beurteilen, anders antworten, als wenn Sie ausdrücklich zu ihrer Einstellung zum Betrieblichen Vorschlagswesen (BVW) befragt werden. (Bsp.: *Das Vorschlagswesen schafft Probleme, statt sie zu lösen.*)

---

[54] Das *Deutsche Institut für Betriebswirtschaft* ist anerkannter Experte für Ideenmanagement.

[55] Die Items zum Ideenmanagement und Betrieblichen Vorschlagswesen finden sich in Anhang C, Tabelle 44.

Fragen zum Betrieblichen Vorschlagswesen

Im zweiten Teil des Fragebogens werden die Mitarbeiter mit sechs Fragen explizit um eine Einschätzung des Betrieblichen Vorschlagswesens gebeten. Hier werden die zentralen Problembereiche angesprochen, die für die Mitarbeiter mit der Beteiligung am BVW verbunden sind. (Bsp.: *Einen Vorschlag einzureichen, geht schnell und unbürokratisch vor sich.*)

Auch hier konnten die Antworten auf einer Likert-Skala von 1 („trifft nicht zu") bis 5 („trifft zu") angekreuzt werden.

Sonstige Angaben

Die Mitarbeiter wurden zudem gebeten, schriftlich folgende Angaben zu machen:

- Anzahl der Verbesserungsvorschläge, die sie in den letzten zwölf Monaten im Vorschlagswesen eingereicht haben;[56]
- Führungsverantwortung („ja"/ „nein");
- Allgemeine Bewertung des Vorschlagswesens und des Unternehmens auf einer Skala von 10% („sehr schlecht") bis 100% („sehr gut").

8.5 Auswertungsmethode

Die im Folgenden dargestellten Gruppenvergleiche wurden auf der Basis von Varianzanalysen durchgeführt. Korrelations- und Regressionsrechnungen zeigen Zusammenhänge und Vorhersagefähigkeit in Bezug auf ausgewählte Variablen auf.

Es bieten sich zwei Untersuchungsebenen an:

a) *Aggregierter Ansatz*: Vergleich von Unternehmen bzw. Standorten (N = 11 bzw. 18)

b) *Individueller Ansatz*: Vergleich von Einzelpersonen bzw. Gruppen von Personen (N = 1118)

[56] Es wurden vier Antwortkategorien vorgegeben: *0; 1-5; 6-10; 11 und mehr* Vorschläge. In der Vorstudie waren die Befragten gebeten worden, die Zahl selbst einzutragen. Da eine Reihe von Antworten daraufhin nicht verwertbar waren („viele", „wenig", usw.), wurde in der Hauptstudie die Einteilung in vorgegebene Kategorien gewählt.

8.6 Ergebnisse

8.6.1 Annahme der Normalverteilung

Die vorliegenden Stichproben wurden mithilfe des *Kolmogorov-Smirnov-Tests (KS-Test)* auf Normalverteilung getestet. Dies ist insbesondere empfehlenswert, da auf Unternehmensebene mit aggregierten Daten und einer kleinen Stichprobe gerechnet wird (N = 11). Es konnte nachgewiesen werden, dass der KS-Test nicht signifikant ist, die Werte sind daher normalverteilt. Damit ist eine wichtige Voraussetzung für die Anwendung der folgenden statistischen Verfahren geschaffen (Brosius, 1998).

8.6.2 Unternehmen im Vergleich

Im Folgenden werden Unterschiede zwischen den befragten Unternehmen dargestellt.[57] Dabei interessiert insbesondere, hinsichtlich welcher Kriterien die *Excellence-Kulturen* unterschiedlich starke Ausprägung erfahren. Im Mittelpunkt standen die Fragen:

- Welchen Einfluss hat die *Größe* eines Unternehmens auf die Unternehmenskultur?
- Variiert die Unternehmenskultur je nach *Branchenzugehörigkeit*? Dabei standen Industrie- und Dienstleistungsunternehmen zur Diskussion.
- Unterscheiden sich Unternehmen, die über ein *Betriebliches Vorschlagswesen* verfügen, von denen, die keine solche Institution haben?
- Gibt es Unterschiede zwischen Unternehmen, in denen die Mitarbeiter *viel* bzw. *wenig Verbesserungsvorschläge* im BVW einreichen?
- Inwiefern liefern Mitarbeiter, die sehr viele *Vorschläge* im BVW einreichen, eine andere Beurteilung ihres kulturellen Umfeldes ab als Mitarbeiter, die wenig oder gar keine Vorschläge machen?
- Beurteilen die Mitarbeiter das *BVW* vergleichsweise positiver als das jeweilige *Ideenmanagement* des Unternehmens?

[57] Mittelwerte und Standardabweichungen der *Excellence-Kulturen* aller Unternehmen bzw. aller Standorte sind in Anhang A in den Tabellen 41 und 42 dargestellt.

- Durch welche *Excellence-Kultur* lassen sich die *Bewertung des Vorschlagswesens* und die des *Unternehmens* am besten vorhersagen?
- Was zeichnet Unternehmen mit einer *offenen Informationspolitik* aus?
- Worin unterscheiden sich die Aussagen von *Führungskräften* und Mitarbeitern ohne Führungsverantwortung?

8.6.2.1 Unternehmensgröße

Die untersuchten Unternehmen wurden entsprechend der Anzahl der Beschäftigten zwei Gruppen zugeordnet: Große Unternehmen umfassen mindestens 15.000 Mitarbeiter, die kleinen Unternehmen liegen im vorliegenden Fall bei einer Beschäftigtenzahl von bis zu 1000 Personen (Abb. 12 und Tab. 10).

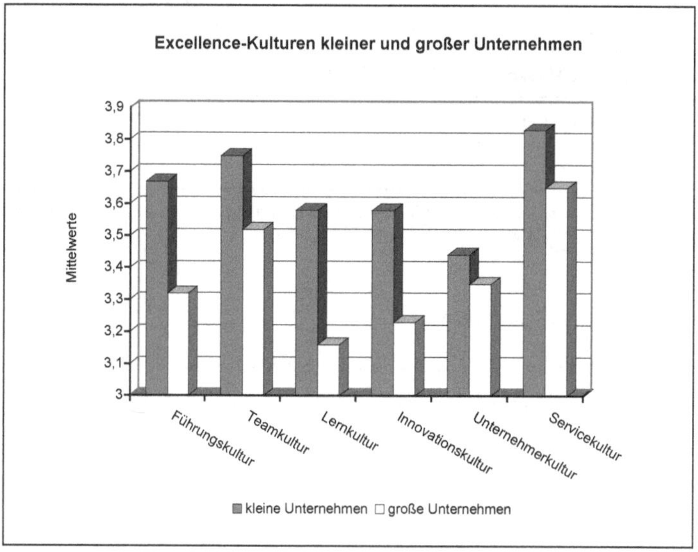

Abbildung 12: Die Ausprägung der *Excellence-Kulturen* bei kleinen und großen Unternehmen.

Alle Dimensionen des *Center of Excellence* werden in kleinen Unternehmen besser beurteilt als in Großunternehmen, auch wenn dies im vorliegenden Fall nicht signifikant nachweisbar ist. Besonders deutlich tritt diese Diskrepanz bei der **Führungskultur** zutage; auch die **Lernkultur** – als Ausdruck für die Flexibilität eines Systems – ist erwartungsgemäß in Betrieben mit weniger Hierarchieebenen stärker ausgeprägt.

	Dimension	Kleine Unternehmen N = 7		Grosse Unternehmen N = 4		F-Wert
		M	SD	M	SD	F
1	**Führungskultur**	3,67	,47	3,32	,11	2,07
2	**Teamkultur**	3,75	,44	3,52	,09	1,03
3	**Lernkultur**	3,58	,61	3,16	,16	1,80
4	**Innovationskultur**	3,58	,60	3,23	,14	1,22
5	**Unternehmerkultur**	3,44	,43	3,35	,16	,17
6	**Servicekultur**	3,83	,46	3,65	,30	,49

Tabelle 10: Vergleich von kleinen und großen Unternehmen. Mittelwerte und Standardabweichungen. Die Unterschiede sind nicht signifikant. N = 11.

8.6.2.2 Unternehmensbranche

Im Folgenden interessierte die Frage, ob die Unternehmenskultur in Abhängigkeit von der Branche variiert. Daher wurden Industrieunternehmen mit jenen Teilnehmern verglichen, die aus dem Dienstleistungsbereich stammen. Der Vergleich zeigt, dass die Mittelwerte der Industrieunternehmen durchweg geringer sind als die der Dienstleistungsbranche (Tabelle 11).

	Dimension	Industrieunternehmen N = 5		Dienstleistungsuntern. N = 6		F-Wert
		M	SD	M	SD	F
1	**Führungskultur**	3,30	,11	3,75	,46	4,50
2	**Teamkultur**	3,48	,13	3,85	,41	3,63
3	**Lernkultur**	3,15	,14	3,71	,57	4,44
4	**Innovationskultur**	3,16	,20	3,63	,63	2,52
5	**Unternehmerkultur**	3,32	,15	3,49	,46	,59
6	**Servicekultur**	3,64	,26	3,84	,50	,63

Tabelle 11: Vergleich von Unternehmen nach Branchen. Mittelwerte und Standardabweichungen. Die Unterschiede sind nicht signifikant. N = 11.

Angesichts der kleinen Stichprobe wurden die Daten einer genauen Analyse unterzogen. Dabei zeigt sich, dass eines der Dienstleistungsunternehmen deutlich über dem Durchschnitt aller befragten Unternehmen liegt – was sich in der hohen Standardabweichung der Dienstleistungsbetriebe zeigt (Tab. 11).[58]

Um sicherzugehen, dass der beobachtete Branchenunterschied nicht auf die Werte dieses einzelnen Unternehmens zurückzuführen ist, wurde es aus dem unten dargestellten Mittelwertvergleich ausgeschlossen (Abb. 13 und Tab. 12).[59]

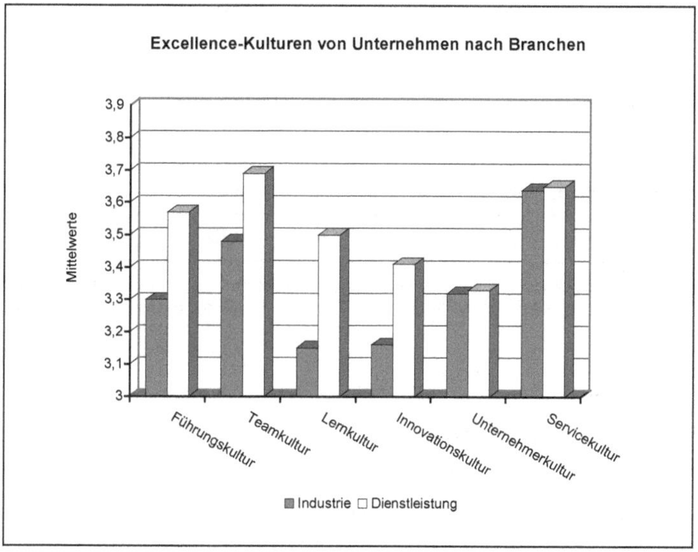

Abbildung 13: Ausprägung der *Excellence-Kulturen* von Unternehmen verschiedener Branchen. (Reduzierte Stichprobe N = 10).

Es zeigt sich auch in der reduzierten Stichprobe sehr deutlich, dass der Dienstleistungsbereich der Industrie in allen *Excellence-Kulturen* überlegen ist. Die **Führungskultur** wird hierbei von den Beschäftigten der Dienstleistungsbetriebe signifikant höher eingeschätzt; es

[58] Mittelwerte und Standardabweichungen der *Excellence-Kulturen* aller Unternehmen sind in Anhang A, Tabelle 41 dargestellt. Das erwähnte Unternehmen hat in dieser Aufstellung die Unternehmens-Nummer 3.

[59] Stevens (1996) empfiehlt in jedem Fall eine sorgfältige Prüfung auf „outlier“, also Extremwerte. Ziel der Datenanalyse sei es, die Haupttendenzen zu beschreiben, und diese sollten nicht durch außenliegende Werte verzerrt werden. Es sei daher sinnvoll, die Analyse zweimal durchzuführen: einmal mit, einmal ohne die betreffenden Werte.

handelt sich um einen sehr starken Effekt[60] (η^2 = ,71; p ≤ ,01). Auch das ‚Lernende Unternehmen' scheint in Dienstleistungsbetrieben vergleichsweise besser verwirklicht (**Lernkultur**: η^2 = ,43; p ≤ ,05).

	Dimension	Industrieunternehmen N = 5		Dienstleistungsuntern. N = 5		F-Wert
		M	SD	M	SD	F
1	**Führungskultur****	3,30	,11	3,57	,08	19,74
2	**Teamkultur**	3,48	,13	3,69	,21	4,00
3	**Lernkultur***	3,15	,14	3,50	,28	6,07
4	**Innovationskultur**	3,16	,20	3,41	,35	1,89
5	**Unternehmerkultur**	3,32	,15	3,33	,30	,01
6	**Servicekultur**	3,64	,26	3,65	,22	,00

Tabelle 12: Vergleich von Unternehmen nach Branchen. Mittelwerte und Standardabweichungen.
**p ≤ ,01; *p ≤ ,05; Effektstärken zwischen ,43 und ,71; Reduzierte Stichprobe N = 10.

8.6.2.3 Betriebliches Vorschlagswesen

Als weiteres Unterscheidungskriterium zwischen den befragten Unternehmen wurde das Betriebliche Vorschlagswesen (BVW) herangezogen. Unternehmen, die über ein institutionalisiertes BVW verfügen, wurden solchen gegenübergestellt, die keine Einrichtung dieser Art haben (Abb. 14 und Tab. 13).

Wie bereits in Kap. 8.6.2.2 erläutert, wurde auch hier die Berechnung zunächst mit der gesamten Stichprobe vorgenommen (N = 11). Da die Stichprobe des bereits erwähnten Unternehmens jedoch vergleichsweise sehr hohe Werte aufweist, wurde in einem zweiten Schritt ohne diese Werte gerechnet. Im vorliegenden Fall wirkte sich diese Korrektur nicht auf das Ergebnis aus, in beiden Fällen kommt es zu signifikant starken Effekten. Dennoch wird in

[60] Als Maß für die Effektstärke kommt im Folgenden das *partielle Eta-Quadrat* (η^2) zur Anwendung. Es kann in jedem F- und T-Test eingesetzt werden. Wenngleich es bei kleinen Stichproben von der *tatsächlichen Effektgröße* gering abweicht, so spielt diese Abweichung ab einer (Gesamt-) Stichprobengröße von N = 50 laut Stevens (1996) keine Rolle mehr. Zur Festlegung der Effektstärke empfiehlt Cohen (1988): η^2 = ,01 ist ein kleiner Effekt; η^2 = ,06 ein mittlerer Effekt; η^2 = ,14 ein großer Effekt. Die Effektstärke sollte jedoch nicht als Ersatz für den Signifikanztest dienen; vielmehr ist es bei großen Stichproben sinnvoll, beide Kriterien heranzuziehen (Chow, 1988).

Tabelle 13 das bereinigte Ergebnis (auf der Grundlage der verkleinerten Stichprobe) wiedergegeben.

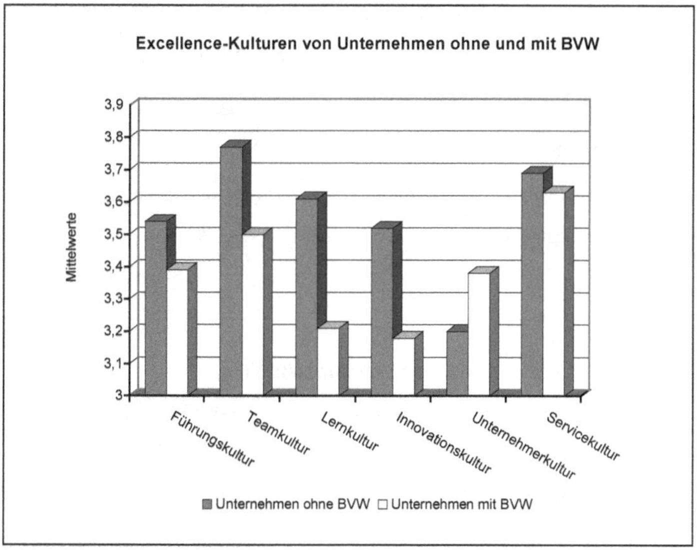

Abbildung 14: Ausprägung der *Excellence-Kulturen* von Unternehmen ohne und mit Betrieblichem Vorschlagswesen (BVW). Reduzierte Stichprobe N = 10.

	Dimension	Unternehmen ohne BVW N = 3		Unternehmen mit BVW N = 7		F-Wert
		M	SD	M	SD	F
1	**Führungskultur**	3,54	,08	3,39	,18	1,73
2	**Teamkultur***	3,77	,23	3,50	,13	5,94
3	**Lernkultur***	3,61	,34	3,21	,15	7,41
4	**Innovationskultur**	3,52	,36	3,18	,22	3,48
5	**Unternehmerkultur**	3,20	,34	3,38	,16	1,41
6	**Servicekultur**	3,69	,28	3,63	,23	,12

Tabelle 13: Vergleich von Unternehmen ohne und mit Betrieblichem Vorschlagswesen (BVW). Mittelwerte und Standardabweichungen. *$p \leq ,05$; Effektstärken zwischen ,43 und ,48; Reduzierte Stichprobe N = 10.

Wie Abbildung 14 zeigt, gibt es nur eine Dimension, in der die BVW-Unternehmen nicht unterlegen sind: im Unternehmerischen Handeln. Ansonsten zeigt sich, dass sie insbesondere in zwei Dimensionen Schwächen zeigen. So ist zum einen die Lernbereitschaft niedriger als in den Vergleichsunternehmen (**Lernkultur**: η^2 = ,48; p ≤ ,05) und auch die Problemlösung im Team gelingt weitaus schlechter (**Teamkultur**: η^2 = ,43; p ≤ ,05).[61]

8.6.2.4 Informationspolitik

Um die vorliegenden Ergebnisse durch objektive Kriterien abzusichern, wurden die Unternehmen gebeten, Angaben zu folgenden Kennzahlen zu machen:

(a) Finanzkennzahlen
z.B. Umsatz, Umsatzrentabilität

(b) Kennzahlen aus dem Betrieblichen Vorschlagswesen
z.B. Beteiligungsquote, Anzahl umgesetzter Verbesserungsvorschläge

(c) Personalkennzahlen
z.B. Krankenstand, Fluktuation

Es zeigte sich, dass es zwischen den befragten Unternehmen deutliche Unterschiede in der jeweiligen Informationspolitik gab. Kennzahlen aus dem Personalbereich (Krankenstand, Fluktuation) z.B. sind im allgemeinen nicht öffentlich zugänglich. Aus diesem Grund wurde untersucht, ob eine hohe Kooperationsbereitschaft sich auch in der Unternehmenskultur widerspiegelt. Dazu wurden die Daten aus dem Vorschlags- und Personalwesen ausgewählt. Die ökonomischen Kennzahlen wurden dagegen nicht weiter verfolgt. Grund ist, dass sie teilweise direkt bei den Unternehmen erhoben worden, teilweise aber auch öffentlich zugänglichen Quellen entnommen sind.

---

[61] Die Interkorrelationen der *Excellence-Kulturen* aller BVW-Unternehmen sind in Anhang A in Tabelle 35 dargestellt.

8.6.2.4.1 Informationen zum Vorschlagswesen

In der Stichprobe sind alle Unternehmen enthalten, die über ein Betriebliches Vorschlagswesen verfügen (N = 7). Wie Tabelle 14 zeigt, weisen die Unternehmen, die Kennzahlen aus dem Betrieblichen Vorschlagswesen (BVW) zur Verfügung gestellt haben, bessere Werte auf als die Vergleichsunternehmen. Insbesondere in der **Lernkultur** (η^2 = ,80; p ≤ ,01) und **Unternehmerkultur** (η^2 = ,58; p ≤ ,05) zeigen sich sehr starke Effekte.

	Dimension	Unternehmen ohne BVW-Kennzahlen N = 3		Unternehmen mit BVW-Kennzahlen N = 4		F-Wert
		M	SD	M	SD	F
1	**Führungskultur**	3,31	,15	3,46	,19	1,18
2	**Teamkultur**	3,41	,13	3,58	,08	4,60
3	**Lernkultur****	3,06	,07	3,32	,08	20,12
4	**Innovationskultur**	3,09	,24	3,25	,21	,96
5	**Unternehmerkultur***	3,25	,16	3,48	,07	6,98
6	**Servicekultur**	3,49	,23	3,74	,18	2,45

Tabelle 14: Vergleich von Unternehmen, die BVW-Kennzahlen zur Verfügung gestellt haben, mit jenen, die keine Daten geliefert haben. **p ≤ ,01; *p ≤ ,05; Effektstärken ,58 und ,80; N = 7.

8.6.2.4.2 Informationen zum Personalwesen

Auch in Bezug auf die Personalkennzahlen lässt sich dieser Effekt der offeneren Informationspolitik beobachten.[62] Auch wenn hier die Unterschiede nicht signifikant sind, so sind doch die *Excellence-Kulturen* in den Unternehmen, die diese Kennzahlen geliefert haben, stärker ausgeprägt (Tab. 15).

[62] Hier spielt der Unterschied insofern eine besonders bedeutende Rolle, da die Daten zu Krankenstand und Fluktuation in der Regel der Geheimhaltung unterliegen.

	Dimension	Unternehmen ohne Personalkennzahlen N = 4		Unternehmen mit Personalkennzahlen N = 6		F-Wert
		M	SD	M	SD	F
1	**Führungskultur**	3,42	,23	3,63	,53	,54
2	**Teamkultur**	3,55	,33	3,76	,41	,72
3	**Lernkultur**	3,39	,39	3,48	,64	,06
4	**Innovationskultur**	3,32	,45	3,46	,64	,15
5	**Unternehmerkultur**	3,37	,23	3,49	,44	,25
6	**Servicekultur**	3,64	,32	3,86	,49	,59

Tabelle 15: Vergleich von Unternehmen, die Personalkennzahlen zur Verfügung gestellt haben, mit jenen, die keine Daten geliefert haben. Die Unterschiede sind nicht signifikant. N = 10.

8.6.2.5 Vorhersagefähigkeit der Excellence-Kulturen

Im Zentrum dieses Kapitels steht die Frage, inwiefern ein positiver Zusammenhang zwischen ausgewählten Leistungskriterien und den *Excellence-Kulturen* beobachtet werden kann. Es werden subjektive Kriterien untersucht, die die Befragten selbst eingeschätzt haben.[63] Dies betrifft zum einen das *Ideenmanagement*, zum anderen die *allgemeine Leistungsfähigkeit des Unternehmens*. Dabei soll geklärt werden, ob sich einige der Variablen als Prädiktoren für eine effiziente Unternehmenskultur eignen (*konkurrente Validierung*). Die Untersuchung wird auf Unternehmensebene durchgeführt.

Stevens (1996) weist in diesem Zusammenhang darauf hin, dass Regressionsberechnungen nur unter folgender Bedingung aussagekräftig sind: Das Verhältnis Stichprobenumfang und Anzahl der Prädiktoren sollte mehr als 5:1 betragen – eine Bedingung, die im vorliegenden nicht erfüllt werden kann. Aus diesem Grund wurden im Folgenden die Prädiktoren dem jeweiligen Regressionsmodell einzeln zugeführt.

[63] Die Validierung des InDEx wird im Vorliegenden mithilfe *interner* Kriterien vorgenommen. Die ursprüngliche Konzeption der Studie sah vor, auch *objektive* Kriterien, wie Umsatzrentabilität, Krankenstand u.ä. auf ihre Vorhersagequalität zu untersuchen. Dieses Vorhaben erwies sich jedoch als nicht durchführbar, da die entsprechenden Kennziffern von den befragten Unternehmen nur vereinzelt zur Verfügung gestellt wurden.

8.6.2.5.1 Vorschlagshäufigkeit

Um festzustellen, ob Unternehmen mit einer hohen Vorschlagsquote (Anzahl der Verbesserungsvorschläge pro Mitarbeiter) auch stärker ausgeprägte *Excellence-Kulturen* aufweisen, wurden die Zusammenhangsmaße der betreffenden Variablen untersucht. Dabei gingen die einzelnen Standorte aller Unternehmen ein, die über ein Betriebliches Vorschlagswesen verfügen (N = 13).[64] Jedem Unternehmen wurde ein Durchschnittswert zugeordnet, der aus den vier Antwortkategorien berechnet wurde.[65] Die Korrelationsmatrix (Tab. 16) zeigt, dass eine hohe Anzahl an Vorschlägen mit einer entsprechend positiven Bewertung der **Führungs-** und **Innovationskultur** (r = ,57 und ,57; p ≤ ,05) einhergeht.

	Dimension	Anzahl der Vorschläge N = 13
		r
1	**Führungskultur**	,57*
2	**Teamkultur**	,30
3	**Lernkultur**	-,17
4	**Innovationskultur**	,57*
5	**Unternehmerkultur**	,55
6	**Servicekultur**	,32

Tabelle 16: Korrelationen zwischen den *Excellence-Kulturen* und der Anzahl der Vorschläge. *p ≤ ,05; N = 13.

Die Ergebnisse der Regressionsanalyse sind in den Tabellen 17 und 18 dargestellt. Beide Prädiktoren, **Innovations-** wie **Führungskultur**, klären etwa ein Drittel der Varianz auf; es handelt sich jeweils um starke Effekte (Cohen, 1988, 1992).

[64] Die Mittelwerte der *Excellence-Kulturen* nach Vorschlagshäufigkeit sind in Anhang A in Tabelle 38 dargestellt.

[65] Die Anzahl der Vorschläge wurde aufgrund der Mittelwerte aller Mitarbeiter des jeweiligen Unternehmens ermittelt. Es gibt daher keine distinkten Kategorien wie auf Individualebene, sondern feinere Abstufungen (Die Mittelwerte liegen zwischen 1,14 und 2,44 auf einer Skala von 1 bis 4 (1 = 0 V; 2 = 1-5 V; 3 = 6-10 V; 4 = mehr als 11 V)). Siehe Anhang A, Tabelle 38.

Anschließend wurden beide Kulturen zugleich in die Regressionsgleichung integriert. In diesem Fall ist jedoch der F-Wert nicht signifikant, und das adjustierte R^2 sinkt auf ,25. Mögliche Gründe hierfür können sein, dass die beiden Prädiktoren eine hohe Interkorrelation aufweisen (r = ,59; p ≤ ,05; Korrelationsmatrix siehe Anhang A, Tab. 35).

	Prädiktor	β	R	R^2	adj. R^2	F
1	**Führungskultur**	,57*	,57	,32	,26	5,24*

Tabelle 17: Vorhersage der Vorschlagshäufigkeit durch die *Führungskultur* auf Unternehmensebene. *p ≤ ,05; N = 13.

	Prädiktor	β	R	R^2	adj. R^2	F
1	**Innovationskultur**	,57*	,57	,33	,27	5,41*

Tabelle 18: Vorhersage der Vorschlagshäufigkeit durch die *Innovationskultur* auf Unternehmensebene. *p ≤ ,05; N = 13.

8.6.2.5.2 Bewertung des Vorschlagswesens

Im Folgenden lautet die Fragestellung: Inwiefern können die Kulturen des *Center of Excellence* als Prädiktor für die Qualität des Vorschlagswesens herangezogen werden? Die Mitarbeiter wurden gebeten, anzugeben, inwiefern Ihrer Meinung nach in Ihrem Unternehmen das *Ideale Betriebliche Vorschlagswesen* bereits verwirklicht sei. Die Skala reichte von 10% bis 100% (Idealzustand).

In der zugrundeliegenden Stichprobe sind alle BVW-Unternehmen enthalten (nach Standorten aufgeteilt, daher N = 13). Tabelle 19 zeigt zunächst, dass es einen signifikant positiven Zusammenhang zwischen der Innovationskultur und der Bewertung des Vorschlagswesens gibt (r = ,67; p ≤ ,05).

	Dimension	Bewertung des Vorschlagswesens N = 13
		r
1	**Führungskultur**	,49
2	**Teamkultur**	,48
3	**Lernkultur**	,25
4	**Innovationskultur**	,67*
5	**Unternehmerkultur**	,50
6	**Servicekultur**	,55

Tabelle 19: Korrelationen zwischen den *Excellence-Kulturen* und der Bewertung des Vorschlagswesens. *$p \leq ,05$; N = 13.

Als Prädiktor wurde die **Innovationskultur** dem Modell zugeführt; sie klärt signifikant 44% der Varianz auf, was nach Cohen (1988, 1992) einen sehr starken Effekt darstellt. Durch die Hinzunahme weiterer Kulturen konnte die Anpassung der Regressionsgleichung nicht weiter verbessert werden (Tab. 20).[66]

	Prädiktor	β	R	R^2	adj. R^2	F
1	**Innovationskultur**	,67*	,67	,44	,40	8,75*

Tabelle 20: Vorhersage der Bewertung des Vorschlagswesens durch die *Excellence-Kulturen* auf Unternehmensebene. *$p \leq ,05$; N = 13.

[66] Die Mittelwerte der *Excellence-Kulturen* je nach Bewertung des Vorschlagswesens sind in Anhang A in Tabelle 39 dargestellt.

8.6.2.5.3 Bewertung des Unternehmens

Im selben Antwortmodus gaben die Mitarbeiter an, in welchem Ausmaß das *Ideale Unternehmen* bereits verwirklicht sei; auch hier bewegte sich die Skala von 10% bis 100% (Idealzustand). Die Stichprobe setzte sich aus allen Unternehmensstandorten zusammen, die diese Frage beantwortet hatten (N = 16). Auf dieser Grundlage konnten die Kulturausprägungen aller Unternehmensstandorte auf ihre Vorhersagekraft für die Bewertung des Unternehmens überprüft werden. Dazu wurden zunächst die Korrelationsmaße näher untersucht (Tab. 21).

	Dimension	Bewertung des Unternehmens N = 16
		r
1	**Führungskultur**	,51*
2	**Teamkultur**	,49
3	**Lernkultur**	,43
4	**Innovationskultur**	,53*
5	**Unternehmerkultur**	,58*
6	**Servicekultur**	,78***

Tabelle 21: Korrelationen zwischen den *Excellence-Kulturen* und der Bewertung des Unternehmens. ***$p \leq ,001$; *$p \leq ,05$; N = 16.

Wie schon zuvor, spielen auch hier die extrem hohen Werte eines Unternehmens – in Anbetracht der kleinen Stichprobe – eine erhebliche Rolle.[67] Um diesem Verzerrungseffekt entgegenzuwirken, sind daher im Folgenden lediglich 15 der insgesamt 16 Standorte in die Regressionsgleichung eingegangen (Tab. 22 und 23). Die Korrelationen zwischen den *Excellence-Kulturen* und der Bewertung des Unternehmens auf Grundlage der reduzierten Stichprobe sind in Tabelle 22 dargestellt.

[67] Aus Tabelle 36 und 37 (Anhang A) wird ersichtlich, wie stark sich die Werte dieses Unternehmens auf die Interkorrelationen aller *Excellence-Kulturen* auswirken. Die Mittelwerte der *Excellence-Kulturen* je nach Bewertung des Unternehmens sind in Tabelle 40 dargestellt. Die Werte des erwähnten Unternehmens (Standort-Nummer 5) liegen deutlich über denen der anderen untersuchten Standorte.

	Dimension	Bewertung des Unternehmens N = 15
		r
1	**Führungskultur**	,32
2	**Teamkultur**	,26
3	**Lernkultur**	,12
4	**Innovationskultur**	,35
5	**Unternehmerkultur**	,43
6	**Servicekultur**	,78***

Tabelle 22: Korrelationen zwischen den *Excellence-Kulturen* und der Bewertung des Unternehmens. ***p ≤ ,001; N = 15.

Die **Servicekultur** zeigt einen hoch signifikanten positiven Zusammenhang mit der Bewertung des Unternehmens (r = ,78; p ≤ ,001). Wie Tabelle 23 zeigt, stellt sie sich als guter Prädiktor heraus; sie bietet eine Varianzaufklärung von 58%, was einen sehr starken Effekt darstellt. Das adjustierte R^2 konnte durch eine Erweiterung des Regressionsmodells nicht erhöht werden.

	Prädiktor	β	R	R^2	adj. R^2	F
1	**Servicekultur**	,78***	,78	,61	,58	19,95

Tabelle 23: Vorhersage der Bewertung des Unternehmens durch die *Excellence-Kulturen* auf Unternehmensebene. ***p ≤ ,001; N = 15.

8.6.3 Führungsebenen im Vergleich

In neun der insgesamt elf befragten Unternehmen wurde erhoben, ob Mitarbeiter Führungsverantwortung besitzen. Die Stichprobe beträgt insgesamt 475 Personen. Die Mittelwerte beider Gruppen sind in Tabelle 24 dargestellt.

Wie Abbildung 15 zeigt, gibt es keine nennenswerten Unterschiede zwischen Führungskräften und sonstigen Mitarbeitern.

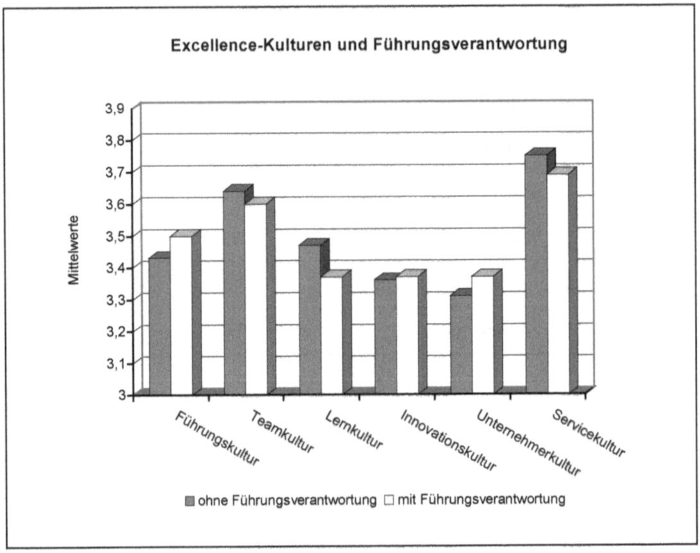

Abbildung 15: Vergleich von Mitarbeitern ohne und mit Führungsverantwortung.

	Dimension	ohne Führungsverantwortung N = 250		mit Führungsverantwortung N = 225		F-Wert
		M	SD	M	SD	F
1	**Führungskultur**	3,43	,67	3,50	,62	,74
2	**Teamkultur**	3,64	,55	3,60	,55	,08
3	**Lernkultur**	3,47	,61	3,37	,64	,22
4	**Innovationskultur**	3,36	,66	3,37	,73	1,02
5	**Unternehmerkultur**	3,31	,60	3,37	,58	,27
6	**Servicekultur**	3,75	,62	3,69	,61	,00

Tabelle 24: Vergleich von Mitarbeitern ohne und mit Führungsverantwortung.
Die Unterschiede sind nicht signifikant. N = 475.

Was die **Führungskultur** anbetrifft, bewerten die Führungskräfte diese höher – was vermutlich auf die erwartungsgemäße Diskrepanz zwischen Selbst- und Fremdeinschätzung zurückzuführen ist.

8.6.4 Ideenmanagement im Vergleich

Im Folgenden wird der Zusammenhang zwischen Unternehmenskultur und Ideenmanagement auf *Individualebene* überprüft. Die zugrundeliegende Stichprobe besteht aus 1118 Personen.[68]

8.6.4.1 Deskriptive Statistik

Die Befragten wurden gebeten, in vier Kategorien anzugeben, wie viele Vorschläge sie in den letzten 12 Monaten im Vorschlagswesen eingereicht haben. In Tabelle 25 sind die entsprechenden Häufigkeiten dargestellt. Ausgewählt wurden nur Befragte jener Unternehmen, die über ein Betriebliches Vorschlagswesen verfügen (N = 745). Nur 7,4 % der Befragten tragen regelmäßig und intensiv mit ihren Verbesserungsvorschlägen zu einem effektiven Vorschlagswesen bei. Knapp 50% haben dagegen nicht am institutionalisierten Verbesserungswesen teilgenommen.

Anzahl der Vorschläge	Anzahl der Mitarbeiter	Anteil der Befragten in Prozent
0 Vorschläge	356	47,8
1-5 Vorschläge	334	44,8
6-10 Vorschläge	38	5,1
11 und mehr Vorschläge	17	2,3
Gesamt	745	100

Tabelle 25: Häufigkeitsverteilung der Verbesserungsvorschläge. N = 745.

[68] Die in den folgenden Kapiteln untersuchten Stichproben weichen in ihrer Größe teilweise erheblich von der Gesamtstichprobe von 1118 Personen ab. Dies ist darin begründet, dass die entsprechenden Fragen entweder in einem Teil der Unternehmen nicht gestellt worden waren, oder teilweise nicht beantwortet wurden.

8.6.4.2 Vorschlagsverhalten im Vergleich

Die vier Vorschlagsgruppen unterscheiden sich hinsichtlich ihrer Einschätzung der *Excellence-Kulturen*, wie Abbildung 16 zeigt. So lässt sich über alle Dimensionen hinweg feststellen, dass es einen Zusammenhang gibt zwischen der Anzahl der eingereichten Vorschläge und der Beurteilung der Unternehmenskultur. Der entsprechende Kurvenverlauf macht deutlich, dass das betriebliche Umfeld umso besser beurteilt wird, je mehr Vorschläge der Mitarbeiter einreicht. Mitarbeiter, die sich mit mehr als elf Vorschlägen pro Jahr eingebracht haben, beurteilen die *Excellence-Kulturen* sehr viel positiver (mit Ausnahme der Servicekultur, die über alle Gruppen in etwa gleich stark beurteilt wird). Im Einzelnen sind diese Unterschiede signifikant hinsichtlich der **Führungs-** ($p \leq ,05$), **Lern-** ($p \leq ,05$) und **Innovationskultur** ($p \leq ,05$), allerdings handelt es sich lediglich um schwache Effekte ($\eta^2 \leq ,02$).

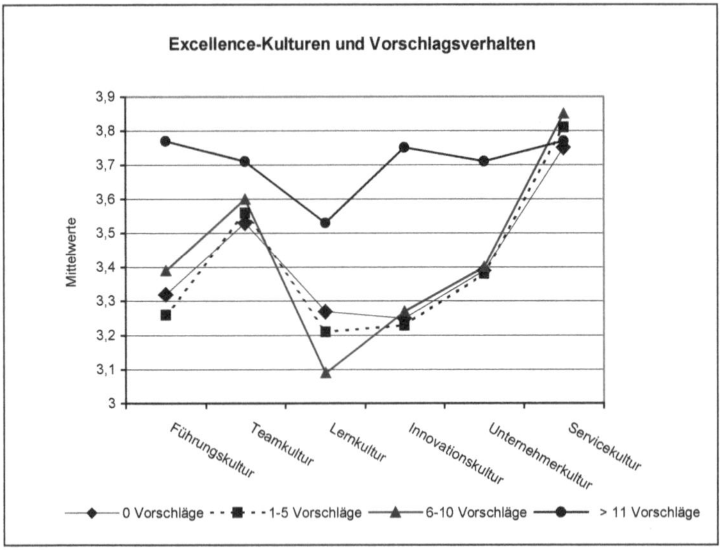

Abbildung 16: Der Verlauf der *Excellence-Kulturen* in Abhängigkeit vom Vorschlagsverhalten.

In Tabelle 26 sind die Mittelwerte und Standardabweichungen der vier Vorschlagsgruppen angegeben. Signifikante Unterschiede zeigen sich, wie beschrieben, in der Führungs-, Lern- und Innovationskultur ($p \leq ,05$). Im Folgenden wird im Detail überprüft, inwiefern es innerhalb der vier Gruppen zu einer unterschiedlichen Einschätzung der Unternehmenskultur kommt.

Anzahl an Vorschlägen	M SD	Excellence-Kulturen					
		FK*	TK	LK*	IK*	UK	SK
0	M	3,32	3,53	3,27	3,25	3,39	3,75
	SD	,66	,54	,60	,67	,57	,61
1-5	M	3,26	3,56	3,21	3,23	3,38	3,81
	SD	,64	,56	,57	,69	,59	,58
6-10	M	3,39	3,60	3,09	3,27	3,40	3,85
	SD	,82	,54	,62	,72	,61	,62
> 11	M	3,77	3,71	3,53	3,75	3,71	3,77
	SD	,65	,66	,58	,69	,54	,59
gesamt	M	3,31	3,55	3,24	3,25	3,40	3,78
	SD	,67	,55	,59	,69	,58	,60

Tabelle 26: Mittelwerte und Standardabweichungen der *Excellence-Kulturen* in Abhängigkeit vom Vorschlagsverhalten. FK = Führungskultur; TK = Teamkultur; LK = Lernkultur; IK = Innovationskultur; UK = Unternehmerkultur; SK = Servicekultur. *$p \leq ,05$; $\eta^2 \leq ,02$; N = 745.

8.6.4.2.1 Nichteinreicher versus Vieleinreicher[69]

Als *Vieleinreicher* gelten Mitarbeiter, die mehr als elf Vorschläge innerhalb der letzten zwölf Monate gemacht haben. Sie werden mit jenen Befragten verglichen, die sich im selben Zeitraum nicht am Betrieblichen Vorschlagswesen beteiligt haben (*Nichteinreicher*). Wie aus Tabelle 27 ersichtlich wird, gibt es signifikante Unterschiede zwischen den beiden Gruppen in Bezug auf die **Führungskultur, Unternehmerkultur** sowie **Lern-** und **Innovationskultur** ($,01 \leq p \leq ,05$). Insgesamt handelt es sich jedoch um schwache Effekte ($\eta^2 \leq ,02$) – was dadurch beeinflusst wird, dass die untersuchten Stichproben sich in ihrer Größe wesentlich unterscheiden (N = 356; N = 17).

	Dimension	Nichteinreicher (0 Vorschläge) N = 356		Vieleinreicher (≥ 11 Vorschläge) N = 17		F-Wert	Effektstärke
		M	SD	M	SD	F	η^2
1	**Führungskultur****	3,32	,66	3,77	,65	7,64	,02
2	**Teamkultur**	3,53	,54	3,71	,66	1,87	–
3	**Lernkultur**	3,27	,60	3,53	,58	2,90	–
4	**Innovationskultur****	3,25	,67	3,75	,69	9,08	,02
5	**Unternehmerkultur***	3,39	,57	3,71	,54	4,91	,01
6	**Servicekultur**	3,75	,61	3,77	,59	,01	–

Tabelle 27: Nicht-Einreicher und Vieleinreicher im Vergleich. Mittelwerte, Standardabweichungen und Effektstärken. **p ≤ ,01; *p ≤ ,05; N = 351.

8.6.4.2.2 Durchschnittliche Einreicher versus Vieleinreicher

Mitarbeiter, die angegeben haben, zwischen ein und fünf Vorschlägen pro Jahr eingereicht zu haben, werden als *durchschnittliche Einreicher* bezeichnet. Sie bilden unter den Personen, die sich regelmäßig am BVW beteiligen, mit 334 Personen die größte Gruppe. Im

[69] Als *Einreicher* werden im Folgenden Mitarbeiter bezeichnet, die sich zum Zeitpunkt der Befragung mit mindestens einem Vorschlag innerhalb der letzten zwölf Monate an das Betriebliche Vorschlagswesen gewandt haben.

Vergleich zeigen die Vieleinreicher wiederum signifikant bessere Werte in folgenden Dimensionen: **Führungs-**, **Lern-**, **Innovations-** und **Unternehmerkultur** ($,01 \leq p \leq ,05$). Doch auch hier handelt es sich um schwache Effekte von $\eta^2 \leq ,03$ (Tab. 28).

	Dimension	Durchschnittliche Einreicher (1 - 5 Vorschläge) N = 334		Vieleinreicher (≥ 11 Vorschläge) N = 17		F-Wert	Effektstärke
		M	SD	M	SD	F	η^2
1	**Führungskultur****	3,26	,64	3,77	,65	10,08	,03
2	**Teamkultur**	3,56	,56	3,71	,66	1,17	–
3	**Lernkultur***	3,21	,57	3,53	,58	5,90	,01
4	**Innovationskultur****	3,23	,69	3,75	,69	9,63	,03
5	**Unternehmerkultur***	3,38	,59	3,71	,54	4,90	,01
6	**Servicekultur**	3,81	,58	3,77	,59	,06	–

Tabelle 28: Durchschnittliche Einreicher und Vieleinreicher im Vergleich. Mittelwerte, Standardabweichungen und Effektstärken. **$p \leq ,01$; *$p \leq ,05$; N = 373.

8.6.4.3 Vorhersagefähigkeit der Excellence-Kulturen

Im Folgenden wird auf *individueller Ebene* untersucht, welchen Einfluss die *Excellence-Kulturen* auf ausgewählte subjektive Leistungskriterien haben (Vorschlagshäufigkeit, Bewertung des Idealen Vorschlagswesens sowie des Idealen Unternehmens). Dabei soll geklärt werden, welche der Dimensionen sich als Prädiktoren für die untersuchten Kriterien eignen. Die zugrundeliegende Stichprobe besteht aus 1118 Personen.

8.6.4.3.1 Vorschlagshäufigkeit

In einem ersten Schritt wurde überprüft, welcher Zusammenhang zwischen den *Excellence-Kulturen* und der Anzahl an eingereichten Vorschlägen besteht. In die Untersuchung gingen nur Werte von Unternehmen ein, die über ein Betriebliches Vorschlagswesen verfügen (N = 745). Die Mitarbeiter wurden gebeten, anzugeben, wie viele Verbesserungs vorschläge sie in den letzten zwölf Monaten im BVW eingereicht hatten. Wie Tabelle 29 zeigt, sind keine entsprechenden Korrelationen zu beobachten.[70]

	Dimension	Anzahl der Vorschläge N = 745
		r
1	**Führungskultur**	,05
2	**Teamkultur**	,06
3	**Lernkultur**	-,03
4	**Innovationskultur**	,05
5	**Unternehmerkultur**	,04
6	**Servicekultur**	,04

Tabelle 29: Korrelationen zwischen den *Excellence-Kulturen* und der Anzahl der Vorschläge. N = 745.

8.6.4.3.2 Bewertung des Vorschlagswesens

Im Folgenden wird erhoben, ob ein subjektives Kriterium – die Qualität des Vorschlagswesens – als Prädiktor für eine exzellente Unternehmenskultur herangezogen werden kann. So wurden die Mitarbeiter im Fragebogen gebeten, anzugeben, inwiefern ihrer Meinung nach in ihrem Unternehmen das *Ideale Betriebliche Vorschlagswesen* bereits verwirklicht sei. Die Skala reichte von 10% bis 100% (Idealzustand).

In die vorliegende Stichprobe gingen die Angaben aller Befragten ein, die in einem Unternehmen tätig sind, das über ein BVW verfügt (N = 733). Wie Tabelle 30 zeigt, sind die Kulturen des *Center of Excellence* umso stärker ausgeprägt, je besser das Vorschlagswesen von den Mitarbeitern eingeschätzt wird ($p \leq ,001$).

[70] Die Interkorrelationen der *Excellence-Kulturen* der BVW-Unternehmen sind in Anhang A, Tabelle 35 dargestellt.

	Dimension	Bewertung des Vorschlagswesens N = 733
		r
1	**Führungskultur**	,25***
2	**Teamkultur**	,33***
3	**Lernkultur**	,37***
4	**Innovationskultur**	,38***
5	**Unternehmerkultur**	,34***
6	**Servicekultur**	,34***

Tabelle 30: Korrelationen zwischen den *Excellence-Kulturen* und der Bewertung des Vorschlagswesens. ***$p \leq ,001$; N = 733.

Es wurde eine multiple Regression durchgeführt, wobei die Prädiktoren schrittweise in das Modell aufgenommen wurden. Die Auswahl der jeweiligen Kultur wurde dabei von theoretischen Erwägungen geleitet. Die Innovationskultur alleine klärt 14% der Varianz (adjustiertes R^2) auf, dieser Wert steigt durch Hinzunahme der Lernkultur auf 16%; die Servicekultur erhöht den erklärten Varianzanteil um 1% auf 17%. In das Modell gehen daher ein: **Innovations-**, **Lern-** und **Servicekultur** (Tab. 31). Wie das schrittweise Vorgehen zeigt, wird der justierte R^2-Wert durch die Hinzunahme weiterer Prädiktoren nicht erhöht.

	Prädiktor	β	R	R^2	adj. R^2	F
1	**Innovationskultur**	,17***				
2	**Lernkultur**	,17***	,42	,17	,17	50,73***
3	**Servicekultur**	,14***				

Tabelle 31: Vorhersage der Bewertung des Vorschlagswesens durch die *Excellence-Kulturen* auf Individualebene. ***$p \leq ,001$; N = 733.

8.6.4.3.3 Bewertung des Unternehmens

Die Mitarbeiter wurden gebeten, sich vorzustellen, wie Ihr *Idealunternehmen* aussehe, um zu beurteilen, inwieweit dieses in Ihrer Firma bereits verwirklicht ist. In die Stichprobe gingen die Werte aller Mitarbeiter ein, die diese Frage beantwortet haben (N = 716). Die Skala reichte von 10% bis 100% (Idealzustand). In Tabelle 32 sind zunächst die Korrelationen zwischen den *Excellence-Kulturen* und der Bewertung des Vorschlagswesens durch die Mitarbeiter dargestellt. In allen Dimensionen zeigt sich ein signifikanter mittelstarker Zusammenhang (p ≤ ,001).

	Dimension	Bewertung des Unternehmens N = 716
		r
1	**Führungskultur**	,38***
2	**Teamkultur**	,39***
3	**Lernkultur**	,39***
4	**Innovationskultur**	,42***
5	**Unternehmerkultur**	,42***
6	**Servicekultur**	, 42***

Tabelle 32: Korrelationen zwischen den *Excellence-Kulturen* und der Bewertung des Unternehmens. ***p ≤ ,001; N = 716.

Die Kulturen des *Center of Excellence* wurden schrittweise in das Regressionsmodell integriert. Die Ergebnisse sind in Tabelle 33 dargestellt.

	Prädiktor	β	R	R^2	adj. R^2	F
1	**Servicekultur**	,23***				
2	**Führungskultur**	,16***	,48	,23	,23	74,44***
3	**Unternehmerkultur**	,17***				

Tabelle 33: Vorhersage der Bewertung des Unternehmens durch die *Excellence-Kulturen* auf Individualebene. ***p ≤ ,001; N = 716.

Die **Servicekultur** klärt alleine 17% der Varianz auf; dieser Anteil erhöht sich mit der **Führungskultur** auf ein adjustiertes R^2 von 21%, mit der **Unternehmerkultur** beträgt dieser Wert 23%.

8.6.4.4 Ein Vergleich von Vorschlagswesen und Ideenmanagement

Neben den Fragen zum *Center of Excellence* wurden die Mitarbeiter gebeten, ihre Meinung zum *Betrieblichen Vorschlagswesen (BVW)* und zum *Ideenmanagement* ihres Unternehmens anzugeben.[71] In der Stichprobe sind die Aussagen aller Mitarbeiter enthalten, die in einem Unternehmen mit BVW tätig sind (N = 745). Im Folgenden wurde ein T-Test an einer gepaarten Stichprobe durchgeführt. Ziel war es, die Antworten aus diesen zwei Bereichen miteinander vergleichen zu können.

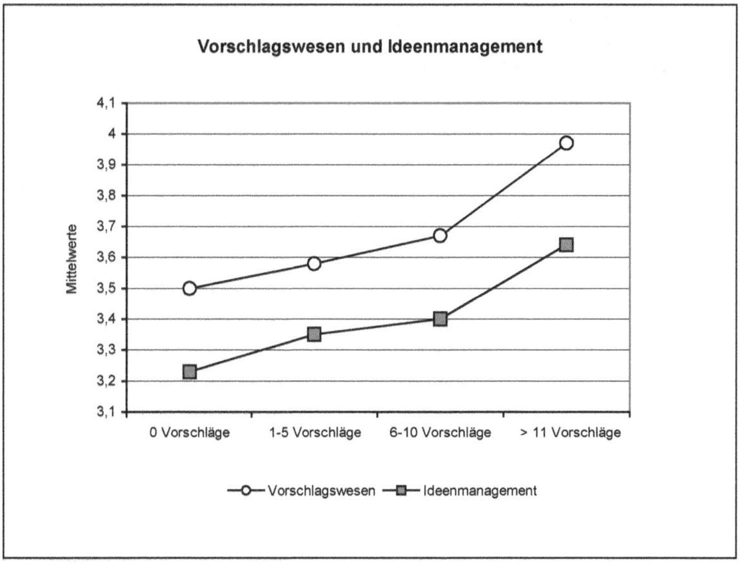

Abbildung 17: Vergleichende Bewertung von Vorschlagswesen und Ideenmanagement.

[71] Die Fragen wurden jeweils zu einem Gesamtscore zusammengefasst, der wie eine eigene Skala behandelt wird. Zu diesem Zweck wurde eine Reliabilitätsanalyse durchgeführt, die eine zufriedenstellende Homogenität der beiden Skalen nachweist. Siehe dazu Anhang C, Tabelle 42.

Wie Abbildung 17 zeigt, liegen die Werte des BVW durchweg höher als die des Ideenmanagements. In drei der vier Gruppen (bis 10 Vorschläge) unterscheiden sich die Mittelwerte aller *Excellence-Kulturen* signifikant (Tab. 34).

Anzahl der Vorschläge	Vorschlagswesen		Ideenmanagement	
	M	SD	M	SD
0 ***	3,50	,66	3,23	,65
1-5 ***	3,58	,64	3,35	,62
6-10 **	3,67	,68	3,40	,65
> 11	3,97	,78	3,64	,67
Gesamt	3,56	,66	3,30	,64

Tabelle 34: Vergleichende Bewertung von Vorschlagswesen und Ideenmanagement.
***$p \leq ,001$; **$p \leq ,01$; N = 745.

8.7 Diskussion

Wie die dargestellten Ergebnisse zeigen, unterscheiden sich die befragten Unternehmen hinsichtlich einer Reihe von Kriterien, wie Unternehmensgröße, Branche, u.a.. Es wird nun beschrieben, inwiefern die aufgrund dieser Kriterien aufgestellten Hypothesen bestätigt werden konnten, und welche Schlussfolgerungen aus den Ergebnissen zu ziehen sind.

Die folgenden Ergebnisse stehen im Einklang mit den entsprechenden Hypothesen:

1. Kleine Unternehmen schneiden in allen *Excellence-Kulturen* besser ab; dieser Effekt ist jedoch nicht signifikant.
2. Dienstleistungsbetriebe weisen bei zwei Dimensionen des InDEx, in der Führungs- und Lernkultur, signifikant höhere Ausprägungen auf als die Industrie.
3. Unternehmen, in denen besonders viele Verbesserungsvorschläge im Betrieblichen Vorschlagswesen (BVW) eingereicht werden, unterscheiden sich hinsichtlich der Führungs- und Innovationskultur signifikant von Unternehmen, deren Mitarbeiter sich weniger aktiv am BVW beteiligen. Beide Kulturen erweisen sich zudem als gute Prädiktoren für die Anzahl an Verbesserungsvorschlägen.
4. Unternehmen mit einer offenen Informationspolitik weisen signifikant höhere *Excellence-Kulturen* auf. So ist die Lern- und Unternehmerkultur in jenen Betrieben deutlich stärker ausgeprägt, in denen die Kennzahlen aus dem BVW zur Einsichtnahme offengelegt wurden.
5. Mitarbeiter, die sehr viele Vorschläge im BVW einreichen, schätzen ihr kulturelles Umfeld weitaus positiver ein, als Mitarbeiter, die wenig oder gar keine Vorschläge machen; dies zeigt sich insbesondere in einer signifikant stärkeren Innovationskultur.
6. Die Mitarbeiter aller Unternehmen schätzen das BVW vergleichsweise positiver ein als das jeweilige Ideenmanagement des Unternehmens.
7. Die Innovationskultur erweist sich als fundierter Prädiktor für die Qualität des BVW.
8. Was die allgemeine Bewertung des Unternehmens betrifft, bietet die Servicekultur eine sehr gute Vorhersagequalität.

Die folgenden Ergebnisse stehen im Widerspruch zu den entsprechenden Hypothesen:

1. Unternehmen, die über ein Betriebliches Vorschlagswesen (BVW) verfügen, schneiden in der Team- und Lernkultur schlechter ab als Betriebe ohne BVW.
2. Zwischen Führungskräften und Mitarbeitern ohne Führungsverantwortung lassen sich keine signifikanten Unterschiede feststellen.

Unternehmensgröße. Kleine Unternehmen zeigen durchweg bessere Werte in den *Excellence-Kulturen* als große – allerdings ist dieser Unterschied nicht signifikant. Eine mögliche Erklärung für die niedrigeren Werte der Großunternehmen ist in der *These von der Starrheit bürokratischer Strukturen* (Burns/ Stalker, 1961) zu suchen. Der hierarchische Aufbau verlangsamt Prozesse, und es kommt häufiger zu Überschneidungen in Hinblick auf Kompetenzen und Verantwortlichkeiten. Auch die zunehmende Internationalisierung schafft organisatorische Probleme, mit denen kleine Unternehmen in geringerem Ausmaß konfrontiert sind. Vor allem in jenen Branchen, in denen sich die Paradigmen rasch verändern, wie der Biotechnologie oder Telekommunikation, sind die Anpassungskosten im allgemeinen für große Unternehmen deutlich höher – hier zeigt sich die Überlegenheit flexibler Strukturen, die kleine, autonome Einheiten mit flachen Hierarchien kennzeichnet (Picot, 2001; Kieser/ Kubicek, 1992).

Andererseits ist auch zu berücksichtigen, dass der soziale Druck in kleinen Unternehmen unter Umständen größer ist als im anonymen Umfeld der Großbetriebe, wo die Mitarbeiter ihre Meinung offener – und im vorliegenden Fall kritischer – äußern können. Positiv ausgedrückt, ist es ebenso denkbar, dass sich Mitarbeiter kleinerer Unternehmen durch eine stärkere Identifikationsfähigkeit auszeichnen – was zu einer besseren Bewertung des betrieblichen Umfelds führt.[72] Es ist daher möglich, dass die Mitarbeiter aufgrund *Sozialer Erwünschtheit* überdurchschnittlich positive Antworten gegeben haben.

Branchenzugehörigkeit. Die Mitarbeiter der Dienstleistungsbetriebe geben an, dass sowohl **Führungs-** als auch **Lernkultur** deutlich stärker ausgeprägt sind als in den

[72] Dies lässt sich beispielsweise an einem der (kleinen) untersuchten Unternehmen beobachten, dessen Werte weit über dem Durchschnitt liegen. Es handelt sich um einen Dienstleistungsbetrieb im Bereich der Personalentwicklung. Die Mitarbeiter sind folglich mit den Normen, die dem Modell *Center of Excellence* zugrundeliegen, weitgehend vertraut, und geben diese Normen in Trainings entsprechend weiter. Es wird folglich angenommen, dass diese Normen im eigenen Unternehmen bereits in hohem Maße umgesetzt sind. Die extrem positiven Antworten sollten auf diesem Hintergrund gesehen werden.

Vergleichsunternehmen aus der Industrie. Personenorientierte Tätigkeiten stehen im Servicebereich stärker im Vordergrund, was sich auf die Reaktionszeiten und die Kürze der Informationswege positiv auswirken mag – so nehmen die Mitarbeiter ihr Umfeld als ‚lernend' wahr. Damit verknüpft ist die entsprechend positive Beurteilung der Führung. Dies mag auch darin begründet sein, dass in der Industrie traditionell ein Führungsbild vorherrscht, das (auch aufgrund der hierarchischen Organisationsstruktur) stärker autoritär geprägt ist, während in der Dienstleistungsbranche vermehrt moderne Führungsprinzipien praktiziert werden.

Betriebliches Vorschlagswesen. Die Hypothese, dass Unternehmen, die über ein Betriebliches Vorschlagswesen (BVW) verfügen, positivere Werte zeigen, konnte nicht bestätigt werden. Vielmehr sind Betriebe ohne BVW in der **Team-** und **Lernkultur** überlegen. Es ist zu vermuten, dass die Institutionalisierung innovativer Prozesse unter Umständen sogar kontraproduktiv sein kann. So wird mittlerweile in vielen Firmen eine Dezentralisierung des Vorschlagswesens angestrebt, um zu vermeiden, dass kreative Potentiale durch aufwendige und langwierige Gutachterprozesse gehemmt oder blockiert werden (Thom, 1996). Offensichtlich unterstützt das klassische Vorschlagswesen Gruppenentscheidungen zu wenig, wie die Teamkultur zeigt: In der Regel werden Ideen einzelner Personen eingereicht, Gruppenvorschläge bleiben in ihrer Bedeutung eher im Hintergrund. Da Innovationsprobleme jedoch immer komplexere Strukturen annehmen, sollten vermehrt teambasierte Verbesserungsprozesse angestrebt werden (Thom/ Vonlanth, 1994).

Innovationsverhalten. Unternehmen mit einer hohen Vorschlagsquote (Anzahl der Verbesserungsvorschläge pro Mitarbeiter) weisen auch eine stärker ausgeprägte **Führungs-** und **Innovationskultur** auf. Wird vom Vorgesetzten eine Führungskultur praktiziert, durch die die Mitarbeiter ermutigt werden, Bestehendes zu hinterfragen, schlägt sich dies in einem entsprechend regen Vorschlagsverhalten nieder. Sind die Führungskräfte darüber hinaus offen für Kritik, so etablieren sie damit eine vertrauensvolle Atmosphäre, in der konstruktiv Problemlösungen entwickelt werden. Innovationsorientierte Führungsgrundsätze setzen mithin eine aktive Beteiligung der Mitarbeiter an Prozessen und Entscheidungen voraus – was durch einen partizipativen Führungsstil unterstützt wird (Thom/ Vonlanth, 1994). In einem solchen Unternehmen werden die Mitarbeiter das Klima als innovativer wahrnehmen, was sich wiederum in einer entsprechend höheren Zahl an Verbesserungsvorschlägen niederschlägt. Hierbei handelt es sich um eine zirkuläre Kausalität: je innovationsfreundlicher die Bedingungen am Arbeitsplatz sind, desto mehr Vorschläge werden eingereicht. Die aktive

Beteiligung an Veränderungsprozessen führt wiederum zu einer positiven Wahrnehmung der Innovationskultur (und der Führungskultur) des Unternehmens. Dieser kausale Erklärungsansatz wird durch weitere Ergebnisse der Studie gestützt: Mitarbeiter, die überdurchschnittlich viele Vorschläge einreichen, schätzen ihr Umfeld innovativer ein als Mitarbeiter, die sich nur in geringerem Ausmaß am Vorschlagswesen beteiligen. Zudem hat sich gezeigt, dass sowohl **Führungs-** als auch **Innovationskultur** gute Prädiktoren für die Anzahl an Vorschlägen sind, die in einem Unternehmen eingereicht werden; zudem beeinflussen sie das Ansehen, das das BVW bei den Mitarbeitern genießt.

Informationspolitik. Unternehmen, die im Rahmen der Studie Informationen aus dem Vorschlags- und Personalwesen zur Verfügung stellten, weisen stärker ausgeprägte *Excellence-Kulturen* auf. Die Möglichkeit, selbständig über die Weitergabe der entsprechenden Daten zu verfügen, spiegelt sich in einer signifikant höheren **Unternehmenskultur** wider. Die bessere **Lernkultur** dieser Unternehmen zeigt, dass die notwendigen Kennziffern intern leicht zugänglich waren, und entsprechend kooperativ an die jeweiligen Ansprechpartner weitergereicht wurden.

Vergleich von Vorschlagswesen und Ideenmanagement. Um zu klären, welche Einstellung die Mitarbeiter zum Betrieblichen Vorschlagswesen haben, wurden die Antworten zum Ideenmanagement mit denen zum BVW verglichen. Obwohl im wesentlichen die selben Prozesse beurteilt werden sollten, erhielt das BVW signifikant höhere Werte. Ein möglicher Grund liegt in der Sozialen Erwünschtheit: das Vorschlagswesen als Institution wird als positiv bewertet – was unter Umständen auch auf das dazugehörige Anreizsystem zurückzuführen ist. Werden hingegen die täglichen Arbeitsabläufe in Hinblick auf ihren Beitrag zu Innovationsmaßnahmen geprüft, fällt das Urteil weitaus kritischer aus. Es ist daher zu fragen, inwiefern es sinnvoll ist, das BVW mit anderen (bestehenden) Innovationsprogrammen, wie Qualitätszirkel, Null-Fehler-Programmen, Wertanalysen, etc. zu verknüpfen (Thom/ Vonlanth, 1994). So kann in der Belegschaft das Bewusstsein geschärft werden, dass Innovationen auch auf der Grundlage vielzähliger, kleiner Verbesserungsschritte entstehen.

Anzahl der Verbesserungsvorschläge. Es konnte gezeigt werden, dass Unternehmen, in denen viele Vorschläge eingereicht werden, über eine entsprechend hohe **Führungs-** und **Innovationskultur** verfügen. Dieser Zusammenhang konnte jedoch auf individueller Ebene nicht festgestellt werden. Eine mögliche Erklärung hierfür mag in der vorgegebenen Kategorisierung der Antworten liegen. Wie die Häufigkeitsverteilung (Tab. 25; Seite 123) zeigt, haben über 90% der Mitarbeiter die ersten beiden Kategorien angekreuzt (0 und 1-5 Vorschläge).

Möglicherweise spielt auch hier das Phänomen der *Sozialen Erwünschtheit* eine Rolle: Vermutlich haben einige Mitarbeiter die zweite Kategorie angegeben, obwohl sie innerhalb der letzten zwölf Monate keinen Vorschlag eingereicht hatten.[73] Dieses Ergebnis sollte in Folgeuntersuchungen berücksichtigt werden, z.B., indem eine Skala zur Messung der *Sozialen Erwünschtheit* in den InDEx integriert wird (Anderson/ West, 1994).

Bewertung des Unternehmens. Die **Servicekultur** stellt einen sehr guten Prädiktor dar für die Bewertung des Unternehmens. Offensichtlich ist die Zufriedenheit und Identifikation mit dem eigenen Unternehmen dann besonders hoch, wenn Kundenwünsche bestmöglich erfüllt werden.

Führungsverantwortung. Die hypothetisch vorausgesagten Unterschiede zwischen Mitarbeitern mit und ohne Führungsverantwortung ließen sich nicht bestätigen. Nun gibt es aber Befunde, die – in Abhängigkeit von der Führungsebene – deutlich unterschiedliche Wahrnehmungen kultureller Faktoren beobachten (z.B. Johnson, 2000). Möglicherweise ist im vorliegenden Fall die Prägung durch die firmenspezifische Unternehmenskultur so stark, dass Einflussfaktoren, die auf unterschiedliche Positionen zurückzuführen sind, eine geringe Rolle spielen. Aus diesem Grund könnte die Frage nach der Stärke der jeweiligen Kultur (als Maß der Übereinstimmung) weiteren Aufschluss bieten (Cooke/ Rousseau 1988; Rousseau, 1990) – insbesondere in Hinblick auf verschiedene Abteilungen oder Unternehmensgruppen.

Kritische Betrachtung der Ergebnisse. Die vorliegenden Daten wurden auf zwei Ebenen ausgewertet, als *individuelle* und als *aggregierte* Werte (Unternehmensvergleich). Um die beobachteten Effekte auf Unternehmensebene statistisch abzusichern, wurde neben dem Signifikanz-Kriterium die Effektstärke als weiterer Indikator für die Bedeutsamkeit der Ergebnisse hinzugezogen (Chow, 1988). Es zeigen sich – trotz der geringen Stichprobengröße – überwiegend mittlere bis starke Effekte, was darauf hinweist, dass der InDEx ein geeignetes Instrument ist, um Unterschiede zwischen Unternehmen oder einzelnen Untersuchungsgruppen zu messen. Die vorliegenden Ergebnisse können daher als bedeutsame Hinweise für die Analyse kulturrelevanter Aspekte betrachtet werden. Wünschenswert wäre dennoch, diese Zusammenhänge auf der Grundlage einer größeren und erweiterten Stichprobe zu erforschen, um (wie im vorliegenden Fall) Verzerrungen durch Extremwerte zu vermeiden. Ein weiteres

[73] Diese Vermutung hat sich zumindest in einem der untersuchten Unternehmen bestätigt: der Verantwortliche für das BVW hatte die Angaben aus dem Fragebogen mit der tatsächlich eingereichten Anzahl an Vorschlägen verglichen. Es stellte sich heraus, dass die Mitarbeiter mehr Vorschläge angegeben hatten, als in der BVW-Statistik festgehalten worden waren.

Erfordernis wäre, die Skala um einige Variablen zur *Sozialen Erwünschtheit* zu erweitern, wie dies z.B. beim *Team Climate Inventory* der Fall ist (Anderson/ West, 1994). Darüberhinaus sollte eine größere Vielfalt an Branchen und Unternehmensformen Berücksichtigung finden.

9 Diskussion

Ziel der vorliegenden Arbeit war es, ein differenziertes Modell zur Diagnose von Unternehmenskulturen zu entwickeln und zu überprüfen. Vor diesem Hintergrund wurde ein Fragebogen entwickelt, der auf der Basis der Facettenanalyse unterschiedliche Kulturdimensionen misst.

Modellüberprüfung. Mithilfe einer kombinierten Vorgehensweise aus explorativer und konfirmatorischer Faktorenanalyse ließen sich die vom Modell *Center of Excellence* vorhergesagten Strukturen empirisch nachweisen. Wie die faktorenanalytische Überprüfung an getrennten Stichproben zeigte, könnte das Instrument unter Umständen auch mit fünf statt der sechs postulierten Dimensionen genügend Aussagekraft besitzen: Die beiden Dimensionen Servicekultur und Unternehmerkultur werden bei der fünffaktoriellen Lösung auf *einem* Faktor abgebildet (*kundenorientierte Optimierung*).

Abschließend lässt sich jedoch sagen, dass die statistischen Kriterien – sowohl in Hinblick auf explorative als auch konfirmatorische Analyse – dem Sechs-Faktoren-Modell eine hohe Anpassungsgüte bescheinigen. Auch hinsichtlich ihrer internen Homogenität (Reliabilität) erweisen sich die Skalen des InDEx als ausgewogen. Die vorgefundene Modellstruktur wird durch vergleichbare empirische Befunde gestützt (siehe im Überblick: Denison, 1996; Xenikou/ Furnham, 1996; Kap. 3.3.; Seite 24ff.). Die sechs Dimensionen des *Center of Excellence* dienten folglich als Ausgangspunkt für den in Kapitel 8 dargestellten Unternehmensvergleich:

- Führungskultur
- Teamkultur
- Lernkultur
- Innovationskultur
- Unternehmerkultur
- Servicekultur

Inhaltlicher Zusammenhang der Skalen. Entsprechend der Modellvorhersagen bewegen sich die Interkorrelationen der *Excellence-Kulturen*[74] auf mittlerem bis hohem Niveau. Dies deutet einerseits auf die Vernetzung der untersuchten kulturellen Facetten hin: Unternehmerische Spitzenleistungen implizieren eine starke Ausprägung *aller* erfolgsrelevanten Bereiche. Andererseits könnte ein kritischer Einwand lauten, dass die sechs Dimensionen nicht als distinkte psychologische Konstrukte fungieren, sondern dass die Befragten die unternehmerische Realität vielmehr weitgehend undifferenziert wahrnehmen. Nun zeigen die Vergleiche auf Unternehmensebene aber, dass einzelne Dimensionen gegenüber anderen deutlich in den Vordergrund treten. So stehen beispielsweise Führungs- und Innovationskultur in klarem Zusammenhang mit der Vorschlagsintensität; andere Kulturen, wie Lern- oder Unternehmerkultur, spielen hierbei eine untergeordnete Rolle. Es ist dennoch nicht völlig auszuschließen – und dies können erst Folgeuntersuchungen klären –, dass die 60 Fragen des InDEx auch als ein Gesamtfaktor, der allgemeine ‚Stimmungen' widerspiegelt, gesehen werden können. In diesem Fall wären hohe Zustimmungswerte zu den *Excellence-Kulturen* ein Zeichen für Zufriedenheit oder Identifikation mit dem Unternehmen. Zur Erhellung dieses Sachverhalts können Befunde aus dem Bereich Arbeitszufriedenheit herangezogen werden. So kann es sein, dass ein Mitarbeiter, der mit seiner Tätigkeit insgesamt zufrieden ist, dennoch einzelne Aspekte seiner Arbeit durchaus kritisch sieht (Smith/ Kendall/ Hulin, 1969). Dies mag als Hinweis dienen, dass die facettenbasierte Methodik zu Erkenntnissen führt, die ein eindimensionaler Untersuchungsansatz nicht leisten könnte. Aufgrund der gegenwärtigen Befunde – insbesondere der konfirmatorischen Faktorenanalyse – kann mithin davon ausgegangen werden, dass die Dimensionen des *Center of Excellence* als eigenständige Konstrukte wahrgenommen werden und als solche die betrieblichen Prozesse beeinflussen. Die *Excellence-Kulturen* sind miteinander verzahnt, und bestimmen in ihrer Komplexität den Erfolg eines Unternehmens.

Vorhersagequalität der Skalen. Anhand einer Reihe subjektiver Kriterien konnte festgestellt werden, dass die *Excellence-Kulturen* gute Vorhersagequalitäten aufweisen. So wird sowohl die Anzahl an eingereichten Verbesserungsvorschlägen als auch die Qualität des Vorschlagswesens von der **Innovationskultur** entscheidend beeinflusst. Wie erfolgreich ein Unternehmen als Ganzes von seinen Mitarbeitern eingeschätzt wird, hängt entscheidend von der **Servicekultur** ab. Diese Befunde stellen eine geeignete Grundlage dar, um durch Hinzu

[74] Die Korrelationsmatrix findet sich in Anhang B, Tabelle 43.

nahme objektiver Kennzahlen die Kriteriumsvalidität des InDEx nachzuweisen – ein Vorhaben, das in weiterführenden Studien angestrebt werden sollte.

Zusammenfassend lässt sich sagen, dass der InDEx sowohl hinsichtlich der Faktorenextraktion, der Reliabilitäten als auch der psychometrischen Qualität wissenschaftlichen Gütekriterien genügt. Dennoch ist die Frage noch nicht restlos geklärt, inwiefern Items und Skalen zum gegenwärtigen Stand die Theorie hinreichend abbilden. Hier werden zukünftige Studien Aufschluss über notwendige Anpassungen des Modells bzw. der Skalen geben.

Zur Frage geteilter Wahrnehmungen. Die Aggregation von Einzelwahrnehmungen ist die Voraussetzung, um gemeinsame Normen in einer organisatorischen Einheit messen zu können (Rousseau, 1990). Problematisch ist dabei, festzustellen, auf welche Untersuchungseinheit sich die Perspektive des Befragten jeweils bezieht. In der Anleitung zum Fragebogen wurden die Mitarbeiter gebeten, die Fragen in Bezug auf die jeweilige unternehmerische Einheit zu beantworten (Unternehmen bzw. Standort). Dennoch kann nicht ausgeschlossen werden, dass ihre Wahrnehmung vornehmlich von Erfahrungen aus ihrem direkten Arbeitsumfeld, mit Kollegen und Vorgesetzten, geprägt ist. Untersuchungen zum Innovationsklima auf Teamebene bestätigen, dass sich Arbeitsgruppen innerhalb einer Organisation in ihren Aussagen deutlich voneinander unterscheiden lassen (Brodbeck/ Maier, 2001). Nun zeigen aber die Ergebnisse der vorliegenden Studie, dass Mitarbeiter ohne Führungsverantwortung die *Excellence-Kulturen* weitgehend ähnlich wahrnehmen wie ihre Vorgesetzten. Dies widerlegt die Hypothese, dass die Urteile sich in Abhängigkeit von der Führungsebene unterscheiden. Im vorliegenden Fall kann man daher vermutlich davon ausgehen, dass beide Gruppen über eine gemeinsame Wertebasis verfügen, die Unternehmenskultur also hierarchieübergreifend in gleicher Weise wahrgenommen wird. Das wirft die Frage auf, wo und wie sich Subkulturen ausbilden (Sackmann, 1992), und welche Interferenzen dabei mit der ‚Gesamtkultur' des Unternehmens entstehen können. So berichtet Kanter (1983), dass weniger erfolgreiche Unternehmen sich eher an Abteilungs- als an (übergreifenden) Unternehmenszielen orientieren – was in der Folge zu Ineffizienz aufgrund von widersprüchlichen Zielen führt. Zusammenfassend lässt sich sagen, dass geteilte Wahrnehmungen in organisatorischen Subsystemen notwendigerweise stärker ausgeprägt sein werden als auf Unternehmensebene. Insbesondere das Verhalten der Führungskraft beeinflusst das Klima in der von ihr betreuten Einheit. So berichten beispielsweise Sonnentag et al. (1997), dass Vorgesetze mit einer konsequenten Zielorientierung in ihrer Abteilung bessere Projektergebnisse vorweisen können – was auf geteilte Normen der Leistungsorientierung verweist.

Zur abschließenden Klärung dieses Diskussionspunktes sei an das Ziel der vorliegenden Untersuchung erinnert, einen Vergleich *zwischen* Organisationen zuzulassen. Hier weisen die bisherigen Erkenntnisse in die richtige Richtung, da die erwarteten Benchmark-Effekte deutlich zutage traten. Dennoch sollte das Problem der Subkulturen auch weiterhin im Auge behalten werden. In diesem Zusammenhang werden auch Kriterien heranzuziehen sein, die Auskunft über Kulturstärke sowie Übereinstimmungsmaße der Befragten geben (konsensuale Validierung; siehe Rousseau, 1990).

Zur vergleichenden Diagnose von Unternehmenskulturen. Die dargestellten Vergleiche zwischen den Unternehmen hatten in erster Linie zum Ziel, die diagnostischen Fähigkeiten des InDEx aufzuzeigen. Es wurde überprüft, ob und welche Unterschiede in den *Excellence-Kulturen* der untersuchten Einheiten bestehen. Zu diesem Zweck wurden die befragten Unternehmen nach ausgewählten Kriterien (Unternehmensgröße, Branche, Vorschlagsverhalten, etc.) einem Vergleich unterzogen; dabei konnten signifikante mittlere bis starke Effekte beobachtet werden. Daraus lässt sich die Schlussfolgerung ziehen, dass der InDEx es erlaubt, spezifische Unternehmenskulturen zu diagnostizieren und voneinander abzugrenzen – was laut Brodbeck und Maier (2001) für die psychometrische Qualität eines Instruments spricht. Der vorliegenden Studie liegt ein komparatives Konzept zugrunde, d.h., es werden unterschiedliche organisatorische Einheiten verglichen. Dieser Ansatz stellt eine wichtige Weiterführung bisheriger Forschungsarbeiten dar, die oftmals als Fallstudien angelegt und daher von begrenzter Aussagekraft sind. Einige der Analysen sollten jedoch in Hinblick auf die geringe Stichprobengröße (auf Unternehmensebene) mit Vorsicht betrachtet werden. Hier wird es in zukünftigen Untersuchungen von Interesse sein, die Ergebnisse auf der Grundlage von größeren und vielschichtigeren Stichproben zu replizieren.

Zentrale Bedeutung von Führungs- und Servicekultur. Das Augenmerk richtet sich hier vor allem auf zwei *Excellence-Kulturen*: Bewegt sich die **Servicekultur** auf einem hohen Niveau, so sehen die Mitarbeiter die Idealform ihres Unternehmens zu einem hohen Grad verwirklicht. Dieses Ergebnis führt zu folgender Frage: Drückt sich der Erfolg eines Unternehmens nicht gerade darin aus, wie zufrieden der Kunde mit dem Produkt ist? Die Servicekultur würde damit – als abschließendes Glied der Wertschöpfungskette – eine Schlüsselfunktion bilden. Im Sinne einer Rückintegration würde sich eine durchgängige Kundenorientierung auf alle vorgelagerten Prozesse positiv auswirken. Eine ähnliche Funktion könnte auch der **Führungskultur** zugedacht werden. Jedwede Veränderung oder Verbesserung wird durch die Führung initiiert, oder umgekehrt, behindert oder blockiert

(Schein, 1985). Dies wird durch einen entsprechenden empirischen Befund gestützt: Die Führungskultur stellt sich als guter Prädiktor für die Anzahl an Verbesserungsvorschlägen heraus, die in einem Unternehmen eingereicht werden. Möglicherweise verkörpert sie also die ‚Impuls-Kultur' des *Center of Excellence*. Da sie zudem stark mit der Innovationskultur korreliert, spielt sie im Innovationsprozess eine zentrale Rolle: vom Verhalten des Vorgesetzten hängt es ab, ob der Mitarbeiter es wagt, Kritik zu üben, ob gute Ideen auch in Projekte münden, ob die notwendigen Ressourcen zur Verfügung gestellt werden, usw. (Nickel/ Krems, 1998). Auf diesen Aspekt verweisen die drei ‚Leit-Items' des ersten Faktors (i.e. der Führungskultur): zum einen ist dies die Fähigkeit, sachlich Kritik zu üben und anzunehmen; zum anderen die Eigenschaft einer Führungskraft, ein Klima der Sicherheit zu schaffen, so dass Fehler gemacht werden dürfen, ohne dass negative Konsequenzen drohen (Thom/ Vonlanth, 1994, S.61):

> *„Zum ersten ist eine Unternehmenskultur zu schaffen, in der nicht das Misstrauen, sondern das Vertrauen vorherrscht. Dazu müssen kreative Unternehmensangehörige bei ihrer Suche nach Verbesserungs- und Erneuerungsmöglichkeiten auf eine hohe Fehlertoleranz ihrer jeweiligen Vorgesetzten zählen dürfen. Zudem sollten die Betriebsmitglieder Vorschläge einreichen können, ohne dass sich die Vorgesetzten dadurch kritisiert oder bedroht fühlen. Dies erfordert ein verändertes Selbstverständnis des Managements."*

Dieses neue Verständnis des Vorgesetzten als „Innovationspromotor" (Thom/ Vonlanth, 1994) ist auch die Voraussetzung für die Dezentralisierung des Ideenmanagements, die derzeit in vielen Firmen vorangetrieben wird. Zusammenfassend ist zu sagen, dass die vorliegenden Ergebnisse von der engen Verzahnung von Führungs- und Innovationszielen zeugen. Dabei spielen kulturelle Faktoren möglicherweise die Rolle des Mediators: Wie Kozlowski (1989) zeigen konnte, wird das Klima positiver wahrgenommen, wenn das Verhältnis zum Vorgesetzten auf Vertrauen, Diskretion und offener Kommunikation beruht. Entscheidend ist hierbei, dass das Top-Management die angestrebten Werte selbst vorlebt und auf allen Ebenen des Unternehmens unterstützt (Frey/ Schmook, 1995; Schein, 1985).

Excellence-Kulturen und Unternehmensziele. Ein weiterer Aspekt verdient in diesem Zusammenhang Beachtung: die Verknüpfung der *Excellence-Kulturen* mit den einzelnen Wachstumsphasen eines Unternehmens. So haben beispielweise Denison und Mishra (1995) festgestellt, dass flexible, lernende Kulturen stärker das *Umsatzwachstum* beeinflussen, während eine Kultur mit starker Zielorientierung sich auf die *Ertragslage* positiv auswirkt. In einem vergleichbaren Ansatz (zum Teamklima) legen Anderson und West (1994) ein Innovationsmodell zugrunde, das jeder der einzelnen Phasen des Innovationsprozesses eine entsprechende Dimension des *Team Climate Inventory* zuordnet. Welche Kultur des *Center of Excellence* hat nun in welcher Periode und unter welchen Bedingungen die größte Wirkung auf den ökonomischen Erfolg? Die Antwort muss lauten: Es sind die durch das Management festgelegten und im Leitbild verankerten Ziele, die die unternehmerischen Entscheidungen leiten – diese Ziele geben Auskunft, welche Kultur(en) höchste Priorität genießen. Nehmen wir an, ein junges Unternehmen der Biotechnologie möchte eine Kulturdiagnose mit dem InDEx durchführen, um entsprechende Handlungsempfehlungen zu erhalten. Für den Geschäftsführer bieten sich grundsätzlich zwei Möglichkeiten: Zunächst könnte er seine Firma mit anderen Unternehmen derselben Branche vergleichen. Dies würde eine breitere Datenbasis voraussetzen, denn eine fundierte Aussage wird nur möglich sein, wenn entsprechende Normierungstabellen entwickelt werden (Anderson/ West, 1994). Nun birgt aber ein solches Vorgehen auch Risiken: So warnen Bögel und Rosenstiel (1999) davor, durch die Konzentration auf Benchmarking-Werte von eigenen Schwächen ablenken zu wollen. Vielmehr gehe es darum, die Ergebnisse auf der Basis eines Soll-/ Ist-Vergleichs kritisch zu hinterfragen, um auf diese Weise Verbesserungspotentiale zu erkennen und zu nutzen. Folglich kann eine Kulturanalyse mithilfe des InDEx auch ohne diese Vergleichsbasis Ausgangspunkt für eine strategische Erneuerung sein: Wählt der Geschäftsführer diese Option, so legt er ein bestimmtes Kulturprofil fest, das aus seinen strategischen Zielen (z.B. Erschließung eines neuen Geschäftsfeldes) abgeleitet ist. Dabei ist zu beachten, dass die Unternehmensführung sich nur auf eine begrenzte Auswahl an (strategischen) Zielen fokussieren kann. Daher kann der Schwerpunkt im einen Falle auf Innovation gesetzt werden (Biotechnologie), im anderen Falle auf Servicequalität (Versicherung). Weicht nun die Bewertung der Mitarbeiter erheblich von dem erwarteten Kulturprofil ab, so entsteht aus dieser Diskrepanz zwischen Soll und Ist entsprechender Handlungsbedarf. Darüberhinaus können die betrieblichen Abläufe auch einer qualitativen Analyse unterzogen werden. In Gesprächen im Team, z.B. mit der jeweiligen Organisationseinheit, wird reflektiert, welche der *Excellence-Kulturen* bislang gut umgesetzt sind, und welche noch verbesserungswürdig wären. Auf der Grundlage einer solchen systematischen Analyse können anschließend Maßnahmen abgeleitet werden.

Zur praktischen Anwendbarkeit des InDEx. Was den Einsatz des InDEx in der Praxis betrifft, so erweist sich das Instrument als effizient einsetzbar, leicht verständlich und vielseitig anzuwenden. In Bezug auf die Evaluation der Daten zeigt sich die Systematik der *Excellence-Kulturen* als sehr geeignet, da sie gegenüber allen Ansprechpartnern leicht ver mittelt und kommuniziert werden kann. Die Akzeptanz des InDEx von Seiten der Befragten spiegelt sich auch in den hohen Rücklaufquoten wider. Diese betragen im Schnitt 65%, was Jöns und Mataja (1998) zufolge auf eine hohe Zustimmung zu Struktur, Inhalten und Fragemodus des Fragebogens hindeutet. Die Ergebnisse der Befragung wurden an alle teilnehmenden Betriebe zurückgespiegelt – die Resonanz war überwiegend positiv. In einigen Fällen kam es zu Anschlussprojekten; auf der Basis der Ergebnisse wurden entsprechende Maßnahmen ausgearbeitet und in den betreffenden Teams umgesetzt. Der InDEx kann somit als Impulsgeber für Veränderungsprozesse dienen. Dies können punktuelle Maßnahmen sein, wie z.B. die Optimierung von innovativen Prozessen im Rahmen des BVW, aber auch Neuerungen, die auf die Organisationsentwicklung als Ganzes Einfluss haben, z.B. die Etablierung einer partizipativen oder mitarbeiterorientierten Führungskultur. Darüberhinaus bietet die Anwendung eines quantitativen Verfahrens für das Management eine Grundlage, um die eigene Leistung mit der anderer Unternehmen zu vergleichen. Dies erlaubt den Beteiligten, die Ergebnisse in messbaren, ökonomischen (Wert-)Begriffen zu vermitteln. Die von der Untersuchung ausgehenden Impulse haben, so die Berichte der BVW-Verantwortlichen, eine wesentlich höhere Wirkung als Anregungen und Vorschläge, die lediglich auf qualitativ-deskriptive Weise vorgetragen werden.

Neben dieser praktischen Relevanz kann der InDEx auch über Forschungsfragen Auskunft geben, die kulturelle Aspekte betrieblichen Handelns und ihre Wirkung auf innovative Prozesse untersuchen.

10 Ausblick

Wie gezeigt werden konnte, besitzt der InDEx gute diagnostische Fähigkeiten, um Unterschiede in den *Excellence-Kulturen* der befragten Unternehmen messen zu können. Angesichts der Stichprobengröße sollten die Ergebnisse jedoch genauer überprüft werden. Stevens (1996) weist darauf hin, dass Extremwerte oder „Ausreißer" („outlier") wertvolle Hinweise für zukünftige Forschungsdesigns liefern können. Im vorliegenden Falle wäre es daher notwendig, eine größere Anzahl an Unternehmen zu befragen; die Stichprobe sollte dabei hinsichtlich Wachstumsphasen sowie Unternehmensgröße und -branche große Varianz bieten. Auf dieser Datenbasis sollten dann Stärken und Schwächen der einzelnen Branchen herausgearbeitet werden, um zu einem Normierungsindex zu gelangen.

Auch eine faktorenanalytische Überprüfung der Skalen sollte an weiteren Stichproben unternommen werden. Ziel muss es sein, das Sechs-Faktoren-Modell so abzusichern, dass es in unterschiedlichen Kontexten für die Diagnose exzellenter Kulturen eingesetzt werden kann.

Wie die Ergebnisse aus dem Unternehmensvergleich zeigen, nimmt die Führungskultur möglicherweise eine leitende Rolle ein, die in dieser Art im Modell *Center of Excellence* nicht verankert ist. Das würde bedeuten, dass die gegebene Modellstruktur – in der alle Kulturen den selben Stellenwert genießen –, von einem hierarchisch aufgebauten Konzept abgelöst werden müsste. Die Führungskultur könnte sich als Impulsgeber herausstellen, der alle anderen Kulturen nachhaltig beeinflusst. In diesem Zusammenhang sollte auch der Frage nach den Interdependenzen der *Excellence-Kulturen* stärkere Aufmerksamkeit geschenkt werden. Inwieweit bedingen beispielsweise Team- und Führungskultur einander? Und woran liegt es, dass unternehmerisches und innovatives Handeln stark positiv korrelieren?

Diese Fragen verweisen auf einen weiteren Untersuchungsaspekt: Wie verhält es sich mit den kausalen Wirkzusammenhängen, die den beobachteten Prozessen zugrunde liegen? Ist z.B. die Fähigkeit, eigenständig und selbstverantwortlich zu entscheiden, die Bedingung oder die Konsequenz einer starken Innovationsorientierung? Um hier eine fundierte Ursachenanalyse betreiben zu können, sind Längsschnittstudien notwendig, die – möglichst in Verbindung mit objektiven Kriterien – die Veränderung der untersuchten Kultur zeigen (Pettigrew, 1979). Ergänzt werden kann dies durch Interventionen, wie z.B. Verbesserungsmaßnahmen, Umstrukturierungen oder Teamentwicklungen.

Um die Wirkung der Unternehmenskultur auf innovative Prozesse klarer herausarbeiten zu können, sind sinnvolle und vergleichbare Kriterien zur Innovationsfähigkeit notwendig (Bollinger/ Greif, 1983). Auf individueller Ebene könnte dies z.B. die Anzahl an Verbesserungsvorschlägen sein, die im Betrieblichen Vorschlagswesen eingereicht wurden. Auch auf Fremdeinschätzungen der Innovationsfähigkeit von Teams durch Mitglieder des Unternehmens (z.B. des BVW- oder Personalverantwortlichen) könnte zurückgegriffen werden. Schwieriger gestaltet sich dies auf Unternehmensebene, da gut messbare Kriterien, wie z.B. die Anzahl an Patenten, in Abhängigkeit von der Branche stark variieren.

Was den theoretischen Ansatz des gewählten Vorgehens anbelangt, muss berücksichtigt werden, dass normative Ansätze stets ein gewisses Risiko in sich bergen. Sie beschreiben eine Realität, bzw. fordern eine Annäherung an eine Realität, die tatsächlich jedoch nie erreicht werden kann. So richtet sich der Fokus des *Center of Excellence* auf Spitzenleistungen – in allen relevanten betrieblichen Handlungsfeldern. In Bezug auf Unternehmensführung und Management beschreibt der verstorbene Alfred Herrhausen, früherer Vorstandsvorsitzender der Deutschen Bank, das darin verborgene Paradoxon mit folgenden Worten: „*Manager, die über all diese Fähigkeiten verfügen, müssen Supermenschen sein.*“ Er sei sich bewusst, dass seine Anforderungen an Führungskräfte eine Art idealtypische Vorstellung aufzeigen: „*Aber sie ist notwendig, damit man weiß, wonach man streben sollte.*“[75]

[75] Aus einem Vortrag, den A. Herrhausen 1972 vor der IHK Stuttgart gehalten hat. Zitiert in Deckstein (2001).

Literatur

(Adamer/ Kaindl, 1994)

Adamer, Manfred M.; Kaindl, Günter: *Erfolgsgeheimnis von Markt- und Weltmarktführern. Eine Analyse der Erfolgsfaktoren von erfolgreichen Unternehmen des deutschsprachigen Raumes*. München (Rainer Hampp) 1994.

(Agrell/ Gustafson, 1994)

Agrell, Anders; Gustafson, Roland: The Team Climate Inventory (TCI) and Group Innovation: A Psychometric Test on a Swedish Sample of Work Groups. In: *Journal of Occupational and Organizational Psychology*, Jg. 1994, H. 67, S. 143 – 151.

(Aiken/ Bacharach/ French, 1980)

Aiken, Michael; Bacharach, Samuel B.; French, J. Lawrence: Organizational Structure, Work Process, and Proposal Making in Administrative Bureaucracies. In: *Academy of Management Journal*, 23. Jg. (1980), H. 4, S. 631 – 652.

(Allaire/ Firsirotu, 1984)

Allaire, Y.; Firsirotu, M. E.: Theories of Organizational Culture. In: *Organization Studies*, Jg. 1984, S. 193 – 226.

(Allen/ Dyer, 1980)

Allen, R. F.; Dyer, F. J.: A Tool for Tapping the Organizational Unconscious. In: *Personnel Journal*, Jg. 1980, S. 192 – 199.

(Amabile, 1988)

Amabile, Teresa M.: A Model of Creativity and Innovation in Organizations. In: *Research in Organizational Behavior*, 10. Jg. (1988), S. 123 – 167.

(Anderson/ West, 1994)

Anderson, N. R.; West, M. A.: *The Team Climate Inventory. Manual and User's Guide*. Windsor, UK (NFER-Nelson) 1994.

(Anderson / West, 1998)

Anderson, Neil R.; West, Michael A.: Measuring Climate for Work Group Innovation: Development and Validation of the Team Climate Inventory. In: *Journal of Organizational Behavior*, 19. Jg. (1998), S. 235 – 258.

(Anderson/ Rungtusanatham/ Schroeder, 1994)

Anderson, J. C.; Rungtusanatham, M.; Schroeder, R. G.: A Theory of Quality Management Underlying the Deming Management Method.
In: *Academy of Management Review*, Jg. 1994, H. 19, S. 472 – 509.

(Apitz et al,1989)

Apitz, Klaas; Gäbler, Wolfgang; Holz, Bodo F.; Poth, Ludwig, G.; Wieczorek, Bernd J.: *Erfolgsfaktoren von Marktführern*. Landsberg/Lech (Verlag Moderne Industrie) 1989.

(Arad/ Hanson/ Schneider, 1997)

Arad, Sharon; Hanson, Mary Ann; Schneider, Robert J.: A Framework for the Study of Relationships Between Organizational Characteristics and Organizational Innovation.
In: *Journal of Creative Behavior*, 31. Jg. (1997), H. 1, S. 42 – 59.

(Arbuckle, 1997)

Arbuckle, J. L.: *Amos Users' Guide: Version 3.6*. Chicago (Small Waters) 1997.

(Argyris/ Schön, 1978)

Argyris, C., Schön, D. A.: *Organizational Learning: A Theory of Action Perspective*. Reading, Mass (Addison-Wesley) 1978.

(Atkinson, 1964)

Atkinson, J. W.: *Motives in Fantasy, Action and Society*. Princeton (Van-Nostrand) 1964.

(Bainbridge/ Quintanilla, 1989)

Bainbridge, Lisanne; Quintanilla, Antonio Ruiz (Hrsg.): *Developing Skills with Information Technology*. (John Wiley) 1989.

(Barlett, 1950)

Barlett, M. S.: Tests of Significance in Factor Analysis.
In: *British Journal of Psychology*, Jg. 1950, H. 3, S. 77 – 85.

(Barlett, 1951)

Barlett, M. S.: A Further Note on Tests of Significance in Factor Analysis.
In: *British Journal of Psychology*, Jg. 1951, H. 4, S. 1 – 2.

(Barley/ Meyer/ Gash, 1988)

Barley, S.; Meyer, G. W.; Gash, D.: Cultures of Culture: Academics, Practitioners, and the Pragmatics of Normative Control.
In: *Administrative Science Quarterly*, Jg. 1988, H. 33, S. 24 – 60.

(Bass, 1999)

Bass, Bernard M.: Two Decades of Research and Development in Transformational Leadership. In: *European Journal of Work and Organizational Psychology*, 8. Jg. (1999), H. 1, S. 9 – 32.

(Bass/ Avolio, 1993)

Bass, B. M.; Avolio, B. J.: *Transformational Leadership: A Response to Critiques*. Aus: Chemers, M. M.; Ayman, R. (Hrsg.): *Leadership Theory and Research: Perspectives and Directions*. San Diego (Academic Press) 1993. S. 49 – 80.

(Berger/ Luckmann, 1966)

Berger, P.; Luckmann, T.: *The Social Construction of Reality*. New York (Penguin) 1966.

(Bitzer/ Nieder/ Poppe, 1989)

Bitzer, Bernd; Nieder, Peter; Poppe, Peter: Innerbetriebliche Innovationshemmnisse. Ausgewählte Ergebnisse einer empirischen Untersuchung. In: *Personal – Mensch und Arbeit*, Jg. 1989, H. 9, S. 382 – 387.

(Bleicher, 1986)

Bleicher, Knut: Strukturen und Kulturen der Organisation im Umbruch. Herausforderungen für den Organisator. In: *Führung und Organisation*, Jg. 1986, H. 2, S. 97 – 108.

(Bögel/ Rosenstiel, 1999)

Bögel, Rudolf; Rosenstiel, Lutz von: *Mitarbeiterbefragung im öffentlichen Dienst des Freistaates Bayern*. München 1999.

(Böhme, 1994)

Böhme, O.: Wertschöpfung durch Ideen-Management – Helle Köpfe sind (wieder) gefragt. In: *Zeitschrift für Vorschlagswesen*, Jg. 1994, H. 4, S. 175 – 181.

(Bollen/ Long, 1993)

Bollen, K. A.; Long, J. S. (Hrsg.): *Testing Structural Equation Models*. Newbury Park (Sage) 1993.

(Bollinger/ Greif, 1983)

Bollinger, Günter; Greif, Siegfried: *Innovationsprozesse. Fördernde und hemmende Einflüsse auf kreatives Verhalten*. Aus: Irle, Martin (Hrsg.): *Marktpsychologie. 2. Halbband: Methoden und Anwendungen in der Marktpsychologie. Handbuch der Psychologie, Band 12*. Goettingen (Hogrefe) 1983, S. 396 – 481.

(Booth et al., 1976)

Booth, Richard F.; Norton, Richard S.; Webster, Evelyn G. et al.: Assessing the Psychosocial Characteristics of Occupational Training Environments. In: *Journal of Occupational Psychology*, 49. Jg. (1976), H. 2, S. 85 – 92.

(Brandstätter, 1997)

Brandstätter, Hermann: Becoming an Entrepreneur – a Question of Personality Structure? In: *Journal of Economic Psychology*, 18. Jg. (1997), S. 157 – 177.

(Brodbeck, 1996)

Brodbeck, Felix: *Criteria for the Study of Work Group Functioning*. Aus: West, M.A. (Hrsg.): *Handbook of Work Group Psychology*. Chichester (John Wiley & Sons) 1996, S. 285 – 315.

(Brodbeck/ Maier, 2001)

Brodbeck, Felix C.; Maier, Günter W.: Das Teamklima-Inventar (TKI) für Innovation in Gruppen: Psychometrische Überprüfung an einer deutschen Stichprobe. In: *Zeitschrift für Arbeits- u. Organisationspsychologie*, 45. Jg. (2001), S. 59 – 73.

(Brosius, 1998)

Brosius, Felix: *SPSS 8.0. Professionelle Statistik unter Windows*. Bonn (MITP-Verlag) 1998.

(Brown et al., 1986)

Brown, Rupert; Condor, Susan; Mathews, Audrey; Wade, Gillian; Williams, Jennifer: Explaining Intergroup Differentiation in an Industrial Organization. In: *Journal of Occupational Psychology*, 59. Jg. (1986), S. 273 – 286.

(Browne/ Cudeck, 1993)

Browne, M. W.; Cudeck, R.: *Alternative Ways of Assessing Model Fit*. Aus: Bollen, K. A.; Long, J. S. (Hrsg.): *Testing Structural Equation Models*. Newbury Park (Sage) 1993, S. 136 – 162.

(Bullinger, 1991)

Bullinger H.-J. (Hrsg.): *Human Aspects in Computing: Design and Use of Interactive Systems and Work with Terminals*. (Elsevier Science Publishers) 1991.

(Bullinger, 1996)

Bullinger, H.-J. (Hrsg.): *Lernende Organisationen*. Stuttgart 1996.

(Burke, 1978)

Burke, W. W. (Hrsg.): *The Cutting Edge: Current Theory and Practice in Organization Development*. San Diego (University Associates) 1978.

(Burningham/ West, 1995)

Burningham, Caroline; West, Michael A.: Individual, Climate, and Group Interaction Processes as Predictors of Work Team Innovation.
In: *Small Group Research*, 26. Jg. (1995), H. 1, S. 106 – 117.

(Burns/ Stalker, 1961)

Burns, T.; Stalker, G. M.: *Mechanistische und organische Systeme des Management*. Aus: Mayntz, R. (Hrsg.): *Bürokratische Organisation*. Köln, 2. Aufl. 1971.

(Burnside/ Amabile/ Gryskiewicz, 1988)

Burnside, Robert M.; Amabile, Teresa M.; Gryskiewicz, Stanley S.: *Assessing Organizational Climates for Creativity and Innovation. Methodological Review of Large Company Audits*. Aus: Ijiri, Yuji; Kuhn, Robert Lawrence (Hrsg.): *New Directions in Creative and Innovative Management. Bridging Theory and Practice*.
Cambridge, MA (Ballinger Publishing Company) 1988, S. 169 – 185.

(Burpitt/ Bigoness, 1997)

Burpitt, William J.; Bigoness, William J.: Leadership and Innovation Among Teams: The Impact of Empowerment.
In: *Small Group Research*, 28. Jg. (1997), H. 3, S. 414 – 423.

(Busby, 1999)

Busby, J. S.: The Effectiveness of Collective Retrospection as a Mechanism of Organizational Learning.
In: *The Journal of Applied Behavioral Science*, 35. Jg. (1999), H. 1, S. 109 – 129.

(Buzzell/ Gale, 1987)

Buzzell, R.; Gale, B.: *The PIMS Principles*. New York (Free Press) 1987.

(Calori/ Sarnin, 1991)

Calori, Roland; Sarnin, Philippe: Corporate Culture and Economic Performance: A French Study. In: *Organization Studies*, 12. Jg. (1991), H. 1, S. 49 – 74.

(Cameron, 1978)

Cameron, Kim: Measuring Organizational Effectiveness in Institutions of Higher Education. In: *Administrative Science Quarterly*, 23. Jg. (1978), S. 604 – 634.

(Cameron/ Freeman, 1991)

Cameron, Kim S.; Freeman, Sarah J.: Cultural Congruence, Strength, and Type: Relationships to Effectiveness. In: *Research in Organizational Change and Development*, 5. Jg. (1991), S. 23 – 58.

(Cascio, 1991)

Cascio, Wayne F.: *Costing Human Resources. The Financial Impact of Behavior in Organizations*. Boston 1991.

(Cattell, 1966)

Cattell, R. B.: The Scree Test for the Number of Factors. In: *Multivariate Behavioral Research*, Jg. 1966, H. 1, S. 245 – 276.

(Cattell, 1978)

Cattell, R. B.: *The Scientific Use of Factor Analysis in Behavioral and Life Sciences.* New York (Plenum) 1978.

(Chell, 2000)

Chell, Elizabeth: Towards Researching the "Opportunistic Entrepreneur": A Social Constructionist Approach and Research Agenda. In: *European Journal of Work and Organizational Psychology*, 9. Jg. (2000), H. 1, S. 63 – 80.

(Chemers/ Ayman, 1993)

Chemers, M. M.; Ayman, R. (Hrsg.): *Leadership Theory and Research: Perspectives and Directions*. San Diego (Academic Press) 1993.

(Chou/ Bentler, 1995)

Chou, C. P.; Bentler, P. M.: *Estimates and Tests in Structural Equation Modeling.* Aus: Hoyle, R. H. (Hrsg.): *Structural Equation Modeling. Concepts, Issues and Applications*. London (Sage) 1995, S. 37 – 55.

(Chow, 1988)

Chow, Siu L.: Significance Test or Effect Size? In: *Psychological Bulletin*, 103. Jg. (1988), H. 1, S. 105 – 110.

(Church, 1995)

Church, Allan H.: Managerial Behaviors and Work Group Climate as Predictors of Employee Outcomes. In: *Human Resource Development Quarterly*, 6. Jg. (1995), H. 2, S. 173 – 205.

(Church, 1997)

Church, Allan H.: Managerial Self-Awareness in High-Performing Individuals in Organizations. In: *Journal of Applied Psychology*, 82. Jg. (1997), H. 2, S. 281 – 292.

(Cohen, 1988)

Cohen, J.: *Statistical Power Analysis for the Behavioral Sciences.* New York (Erlbaum), 2. Aufl. 1988 (1. Aufl. 1977).

(Cohen, 1992)

Cohen, J.: A Power Primer. In: *Psychological Bulletin*, 1992, H. 112, S. 155 – 159.

(Conzelmann/ Gabler/ Schlicht, 1996)

Conzelmann, A.; Gabler, H.; Schlicht, W. (Hrsg.): *Soziale Interaktionen und Gruppen im Sport*. Köln (bps-Verlag) 1996.

(Cooke/ Lafferty, 1989)

Cooke, R. A.; Lafferty, J. C.: *Organizational Culture Inventory*. Plymouth 1989.

(Cooke/ Rousseau, 1988)

Cooke, Robert A.; Rousseau, Denise M.: Behavioral Norms and Expectations: A Quantitative Approach to the Assessment of Organizational Culture. In: *Group & Organization Studies*, 13. Jg. (1988), H. 3, S. 245 – 273.

(Cooper/ Robertson, 1988)

Cooper, C. L.; Robertson, I. (Hrsg.): *International Review of Industrial and Organizational Psychology. Band 3*. New York (Wiley) 1988.

(Cooper/ Robertson, 2000)

Cooper, C. L.; Robertson, I. T. (Hrsg.): *International Review of Industrial and Organizational Psychology. Band 15*. Chichester (Wiley) 2000.

(Cosier/ Schwenk, 1990)

Cosier, R. A.; Schwenk, C. R.: Agreement and Thinking alike: Ingredients for Poor Decisions. In: *Academy of Management Executive*, Jg. 1990, H. 4, S. 69 – 74.

(Covin/ Slevin, 1991)

Covin, J. G.; Slevin, D. P: The Strategic Management of Small Firms in Hostile and Benign Environments. In: *Strategic Management Journal*, Jg. 1991, H. 10, S. 75 – 87.

(Cummings, 1981)

Cummings, T. G.: *Designing Effective Work Groups*. Aus: Nystrom, P. C.; Starbuck, W. H. (Hrsg.): *Handbook of Organizational Design, Vol. 2*. New York 1981, S. 250 – 271.

(Deal/ Kennedy, 1982)

Deal, T. E.; Kennedy, A. A.: *Corporate Cultures: The Rites and Rituals of Corporate Life*. Reading, Mass. (Addison-Wesley) 1982 (aktuelle Aufl. 2000).

(Deci/ Ryan, 1985)

Deci, E. L.; Ryan, R. M.: *Intrinsic Motivation and Self-Determination in Human Behavior*. New York (Plenum Press) 1985.

(Deci/ Ryan, 1987)

Deci, E. L.; Ryan, R. M.: The Support of Autonomy and the Control of Behavior. In: *Journal of Personality and Social Psychology*, 1987, H. 53, S. S. 1024 – 1037.

(Deci/ Ryan, 1993)

Deci, E. L.; Ryan, R. M.: Die Selbstbestimmungstheorie der Motivation und ihre Bedeutung für die Pädagogik. In: *Zeitschrift für Pädagogik*, Jg. 1993, H. 39, S. 223 – 238.

(Deckstein, 2001)

Deckstein, Dagmar: Alter Wein und neue Schläuche. In: *Süddeutsche Zeitung*, 3.9.2001

(Denison, 1984)

Denison, Daniel R.: Bringing Corporate Culture to the Bottom Line. In: *Organizational Dynamics*, 13. Jg. (1984), H. 2, S. 4 – 22.

(Denison, 1990)

Denison; Daniel R.: *Corporate Culture and Organizational Effectiveness*. New York (John Wiley & Sons) 1990.

(Denison, 1996)

Denison, Daniel R.: What is the Difference Between Organizational Culture and Organizational Climate? A Native's Point of View on a Decade of Paradigm Wars. In: *Academy of Management Review*, 21. Jg. (1996), H. 3, S. 619 – 654.

(Denison/ Mishra, 1995)

Denison, Daniel R.; Mishra, Aneil K.: Toward a Theory of Organizational Culture and Effectiveness. In: *Organization Science*, 6. Jg. (1995), H. 2, S. 204 – 223.

(Denison/ Spreitzer, 1991)

Denison, Daniel R.; Spreitzer, Gretchen M.: Organizational Culture and Organizational Development: A Competing Values Approach. In: *Research in Organizational Change and Development*, 5. Jg. (1991), S. 1 – 21.

(Deregowski/ Dziurawiec/ Annis, 1983)

Deregowski, J. B.; Dziurawiec, S.; Annis, R. C. (Hrsg.): *Expiscations in Cross-Cultural Psychology*. Lisse, Niederlande (Swets and Zeitlinger) 1983.

(Deutsch/ Krauss, 1960)

Deutsch, M.; Krauss, R. M.: The Effects of Threat upon Interpersonal Bargaining. In: *Journal of Abnormal and Social Psychology*, Jg. 1960, H. 61, S. 181 – 189.

(Deutsch/ Krauss, 1962)

Deutsch, M.; Krauss, R. M.: Studies of Interpersonal Bargaining. In: *Journal of Abnormal and Social Psychology*, Jg. 1962, H. 6, S. 52 – 76.

(DIB, 1993)

Deutsches Institut für Betriebswirtschaft (Hrsg.): *Führungsinstrument Vorschlagswesen. Aufbau, Funktion, Wirtschaftlichkeit*. Berlin, 3. neubearb. und erw. Aufl. 1993.

(DIB, 1999)

Deutsches Institut für Betriebswirtschaft: Umfrageergebnisse des Deutschen Instituts für Betriebswirtschaft (dib) zum Thema "Motivation, Anerkennung und Geld". In: *Zeitschrift für Vorschlagswesen*, Jg. 1999, H. 3, S. 125 – 128.

(Dienstbier, 1991)

Dienstbier, K. (Hrsg.): *The Nebraska Symposium on Motivation.* Lincoln, NE (University of Nebraska Press) 1991.

(Dierkes/ Rosenstiel/ Steger, 1993)

Dierkes, Meinolf; Rosenstiel, Lutz von; Steger, Ulrich (Hrsg.): *Unternehmenskultur in Theorie und Praxis. Konzepte aus Ökonomie, Psychologie und Ethnologie.* Frankfurt/M. (Campus Verlag) 1993.

(Dies/ MacKenzie, 1983)

Dies, R. R.; MacKenzie, K. R. (Hrsg.): *Advances in Group Psychotherapy – Integrating Research and Practice.* New York (International Universities Press) 1983.

(Dörner, 1976)

Dörner, D.: *Problemlösen als Informationsverarbeitung.* Stuttgart (Kohlhammer) 1. Aufl. 1976 (2. Aufl. 1979).

(Dörner, 1989)

Dörner, D.: Die Logik des Mißlingens: *Strategisches Denken in komplexen Situationen.* Reinbek (rororo) 1989.

(Dörner, 1994)

Dörner, D.: *Vom Umgang mit einer komplexen Welt.* Aus: Rösler, F.; Florin, I. (Hrsg.): *Psychologie und Gesellschaft.* Stuttgart (Hirzel) 1994, S. 27 – 43.

(Dülfer, 1991)

Dülfer, Eberhard (Hrsg.): *Organisationskultur. Phänomen – Philosophie – Technologie.* Stuttgart (Poeschel Verlag) 1991.

(Dweck, 1991)

Dweck, C.: *Self Theories and Goals: Their Role in Motivation, Personality, and Development.* Aus: Dienstbier, K. (Hrsg.): *The Nebraska Symposium on Motivation.* Lincoln, NE (University of Nebraska Press) 1991.

(Ehrenberg, 1975)

Ehrenberg, A. S. C. (Hrsg.): *Data Reduction – Analysing and Interpreting Statistical Data.* (John Wiley & Sons) 1975.

(Eisenhardt/ Kahwajy/ Bourgeois, 1997)

Eisenhardt, K.M.; Kahwajy, J.L.; Bourgeois III, L.J.: How Management Teams Can Have a Good Fight. In: *Harvard Business Review*, 7. Jg. (1997),

(Ekvall, 1991)

Ekvall, G.: *The Organizational Culture of Idea-Management: A Creative Climate for the Management of Ideas.* In: Henry, J.; Walker, D. (Hrsg.): *Managing Innovation.* London (Sage) 1991. S. 73 – 79.

(Ellinghaus et al., 1981)

Ellinghaus, R.; Groeneveld, H. B.; Baumann, U. et al.: Analyse und Validierung eines Fragebogens zum "Stationsklima". In: *Zeitschrift für Klinische Psychologie*, 10. Jg. (1981), H. 4, S. 241 – 264.

(Enz, 1986)

Enz, C.: *Power and Shared Values in the Corporate Culture*. Ann Arbor 1986.

(Enz, 1988)

Enz, C.: The Role of Value Congruity in Intraorganizational Power.
In: *Administrative Science Quarterly*, Jg. 1988, H. 33, S. 284 – 304.

(Epstein/ Harackiewicz, 1992)

Epstein, J. A.; Harackiewicz, J. M.: Winning is Not Enough: the Effects of Competition and Achievement Orientation on Intrinsic Interests.
In: *Personality and Social Psychology Bulletin*, 18. Jg. (1992), H. 2, S. 128 – 138.

(Fabrigar et al., 1999)

Fabrigar, Leandre R.; Wegener, Duane T.; MacCallum, Robert C.; Strahan, Eric J.: Evaluating the Use of Exploratory Factor Analysis in Psychological Research.
In: *Psychological Methods*, 4. Jg. (1999), H. 3, S. 272 – 299.

(Feldman, 1988)

Feldman, S. P.: How Organizational Culture Can Affect Innovation.
In: *Organizational Dynamics*, Jg. 1988, H. 17, S. 57 – 68.

(Fenton-O'Creevy, 1998)

Fenton-O'Creevy, Mark: Employee Involvement and the Middle Manager: Evidence from a Survey of Organizations.
In: *Journal of Organizational Behavior*, 19. Jg. (1998), S. 67 – 84.

(Fisher, 1997)

Fisher, Caroline-Jean: *Corporate Culture and Perceived Business Performance: A Study of the Relationship Between the Culture of an Organization and Perceptions of its Financial and Qualitative Performance*. Dissertation. 1997.

(Ford/ Gioia, 1995)

Ford, Cameron M.; Gioia, Dennis A. (Hrsg.): *Creative Action in Organizations. Ivory Tower Visions and Real World Voices*. Thousand Oaks (Sage Publications, Inc.) 1995.

(Frese, 1991)

Frese, Michael: *Error Management or Error Prevention: Two Strategies to Deal with Errors in Software Design*. Aus: Bullinger H.-J. (Hrsg.): *Human Aspects in Computing: Design and Use of Interactive Systems and Work with Terminals*.
(Elsevier Science Publishers) 1991, S. 776 – 782.

(Frese, 1995a)

Frese, Michael: *Error Manangement in Training: Conceptual and Empirical Results.* Aus: Zucchermaglio, C.; Bagnara, S.; Stucky, S. U. (Hrsg.): *Organizational Learning and Technological Change, Series F: Computer and Systems Science.* Berlin (Springer Verlag) 1995, S. 112 – 124.

(Frese, 1995b)

Frese, Michael: *Error Management: An Alternative Concept to Error Prevention in Organizations and in Technical System Design.* Beiträge zur MIT Conference (unveröffentliches Manuskript) 1995.

(Frese/ Altmann, 1989)

Frese, Michael; Altmann, Alexandra: *The Treatment of Errors in Learning and Training.* Aus: Bainbridge, Lisanne; Quintanilla, Antonio Ruiz (Hrsg.): *Developing Skills with Information Technology.* (John Wiley) 1989, S. 65 – 86.

(Frese/ Teng/ Wijnen, 1999)

Frese, Michael; Teng, Eric; Wijnen, Cees J. D.: Helping to Improve Suggestion Systems: Predictors of Making Suggestions in Companies. In: *Journal of Organizational Behavior*, 20. Jg. (1999), H. 7, S. 1139 – 1155.

(Frese/ Chell/ Klandt, 2000)

Frese, Michael; Chell, Elizabeth; Klandt, Heinz: Psychological Approaches to Entrepreneurship: Introduction. In: *European Journal of Work and Organizational Psychology*, 9. Jg. (2000), H. 1, S. 3 – 6.

(Frey, 1996a)

Frey, D.: Führen durch Fragen. Antiquierte Strukturen in deutschen Betrieben behindern Phantasie und Innovation. In: *Süddeutsche Zeitung*, 6.4.1996.

(Frey, 1996b)

Frey, D.: *Notwendige Bedingungen für dauerhafte Spitzenleistungen in der Wirtschaft und im Sport: Parallelen zwischen Mannschaftssport und kommerziellen Unternehmen.* Aus: Conzelmann, A.; Gabler, H.; Schlicht, W. (Hrsg.): *Soziale Interaktionen und Gruppen im Sport.* Köln (bps-Verlag) 1996, S. 3 – 28.

(Frey, 1998)

Frey, Dieter: *Center of Excellence – Weg zu Spitzenleistungen.* Aus: Weber, Peter W. (Hrsg.): *Leistungsorientiertes Management. Leistungen steigern statt Kosten senken.* Frankfurt/M. (Campus Verlag) 1998, S. 199 – 291.

(Frey/ Irle, 1985)

Frey, D.; Irle, M. (Hrsg.): *Theorien der Sozialpsychologie. Band III: Motivations- und Informationsverarbeitungstheorien.* Bern (Huber) 1985.

(Frey et al., 1993)

Frey, D.; Dauenheimer, D.; Parge, O.; Haisch, J.: *Die Theorie sozialer Vergleichsprozesse.* Aus: Frey, Dieter; Irle, Martin (Hrsg.): *Theorien der Sozialpsychologie. Band I: Kognitive Theorien.* Bern (Hans Huber) 2. vollst. überarb. u. erw. Aufl. 1993, S. 81 – 121.

(Frey/ Irle, 1993)

Frey, Dieter; Irle, Martin (Hrsg.): *Theorien der Sozialpsychologie. Band I: Kognitive Theorien.* Bern (Hans Huber) 2. vollst. überarb. u. erw. Aufl. 1993.

(Frey/ Brandstätter/ Schuster, 1994)

Frey, D.; Brandstätter, V.; Schuster, B.: *Das ökonomische Modell aus psychologischer Sicht.* Aus: Smekal, C.; Thearl, E. (Hrsg.): *Stand und Entwicklung der Finanzpolitik.* Baden-Baden (Nomos Verlagsgesellschaft) 1994, S. 65 – 106.

(Frey/ Greif, 1994)

Frey, Dieter; Greif, Siegfried (Hrsg.): *Sozialpsychologie. Ein Handbuch in Schlüsselbegriffen.* Weinheim (Beltz Psychologie Verlags-Union) 1994.

(Frey/ Kleinmann/ Barth, 1995)

Frey, D.; Kleinmann, M.; Barth, S.: *Intrapreneuring und Führung.* Aus: Kieser, A.; Reber, G.; Wunderer, R. (Hrsg.): *Handwörterbuch der Führung. Enzyklopädie der Betriebswirtschaftslehre: Band 10.* Stuttgart (C.E. Poeschel Verlag) 1987, S. 1272 – 1284.

(Frey/ Schmook, 1995)

Frey, Dieter; Schmook, Renate: Zukünftiges Ideenmanagement. Strategien zur Optimierung und Aktivierung des betrieblichen Vorschlagswesens In: *Personalführung*, Jg. 1995, H. 2, S. 116 – 125.

(Frey/ Fischer/ Winzer, 1996)

Frey, Dieter; Fischer, Robert; Winzer, Olaf: *Mitdenken lohnt sich – für alle! Ideenmanagement durch Vorschlagswesen in Wirtschaft und Verwaltung.* München 1996.

(Frey/ Irle, 1997)

Frey, Dieter; Irle, Martin (Hrsg.): *Theorien der Sozialpsychologie. Band II: Gruppen- und Lerntheorien.* Bern (Hans Huber) 1997.

(Frey/ Schulz-Hardt, 2000)

Frey, Dieter; Schulz-Hardt, Stefan (Hrsg.): *Vom Vorschlagswesen zum Ideenmanagement. Zum Problem der Änderungen von Mentalitäten, Verhalten und Strukturen.* Göttingen (Hogrefe) 2000.

(Frey/ Schulz-Hardt/ Stahlberg, 1996)

Frey, D.; Schulz-Hardt, S.; Stahlberg, D.: *Information Seeking among Individuals and Groups and Possible Consequences for Decision Making in Business and Politics.* Aus: Witte, E. H.; Davis, J. H. (Hrsg.): *Understanding Group Behavior. Vol. 2: Small Group Processes and Interpersonal Relations.* Mahwah, NJ (Erlbaum) 1996, S. 211 – 225.

(Gabler Wirtschafts-Lexikon, 1988)

Gabler Wirtschafts-Lexikon. Wiesbaden (Gabler Verlag) 1956 (12. vollst. neu bearb. und erw. Auflage 1988).

(Galbraith, 1982)

Galbraith, J.: Designing the Innovating Organization. In: *Organizational Dynamics*, Jg. 1982, H. 10, S. 5 – 25.

(Gelderen, 2000)

Gelderen, Marco van: Enterprising Behavior of Ordinary People. In: *European Journal of Work and Organizational Psychology*, 9. Jg. (2000), H. 1, S. 81 – 88.

(Gerbing/ Anderson, 1993)

Gerbing, D. W.; Anderson, J. C.: *Monte Carlo Evaluations of Goodness-of-fit for Structural Equation Models.* Aus: Bollen, K. A.; Long, J. S. (Hrsg.): *Testing Structural Equation Models.* Newbury Park (Sage) 1993, S. 40 – 65.

(Glaser, 1983)

Glaser, R.: *The Corporate Culture Survey.* (Bryn Mawr) 1983.

(Gordon, 1985)

Gordon, George G.: *The Relationship of Corporate Culture to Industry Sector and Corporate Performance.* Aus: Kilman, Ralph H.; Saxton, Mary J.; Serpa, Roy (Hrsg.): *Gaining Control of the Corporate Culture.* San Francisco (Jossey-Bass Inc.) 1985 (2. Auflage 1986), S. 103 – 125.

(Gordon/ DiTomaso, 1992)

Gordon, George G.; DiTomaso, Nancy: Predicting Corporate Performance from Organizational Culture.
In: *Journal of Management Studies*, 29. Jg. (1992), S. 783 – 798.

(Greiner, 1998)

Greiner, L.: Evolution and Revolution as Organizations grow.
In: *Harvard Business Review*, Jg. 1998, H. May-June, S. 55 – 67.

(Günther, 1994)

Günther, U.: *Gehorsam bei Elektroschocks: Die Experiment von Milgram*. Aus: Frey, Dieter; Greif, Siegfried (Hrsg.): *Sozialpsychologie. Ein Handbuch in Schlüsselbegriffen*. Weinheim (Beltz Psychologie Verlags-Union) 1994, S. 445 – 452.

(Hage, 1988)

Hage, J. (Hrsg.): *Futures of organizations*. Lexington, MA (Lexington Books) 1988.

(Hammer/ Bögel, 2000)

Hammer, Martin; Bögel, Rudolf: „Mein Traum sind 464 000 kleine Unternehmer." – Interview mit dem Leiter der Siemens-Zentralstelle E-Business, Albert Goller.
In: *Süddeutsche Zeitung*, 25./26.8.2001.

(Handy, 1978)

Handy, Charles: *Gods of Management. The Changing Work of Organizations*.
Oxford (Oxford University Press) 1978 (4. Aufl. 1995).

(Hansen/ Wernerfelt, 1989)

Hansen, Gary S.; Wernerfelt, Birger: Determinants of Firm Performance: The Relative Importance of Economic and Organizational Factors.
In: *Strategic Management Journal*, 10. Jg. (1989), S. 399 – 411.

(Harris/ Mossholder, 1996)

Harris, Stanley G.; Mossholder, Kevin W.: The Affective Implications of Perceived Congruence with Culture Dimensions during Organizational Transformation.
In: *Journal of Management*, 22. Jg. (1996), H. 4, S. 527 – 547.

(Heinen/ Fank, 1997)

Heinen, Edmund; Fank, Matthias: *Unternehmenskultur. Perspektiven für Wissenschaft und Praxis*. München (R. Oldenbourg Verlag) 2. bearb. u. erw. Aufl. 1997.

(Heller/ Hany, 1994)

Heller, Kurt A.; Hany, Ernst A. (Hrsg.): *Competence and Responsibility. The Third European Conference of the European Council for High Ability, Munich (Germany), October 11-14, 1992. Volume 2: Proceedings of the Conference.* Goettingen (Hogrefe & Huber) 1994.

(Hellriegel/ Slocum, 1974)

Hellriegel, D.; Slocum, J. W. Jr.: Organizational climate: Measures, research and contingencies. In: *Academy of Management Journal*, 17. Jg. (1974), H. 2, S. 255 – 280.

(Hendrickson/ White, 1964)

Hendrickson, A. E.; White, P. O.: Promax: A Quick Method for Rotation to Oblique Simple Structure. In: *British Journal of Statistical Psychology*, Jg. 1964, H. 17, S. 65 – 70.

(Henry/ Walker, 1991)

Henry, J.; Walker, D. (Hrsg.): *Managing Innovation.* London (Sage) 1991.

(Hickman, 1998)

Hickman, Gill Robinson (Hrsg.): *Leading Organizations. Perspectives for a New Era.* Thousand Oaks (Sage Publications) 1998.

(Hisrich, 2000)

Hisrich, Robert D.: Can Psychological Approaches Be Used Effectively: An Overview. In: *European Journal of Work and Organizational Psychology*, 9. Jg. (2000), H. 1, S. 93 – 96.

(Hofstede, 1983a)

Hofstede, Geert: *Dimensions of National Cultures in Fifty Countries and Three Regions.* Aus: Deregowski, J. B.; Dziurawiec, S.; Annis, R. C. (Hrsg.): *Expiscations in Cross-Cultural Psychology.* Lisse (Swets and Zeitlinger) 1983, S. 335 – 355.

(Hofstede, 1983b)

Hofstede, Geert: National Cultures in Four Dimensions. In: *International Studies of Management and Organization*, Jg. 1983, H. 13, S. 46 – 74.

(Hofstede, 1993)

Hofstede, Geert: Cultural Constraints in Management Theories. In: *The Executive*, 7. Jg. (1993), H. 1, S. 81 – 94.

(Hofstede, 1996)

Hofstede, Geert: An American in Paris: The Influece of Nationality on Organization Theories. In: *Organization Studies*, 17. Jg. (1996), H. 3, S. 525 – 537.

(Hofstede et al., 1990)

Hofstede, Geert; Neuijen, Bram; Ohayv, Denise Daval; Sanders, Geert: Measuring Organizational Cultures: A Qualitative and Quantitative Study across Twenty Cases. In: *Administrative Science Quarterly*, 35. Jg. (1990), S. 286 – 316.

(Hogan/ Overmyer-Day, 1994)

Hogan, Eileen A.; Overmyer-Day, Leslie: The Psychology of Mergers and Acquisitions. In: *International Review of Industrial and Organizational Psychology*, 9. Jg. (1994), S. 247 – 281.

(Horn, 1965)

Horn, J. L.: A Rationale and Test for the Number of Factors in Factor Analysis. In: *Psychometrika*, Jg. 1965, H. 30, S. 179 – 185.

(Hosking/ Anderson, 1992)

Hosking, D. M.; Anderson, N. R.: *Organizational Change and Innovation: Psychological Perspectives and Practices in Europe*. London, 1992.

(Hoyle, 1995)

Hoyle, R. H. (Hrsg.): *Structural Equation Modeling. Concepts, Issues and Applications*. London (Sage) 1995.

(Hoyos/ Frey, 1999)

Hoyos, Carl; Frey, Dieter (Hrsg.): *Arbeits- und Organisationspsychologie. Ein Lehrbuch*. Weinheim (Psychologie Verlags-Union) 1999.

(Hrebiniak/ Joyce, 1985)

Hrebiniak, L. G.; Joyce, W. F.: Organizational Adaptation: Strategic Choice and Environment Determinism. In: *Administrative Science Quarterly*, Jg. 1985, H. 30, S. 336 – 349.

(Hu/ Bentler, 1998)

Hu, Li-tze; Bentler, Peter M.: Fit Indices in Covariance Structure Modeling: Sensitivity to Underparameterized Model Misspecification. In: *Psychological Methods*, 3. Jg. (1998), H. 4, S. 424 – 453.

(Hu/ Bentler, 1999)

Hu, Li-tze; Bentler, Peter M.: Cutoff Criteria for Fit Indexes in Covariance Structure Analysis: Conventional Criteria Versus New Alternatives. In: *Structural Equation Modeling*, 6. Jg. (1999), H. 1, S. 1 – 55.

(Ichniowski/ Shaw/ Prennushi, 1997)

Ichniowski, Casey; Shaw, Kathryn; Prennushi, Giovanna: The Effects of Human Resource Management Practices on Productivity: A Study of Steel Finishing Lines. In: *The American Economic Review*, 87. Jg. (1997), H. 3, S. 291 – 313.

(Ijiri/ Kuhn, 1988)

Ijiri, Yuji; Kuhn, Robert Lawrence (Hrsg.): *New Directions in Creative and Innovative Management. Bridging Theory and Practice.* Cambridge, MA (Ballinger Publishing Company) 1988.

(Ilgen/ Pulakos, 1999)

Ilgen, D. R.; Pulakos, E. D. (Hrsg.): *The Changing Nature of Work Performance: Implications for Staffing, Motivation, and Development.* San Francisco (Jossey-Bass) 1999.

(Inceoglu, 2001)

Inceoglu, Ilke: *Workplace Bullying, Organizational Culture and Climate in Teams.* Unveröffentlichtes Manuskript, Universität München, 2001.

(Insel/ Moos, 1974)

Insel, P. M.; Moos, R. H.: *The Work Environment Scale.* Palo Alto 1974.

(Irle, 1983)

Irle, Martin (Hrsg.): *Marktpsychologie. 2. Halbband: Methoden und Anwendungen in der Marktpsychologie. Handbuch der Psychologie, Band 12.* Goettingen (Hogrefe) 1983.

(Isaksen et al., 2001)

Isaksen, Scott G.; Lauer, Kenneth J.; Ekvall, Göran; Britz, Alexander: Perceptions of the Best and Worst Climates for Creativity: Preliminary Validation Evidence for the Situational Outlook Questionnaire. In: *Creativity Research Journal*, Jg. 13 (2001), H. 2, S. 171 – 184.

(Janis, 1982)

Janis, I. L.: *Groupthink.* Boston (Houghton Mifflin) 2. überarb. Aufl. 1982.

(Jehn, 1995)

Jehn, K.A.: A Multimethod Examination of the Benefits and Detriments of Intragroup Conflict. In: *Administrative Science Quarterly*, Jg. 1995, H. 40, S. 256 – 282.

(Johnson, 2000)

Johnson, Jocelyn J.: Differences in Supervisor and Non-Supervisor Perceptions of Quality Culture and Organizational Climate. In: *Public Personnel Management*, 29. Jg. (2000), H. 1, S. 119 – 128.

(Johnson/ McIntye, 1998)

Johnson, Jocelyn J.; McIntye, Cherity L.: Organizational Culture and Climate Correlates of Job Satisfaction. In: *Psychological Reports*, 82. Jg. (1998), S. 843 – 850.

(Jones/ James, 1979)

Jones, Allan P.; James, Lawrence R.: Psychological Climate: Dimensions and Relationships of Individual and Aggregated Work Environment Perceptions. In: *Organizational Behavior and Human Performance*, 23. Jg. (1979), S. 201 – 250.

(Jöns/ Mataja, 1998)

Jöns, Ingela; Mataja, Klaudia: Beteiligung an Vorgesetztenbeurteilungen – Ergebnisse zu Einlußfaktoren auf den Rücklauf bei schriftlichen Befragungen. In: *Zeitschrift für Arbeits- und Organisationspsychologie*, 42 (15). Jg. (1998), H. 1, S. 33 – 42.

(Jöreskog/ Sörbom, 1979)

Jöreskog, Karl G.; Sörbom, Dag: *Advances in factor analysis and structural equation models.* Cambridge/ Mass. (Abt Books) 1979.

(Joyce/ Slocum, 1982)

Joyce, W. F.; Slocum, J. W., Jr.: Climate Discrepancy: Refining the Concepts of Psychological and Organizational Climate. In: *Human Relations*, Jg. 1982, H. 35, S. 951 – 972.

(Joyce/ Slocum, 1984)

Joyce, W. F.; Slocum, J. W. Jr.: Collective Climate: Agreement as a Basis for Defining Aggregate Climates in Organizations. In: *Academy of Management Journal*, Jg. 1984, H. 27, S. 721 – 742.

(Kadritzke, 1997)

Kadritzke, Ulf (Hrsg.): *"Unternehmenskulturen" unter Druck. Neue Managementkonzepte zwischen Anspruch und Wirklichkeit.* Berlin (Edition Sigma Rainer Bohn) 1997.

(Kaiser, 1960)

Kaiser, H. F.: The Application of Electronic Computers to Factor Analysis.
In: *Educational and Psychological Measurement*, Jg. 1960, H. 20, S. 141 – 151.

(Kanter, 1983)

Kanter, Rosabeth Moss: *The Change Masters*. London 1983.

(Kanter, 1988)

Kanter, Rosabeth Moss: When a Thousand Flowers Bloom: Structural, Collective, and Social Conditions for Innovation in Organizations.
In: *Research in Organizational Behavior*, 10. Jg. (1988), S. 169 – 211.

(Kaschube, 1993)

Kaschube, Jürgen: *Betrachtung der Unternehmens- und Organisationskulturforschung aus (organisations-) psychologischer Sicht*. Aus: Dierkes, Meinolf; Rosenstiel, Lutz von; Steger, Ulrich (Hrsg.): *Unternehmenskultur in Theorie und Praxis. Konzepte aus Ökonomie, Psychologie und Ethnologie*.
Frankfurt (Campus Verlag) 1993, S. 90 – 146.

(Kasl/ Marsick/ Dechant, 1997)

Kasl, Elizabeth; Marsick, Victoria J.; Dechant, Kathleen: Teams as Learners. A Research-Based Model of Team Learning.
In: *Journal of Applied Behavioral Science*, 33. Jg. (1997), H. 2, S. 227 – 246.

(Katz/ Kahn, 1966)

Katz, D.; Kahn, R. L.: *The Social Psychology of Organizations*.
New York 1966 (verbesserte Neuauflage 1978).

(Kauffeld, 2001)

Kauffeld, Simone: *Teamdiagnose*.
Göttingen (Verlag für Angewandte Psychologie Göttingen) 2001.

(Kieser/ Kubicek, 1992)

Kieser, Alfred; Kubicek, Herbert: *Organisation*.
Berlin (Walter de Gruyter) 3. völlig neubearb. Aufl. 1992 (1. Aufl. 1977).

(Kieser/ Reber/ Wunderer, 1987)

Kieser, A.; Reber, G.; Wunderer, R. (Hrsg.): *Handwörterbuch der Führung. Enzyklopädie der Betriebswirtschaftslehre: Band 10*. Stuttgart (C.E. Poeschel Verlag) 1987.

(Kilman, 1986)

Kilman, Ralph H.: *Five Steps for Closing Culture-Gaps.* Aus: Kilman, Ralph H.; Saxton, Mary J.; Serpa, Roy (Hrsg.): *Gaining Control of the Corporate Culture.* San Francisco (Jossey-Bass Inc.) 1985 (2. Auflage 1986), S. 351 – 369.

(Kilman/ Saxton, 1983)

Kilman, R. H.; Saxton, M. J.: *The Kilman-Saxton Culture-Gap Survey.* Pittsburgh, 1983.

(Kilman/ Saxton/ Serpa, 1985)

Kilman, Ralph H.; Saxton, Mary J.; Serpa, Roy (Hrsg.): *Gaining Control of the Corporate Culture.* San Francisco (Jossey-Bass Inc.) 1985 (2. Auflage 1986).

(King, 1990)

King, Nigel: *Innovation at Work: The Research Literature.* Aus: West, M. A.; Farr, J. L. (Hrsg.): *Innovation and Creativity at Work. Psychological and Organizational Strategies.* Chichester (Wiley) 1990. S. 15 – 55.

(King/ Anderson, 1990)

King, Nigel; Anderson, Neil: *Innovation in Working Groups.* Aus: West, M. A.; Farr, J. L. (Hrsg.): *Innovation and Creativity at Work. Psychological and Organizational Strategies.* Chichester (Wiley) 1990, S. 81 – 99.

(Kirchgässner, 1991)

Kirchgässner, G.: *Homo oeconomicus.* Tübingen (Mohr) 1991.

(Kirsch/ Esser/ Gabele, 1979)

Kirsch, Werner; Esser, Werner-Michael; Gabele, Eduard: *Das Management des geplanten Wandels von Organisationen.* Stuttgart (Poeschel) 1979.

(Kivimäki et al., 1997)

Kivimäki, M.; Kuk, G.; Elovainio, M.; Thomson, L.; Kalliomäki-Levanto, T.; Heikkilä, A.: The Team Climate Inventory (TCI) – Four or Five Factors? In: *Journal of Occupational and Organizational Psychology*, Jg. 1997, H. 70, S. 375 – 389.

(Kobi/ Wüthrich, 1986)

Kobi, Jean-Marcel; Wüthrich, Hans A.: *Unternehmenskultur verstehen, erfassen und gestalten.* Landsberg/ Lech (Verlag Moderne Industrie) 1986.

(Koys/ DeCotiis, 1991)

Koys, D.; DeCotiis, T.: Inductive Measures of Psychological Climate. In: *Human Relations*, 44. Jg. (1991), H. 3, S. 265 – 285.

(Kozlowski/ Doherty, 1989)

Kozlowski, Steve W. J.; Doherty, Mary L.: Integration of Climate and Leadership: Examination of a Neglected Issue. In: *Journal of Applied Psychology*, 74. Jg. (1974), H. 4, S. 546 – 553.

(Kozlowski et al., 1999)

Kozlowski, S. W. J.; Gully, S. M.; Nason, E. R.; Smith, E. M.: *Developing Adaptive Teams: A Theory of Compilation and Performance Across Levels and Time*. Aus: Ilgen, D. R.; Pulakos, E. D. (Hrsg.): *The Changing Nature of Work Performance: Implications for Staffing, Motivation, and Development.* San Francisco (Jossey-Bass) 1999, S. 240 – 294.

(Kondratieff, 1928)

Kondratieff, Nikolai, D: Die Preisdynamik der industriellen und landwirtschaftlichen Waren. In: *Archiv für Sozialwissenschaft und Sozialpolitik.* Band 60, H.1, Tübingen (Mohr) 1928.

(Krulis-Randa, 1990)

Krulis-Randa, Jan S.: *Einführung in die Unternehmungskultur*. Aus: Lattmann, Charles (Hrsg.): *Die Unternehmenskultur. Ihre Grundlagen und ihre Bedeutung für die Führung der Unternehmung*. Heidelberg (Physica-Verlag) 1990, S. 1 – 20.

(Lattmann, 1990)

Lattmann, Charles (Hrsg.): *Die Unternehmenskultur. Ihre Grundlagen und ihre Bedeutung für die Führung der Unternehmung*. Heidelberg (Physica-Verlag) 1990.

(Lawson/ Ventriss, 1992)

Lawson, Robert B.; Ventriss, Curtis L.: Organizational Change: The Role of Organizational Culture and Organizational Learning. In: *The Psychological Record*, 42. Jg. (1992), S. 205 – 219.

(Lee, 1992)

Lee, C.: The Relations of Personality and Cognitive Styles on Job and Class Performance. In: *Journal of Organizational Behavior*, Jg. 1992, H. 13, S. 175 – 185.

(Lewin, 1951)

Lewin, K.: *Field Theory in Social Science*. New York (Harper & Row) 1951.

(Lilli/ Frey, 1993)

Lilli, W.; Frey, D.: *Die Hypothesentheorie der Wahrnehmung*. Aus: Frey, Dieter; Irle, Martin (Hrsg.): *Theorien der Sozialpsychologie. Band I: Kognitive Theorien.* Bern (Hans Huber) 2. vollst. überarb. u. erw. Aufl. 1993, S. 49 – 76.

(Litwin/ Humphrey/ Wilson, 1978)

Litwin, G. H.; Humphrey, J. W.; Wilson, T. B.: *Organizational Climate: A Proven Tool for Improving Performance*. Aus: Burke, W. W. (Hrsg.): *The Cutting Edge: Current Theory and Practice in Organization Development.* San Diego (University Associates) 1978, S. 187 – 205.

(Litwin/ Stringer, 1968)

Litwin, George H.; Stringer, Robert A. Jr.: *Motivation and Organizational Climate.* Boston 1968.

(Locke/ Latham, 1990)

Locke, E.; Latham, G.: *A Theory of Goal Setting and Task Performance.* Englewood Cliffs (Prentice Hall) 1990.

(Lukas, 2000)

Lukas: Was zukünftige Unternehmenskulturen prägt. In: *Management Berater*, Jg. 2000, H. 10, S. 20 – 25.

(Lumpkin/ Dess, 1996)

Lumpkin, G.T.; Dess, Gregory G.: Clarifying the Entrepreneurial Orientation Construct and Linking It to Performance. In: *Academy of Management Review*, 21. Jg. (1996), H. 1, S. 135 – 172.

(MacKenzie, 1983)

MacKenzie, K. R.: *The Clinical Application of a Group Climate Measures*. Aus: Dies, R. R.; MacKenzie, K. R. (Hrsg.): *Advances in Group Psychotherapy – Integrating Research and Practice*. New York (International Universities Press) 1983.

(Mandl, 1997)

Mandl, H. (Hrsg.): *Bericht über den 40. Kongreß der Deutschen Gesellschaft für Psychologie in München 1996*. Göttingen (Hogrefe) 1997.

(Mandl/ Reinmann-Rothmeier, 2000)

Mandl, Heinz; Reinmann-Rothmeier, Gabi: *Wissensmanagement. Informationszuwachs – Wissensschwund? Die strategische Bedeutung des Wissensmanagement.* München (Oldenbourg) 2000.

(Mayntz, 1971)

Mayntz, R. (Hrsg.): *Bürokratische Organisation.* Köln, 2. Aufl. 1971.

(McClelland, 1961)

McClelland, D. C.: *The Achieving Society.* Princeton (Van-Nostrand) 1961.

(McGovern/ Hope-Hailey, 1997)

McGovern, Patrick; Hope-Hailey, Veronica: *Inside Hewlett-Packard: Corporate Culture and Bureaucratic Conrol.* Aus: Sackmann, Sonja A. (Hrsg.): *Cultural Complexity in Organisations. Inherent Contrasts and Contradictions.* Thousand Oaks (Sage Publications) 1997, S. 187 – 206.

(Mead, 1934)

Mead, G.: *Mind, Self, and Society.* Chicago (University of Chicago Press) 1. Aufl. 1934 (aktuelle Aufl. 1967).

(Merz/ Biehler, 1994)

Merz, E.; Biehler, B.: *Betriebliches Vorschlagswesen – professionell und wirksam.* Landsberg/Lech (Verlag Moderne Industrie) 1994.

(Mikula, 1985)

Mikula, G.: *Psychologische Theorien des sozialen Austauschs.* Aus: Frey, D.; Irle, M. (Hrsg.): *Theorien der Sozialpsychologie. Band III: Motivations- und Informations-verarbeitungstheorien.* Bern (Huber) 1985, S. 273 – 305.

(Milgram, 1974)

Milgram, S.: *Das Milgram-Experiment: Zur Gehorsamsbereitschaft gegenüber Autorität.* Reinbek (Rowohlt) 1974 (aktuelle Aufl. 1997).

(Miller/ Johnson/ Grau, 1994)

Miller, V. D.; Johnson, J. R., Grau: Andecedents to Willingness to Participate in Planned Organizational Change. In: *Journal of Applied Communication Research,* 22. Jg. (1994), H. 1, S. 59 – 80.

(Miner, 2000)

Miner, John B.: Testing a Psychological Typology of Entrepreneurship Using Business Founders. In: *The Journal of Applied Behavioral Science*, 36. Jg. (2000), H. 1, S. 43 – 69.

(Miner/ Smith/ Bracker, 1994)

Miner, J. B.; Smith, N. R.; Bracker, J. S.: Role of Entrepreneurial Task Motivation in the Growth of Technologically Innovative Firms: Interpretations from Follow-up Data. In: *Journal of Applied Psychology*, Jg. 1994, H. 79, S. 627 – 630.

(Möller et al., 1998)

Möller, J.; Schulz-Hardt, S.; Napiersky, U.; Frey, D.: Was hätte anders sein müssen, damit... – Kontrafaktisches Denken von Führungskräften. In: *Zeitschrift für Arbeits- und. Organisationspsychologie*, 42. Jg. (1998), H. 3, S. 125 – 133.

(Moos, 1974)

Moos, R. H.: *Evaluating Treatment Environments. A Social Ecological Approach.* New York (John Wiley) 1974.

(Moos/ Houts, 1968)

Moos, R. H.; Houts, P. S.: Assessment of the Social Atmosphere of Psychiatric Wards. In: *Journal of Abnormal Psychology*, Jg. 1968, H. 73, S. 595 – 604.

(Moos/ Schwartz, 1972)

Moos, R. H.; Schwartz, J.: Treatment Environment and Treatment Outcome. In: *Journal of Nervous Mental Desease*, Jg. 1972, H. 154, S. 264 – 275.

(Moscovici/ Doise, 1995)

Moscovici, S.; Doise, W.: *Conflict and Consensus: A General Theory of Collective Decisions.* London (Sage) 1995.

(Moscovici/ Mugny/ Avermaet, 1985)

Moscovici, S.; Mugny, G.; Avermaet, E. U.: *Perspectives on Minority Influence.* Cambridge (Cambridge University Press) 1985.

(Muchinsky, 1977)

Muchinsky, Paul M.: Organizational Communication: Relationships to Organizational Climate and Job Satisfaction. In: *Academy of Management Journal*, 20. Jg. (1977), H. 4, S. 592 – 607.

(Müller, 1999)

Müller, Günter F.: Organisationskultur, Organisationsklima und Befriedigungsquellen der Arbeit. In: *Zeitschrift für Arbeits- und Organisationspsychologie*, 43. Jg. (1999), H. 4, S. 193 – 201.

(Müller/ Hassebrauck, 1993)

Müller, G. F.; Hassebrauck, M.: *Gerechtigkeitstheorien.* Aus: Frey, Dieter; Irle, Martin (Hrsg.): *Theorien der Sozialpsychologie. Band I: Kognitive Theorien.* Bern (Hans Huber) 2. vollst. überarb. u. erw. Aufl. 1993, S. 217 – 240.

(Mumford/ Guftason, 1988)

Mumford, M. D.; Guftason, S. B.: Creativity Syndrome: Integration, Application and Innovation. In: *Psychological Bulletin,* Jg. 1988, H. 103, S. 27 – 43.

(Narver/ Slater, 1990)

Narver, J.; Slater, S.: The Effect of a Market Orientation on Business Profitability. In: *Journal of Marketing*, Jg. 1990, H. 54, S. 1 – 18.

(Naylor/ Pritchard/ Ilgen, 1980)

Naylor, J. C.; Pritchard, R. D.; Ilgen, D. R.: *A Theory of Behavior in Organizations.* New York (Academic Press) 1980.

(Nemeth/ Chiles, 1988)

Nemeth, C.; Chiles, C.: Modelling Courage: the Role of Dissent in Fostering Independence. In: *European Journal of Social Psychology*, 18. Jg. (1988), S. 275 – 280.

(Nerdinger, 2000)

Nerdinger, Friedemann W.: Extra-Rollenverhalten. Operationalisierung des Konstrukts und Überprüfung affektiver Antezedenzien. In: *Gruppendynamik*, 31. Jg. (2000), H. 2, S. 155 – 167.

(Neubeiser, 1999)

Neubeiser, Andreas: Die Effizienz des Betrieblichen Vorschlagswesens. Ein Konzept zur Messung des BVW-Erfolges aus Sicht der Mitarbeiter und der Unternehmung. In: *Zeitschrift für Vorschlagswesen*, Jg. 1999, H. 3, S. 137 – 141.

(Neuberger, 1984)

Neuberger, Oswald: *Führung. Ideologie – Struktur – Verhalten.* Stuttgart (Ferdinand Enke) 1984.

(Nicholson/ West, 1988)

Nicholson, N.; West, M. A.: *Managerial Job Change: Men and Women in Transition.* Cambridge (Cambridge University Press) 1988.

(Nickel, 1999)

Nickel, Tobias: *Vom betrieblichen Vorschlagswesen zum integrativen Ideenmanagement. Analyse – Organisation – Training.* Wiesbaden (Deutscher Universitäts-Verlag) 1999.

(Nickel/ Krems, 1998)

Nickel, Tobias M.; Krems, Josef F.: Führungsverhalten und Mitarbeiterkreativität – Eine empirische Untersuchung zum betrieblichen Vorschlagswesen. In: *Zeitschrift für Arbeits- und Organisationspsychologie*, 42. Jg. (1998), H. 1, S. 27 – 32.

(Nystrom/ Starbuck, 1981)

Nystrom, P. C.; Starbuck, W. H. (Hrsg.): *Handbook of Organizational Design, Vol. 2.* New York 1981.

(O'Connor, 2000)

O'Connor, Brian P.: SPSS and SAS Programs for Determining the Number of Components Using Parallel Analysis and Velicer´s MAP Test. In: *Behavior Research Methods, Instruments, & Computers*, 32. Jg. (2000), H. 3, S. 396 – 402.

(O'Reilly/ Chatman/ Caldwell, 1991)

O'Reilly, Charles A. III; Chatman, Jennifer; Caldwell, David F.: People and Organizational Culture: A Profile Comparison Approach to Assessing Person-Organization Fit. In: *Academy of Management Journal*, 34. Jg. (1991), H. 3, S. 487 – 516.

(Osnabrügge/ Stahlberg/ Frey, 1985)

Osnabrügge, G.; Stahlberg, D.; Frey, D.: *Die Theorie der kognizierten Kontrolle.* Aus: Frey, D.; Irle, M. (Hrsg.): *Theorien der Sozialpsychologie. Band III: Motivations- und Informationsverarbeitungstheorien.* Bern (Huber) 1985, S. 127 – 172.

(Ott, 1989)

Ott, J. S.: *The Organizational Culture Perspective.* Chicago (Dorsey Press) 1989.

(Ouchi, 1980)

Ouchi, W. G.: Markets, Bureaucracies and Clans. In: *Administrative Science Quarterly*, Jg. 1980, H. 25, S. 129 – 141.

(Pearce/ Ravlin, 1987)

Pearce, J. A.; Ravlin, E. C.: The Design and Activation of Self-Regulating Work Groups. In: *Human Relations*, Jg. 1987, H. 40, S. 751 – 782.

(Pelled/ Eisenhardt/ Xin, 1999)

Pelled, L.H.; Eisenhardt, K.M.; Xin, K.R.: Exploring the Black Box: An Analysis of Work Group Diversity, Conflict, and Performance. In: *Administrative Science Quarterly*, Jg. 1999, H. 44, S. 1 – 28.

(Peters/ Waterman, 1982)

Peters, Thomas, J; Waterman, Robert, W.: *In Search of Excellence. Lessons from America's Best Run Companies.* (Harper & Row) 1982 (aktuelle Aufl. 1995).

(Peters/ Waterman, 1994)

Peters, Thomas J.; Waterman, Robert H.: *Auf der Suche nach Spitzenleistungen. Was man von den bestgeführten US-Unternehmen lernen kann.* Landsberg/Lech (Moderne Industrie Verlag) 5. Aufl. 1994 (aktuelle Aufl. 2000).

(Pettigrew, 1979)

Pettigrew, Andrew M.: On Studying Organizational Cultures. In: *Administrative Science Quarterly*, Jg. 1979, H. 24, S. 570 – 581.

(Picot, 2001)

Picot, Arnold: „Großunternehmen tun sich schwer mit sprunghaften Veränderungen". In: *Süddeutsche Zeitung*, 8./9.9.2001

(Picot/ Dietl/ Franck, 1999)

Picot, Arnold; Dietl, Helmut; Franck, Egon: *Organisation. Eine ökonomische Perspektive.* Stuttgart (Schäffer-Poeschel) 1999.

(Popper, 1973)

Popper, Karl: *Objektive Erkenntnis: Ein evolutionärer Entwurf.* Hamburg (Hoffmann & Campe) 1973 (akuelle Aufl. 1993)

(Pritchard et al., 1988)

Pritchard, Robert D.; Jones, Steven, D.; Roth, Philip, L.; Stuebing, Karla, K.; Ekeberg, Steven, E.: Effects of Group Feedback, Goal Setting, and Incentives on Organizational Productivity. In: *Journal of Applied Psychology*, 73. Jg. (1988), H. 2, S. 337 – 358.

(Pritchard/ Paquin, 1997)

Pritchard, Robert D.; Paquin, Anthony R.: Messung und Steigerung der Produktivität in Organisationen. In: *Zeitschrift für Arbeits- u. Organisationspsychologie*, 41. Jg. (1997), H. 3, S. 157 – 163.

(Pulakos et al., 2000)

Pulakos, Elaine D.; Arad, Sharon; Donovan, Michelle A.; Plamondon, Kevin E.: Adaptability in the Workplace: Development of a Taxonomy of Adaptive Performance. In: *Journal of Applied Psychology*, 85. Jg. (2000), H. 4, S. 612 – 624.

(Quinn/ Rohrbaugh, 1981)

Quinn, R. E.; Rohrbaugh, J.: A Competing Values Approach to Organizational Effectiveness. In: *Public Productivity Review*, Jg. 1981, H. 5, S. 122 – 140.

(Quinn/ Spreitzer, 1991)

Quinn, Robert E.; Spreitzer, Gretchen M.: The Psychometrics of the Competing Values Culture Instrument and an Analysis of the Impact of Organizational Culture on Quality of Life. In: *Research in Organizational Change and Development*, 5. Jg. (1991), S. 115 – 142.

(Rauch/ Frese, 2000)

Rauch, A.; Frese, M.: *Psychlogical Approaches to Entrepreneurial Success: A General Model and an Overview of Findings*. Aus: Cooper, C. L.; Robertson, I. T. (Hrsg.): *International Review of Industrial and Organizational Psychology*. Chichester (Wiley) 2000, S. 101 – 141.

(Reichers/ Schneider, 1990)

Reichers, Arnon E.; Schneider, Benjamin: *Climate and Culture: An Evolution of Constructs*. Aus: Schneider, Benjamin (Hrsg.): *Organizational Climate and Culture*. San Francisco 1990, S. 5 – 39.

(Reio/ Wiswell, 2000)

Reio, Thomas G. Jr.; Wiswell, Albert: Field Investigation of the Relationship Among Adult Curiosity, Workplace Learning, and Job Performance. In: *Human Resource Development Quarterly*, 11. Jg. (2000), H. 1, S. 5 – 34.

(Reynolds, 1986)

Reynolds, Paul D.: Organizational Culture as Related to Industry, Postition and Performance: A Preliminary Report. In: *Journal of Management Studies*, 23. Jg. (1986), H. 3, S. 333 – 345.

(Roberts, 1987)

Roberts, Edward, B. (Hrsg.): *Generating Technological Innovation*. New York (Oxford University Press) 1987.

(Rogers/ Miles/ Biggs, 1980)

Rogers, Evan D.; Miles, Wilford G. Jr.; Biggs, William D.: The Factor Replicability of the Litwin and Stringer Organizational Climate Questionnaire: An Inter- and Intra-Organizational Assessment.
In: *Journal of Management*, 6. Jg. (1980), H. 1, S. 65 – 78.

(Rosenstiel, 1994)

Rosenstiel, L. v.: *Personal and Situational Determinants of Innovation*. Aus: Heller, Kurt A.; Hany, Ernst A. (Hrsg.): *Competence and Responsibility. The Third European Conference of the European Council for High Ability, Munich (Germany), October 11-14, 1992. Volume 2: Proceedings of the Conference*.
Goettingen (Hogrefe & Huber) 1994, S. 101 – 105.

(Rosenstiel/ Bögel, 1992)

Rosenstiel, Lutz von; Bögel, Rudolf: *Betriebsklima geht jeden an!* München 1992.

(Rosenstiel et al., 1983)

Rosenstiel, L. v.; Falkenberg, T.; Hehn, W.; Henschel, E.; Warns, I.: *Betriebsklima heute*. Ludwigshafen, 2. Aufl. 1983.

(Rosenstiel/ Molt/ Rüttinger, 1995)

Rosenstiel, Lutz von; Molt, Walter; Rüttinger, Bruno: *Organisationspsychologie*. Stuttgart (W. Kohlhammer) 8. überarb. u. erw. Aufl. 1995.

(Rosenstiel/ Regnet/ Domsch, 1995)

Rosenstiel, L. v.; Regnet, E.; Domsch, M. (Hrsg.): *Führung von Mitarbeitern. Handbuch für erfolgreiches Personalmanagement*. Stuttgart 1995.

(Rösler/ Florin, 1994)

Rösler, F.; Florin, I. (Hrsg.): *Psychologie und Gesellschaft*. Stuttgart (Hirzel) 1994.

(Rousseau, 1988)

Rousseau, D. M.: *The Construction of Climate in Organizational Research*.
Aus: Cooper, C. L.; Robertson, I. (Hrsg.): *International Review of Industrial and Organizational Psychology. Band 3*. New York (Wiley) 1988.

(Rousseau, 1990)

Rousseau, Denise M.: *Assessing Organizational Culture: The Case for Multiple Methods*.
Aus: Schneider, Benjamin (Hrsg.): *Organizational Climate and Culture*.
San Francisco 1990, S. 153 – 192.

(Rust/ Zahorik/ Keiningham, 1995)

Rust, R.T.; Zahorik, A.J.; Keiningham, T.L.,: Return on Quality (ROQ): Making Service Quality Financially Accountable.
In: *Journal of Marketing*, Jg. 1995, H. 59, S. 58 – 70.

(Sackmann, 1991)

Sackmann, Sonja A.: Uncovering Culture in Organizations.
In: *Journal of Applied Behavioral Science*, 27. Jg. (1991), H. 3, S. 295 – 317.

(Sackmann, 1992)

Sackmann, Sonja A.: Culture and Subcultures: An Analysis of Organizational Knowledge.
In: *Administrative Science Quarterly* , 37. Jg. (1992), S. 140 – 161.

(Sackmann, 1997)

Sackmann, Sonja A. (Hrsg.): *Cultural Complexity in Organisations. Inherent Contrasts and Contradictions.* Thousand Oaks (Sage Publications) 1997.

(Sagie/ Elizur, 1999)

Sagie, Abraham; Elizur, Dov: Achievement Motive and Entrepreneurial Orientation: A Structural Analysis.
In: *Journal of Organizational Behavior*, 20. Jg. (1999), S. 375 – 387.

(Sashkin, 1984)

Sashkin, M.: *Pillars of Excellence: Organizational Beliefs Questionnaire*. (Bryn Mawr) 1984.

(Schein, 1985)

Schein, Edgar H.: *Organizational Culture and Leadership*. San Francisco (Jossey-Bass) 1. Aufl. 1985 (aktuelle Aufl. 1997).

(Schein, 1990)

Schein, E. H.: Organizational Culture.
In: *American Psychologist*, 45. Jg. (1990), H. 2, S. 109 – 119.

(Schein, 1995)

Schein, Edgar H.: *Unternehmenskultur. Ein Handbuch für Führungskräfte.*
Frankfurt/ M. (Campus Verlag) 1995.

(Schmidt, 1996)

Schmidt, Klaus-Helmut: Wahrgenommenes Vorgesetztenverhalten, Fehlzeiten und Fluktuation. In: *Zeitschrift für Arbeits- u. Organisationspsychologie*, 40. Jg. (1996), H. 2, S. 54 – 62.

(Schmitt, 1997)

Schmitt, Eckart: *Strategien mittelständischer Welt- und Europamarktführer*. Wiesbaden (Gabler) 1997.

(Schneider, 1972)

Schneider, Benjamin: Organizational Climate: Individual Preferences and Organizational Realities. In: *Administrative Science Quarterly*, 56. Jg. (1972), H. 3, S. 211 – 217.

(Schneider, 1980)

Schneider, B.: The Service Organization: Climate is Crucial. In: *Organizational Dynamics*, 9. Jg. (1980), H. 2, S. 52 – 65.

(Schneider, 1990)

Schneider, Benjamin (Hrsg.): *Organizational Climate and Culture*. San Francisco 1990.

(Schneider/ Bowen, 1985)

Schneider, B.; Bowen, D.: Employee and Customer Perceptions of Service in Banks: Replication and Extension. In: *Journal of Applied Psychology*, Jg. 1985, H. 70, S. 423 – 433.

(Schneider/ Bowen, 1993)

Schneider, B.; Bowen, D. E.: The Service Organization: Human Resources Management is Crucial. In: *Organizational Dynamics*, Jg. 1993, H. 21, S. 39 – 52.

(Schneider/ Rentsch, 1988)

Schneider, B.; Rentsch, J.: *Managing Climates and Cultures: A Future Perspective*. Aus: Hage, J. (Hrsg.): *Futures of organizations*. Lexington, MA (Lexington Books) 1988.

(Schneider/ Snyder, 1975)

Schneider, Benjamin; Snyder, Robert, A.: Some Relationships Between Job Satisfaction and Organization Climate. In: *Journal of Applied Psychology*, 60. Jg. (1975), H. 3, S. 318 – 328.

(Schneider/ Wheeler/ Cox, 1992)

Schneider, B.; Wheeler, J. K.; Cox, J. F.: A Passion for Service: Using Content Analysis to Explicate Service Climate Themes.
In: *Journal of Applied Psychology*, Jg. 1992, H. 77, S. 705 – 716.

(Schneider/ White/ Paul, 1998)

Schneider, Benjamin; White, Susan S.; Paul, Michelle C.: Linking Service Climate and Customer Perceptions of Service Quality: Test of a Causal Model.
In: *Journal of Applied Psychology*, 83. Jg. (1998), H. 2, S. 150 – 163.

(Schreyögg, 1989)

Schreyögg, G.: Unternehmenskultur und Innovation.
In: *Personal – Mensch und Arbeit*, Jg. 1989, H. 9, S. S. 370 – 373.

(Schulz von Thun, 1981)

Schulz von Thun, F.: *Miteinander reden: Störungen und Klärungen.*
Reinbek bei Hamburg (Rowohlt Verlag) 1981.

(Schulz-Hardt/ Frey, 1997)

Schulz-Hardt, S.; Frey, D.: *Das Sinnprinzip. Ein Standbein des homo psychologicus.* Aus: Mandl, H. (Hrsg.): *Bericht über den 40. Kongreß der Deutschen Gesellschaft für Psychologie in München 1996.* Göttingen (Hogrefe) 1997, S. 870 – 876.

(Schumpeter, 1934)

Schumpeter, Joseph, A.: *Theorie der wirtschaftlichen Entwicklung. Eine Untersuchung über Unternehmergewinn, Kapital, Kredit, Zins und den Konjunkturzyklus.*
Berlin 1934 (8. unveränderte Auflage 1993).

(Schwenk, 1988)

Schwenk, C. R.: *The Essence of Strategic Decision Making.* Lexington, MA (Lexington Books) 1988.

(Shamir/ House/ Arthur, 1993)

Shamir, B.; House, R. J.; Arthur, M. B.: The Motivational Effect of Charismatic Leadership: A Self-Concept Based Theory. In: *Organization Science*, Jg. 1993, H. 4, S. 577 – 594.

(Siegel/ Kaemmerer, 1978)

Siegel, S. M.; Kaemmerer, W. F.: Measuring the Perceived Support for Innovation in Organizations. In: *Journal of Applied Psychology*, 63. Jg. (1978), H. 5, S. 553 – 562.

(Siehl/ Martin, 1990)

Siehl, Caren; Martin, Joanne: *Organizational Culture: A Key to Financial Performance?* Aus: Schneider, Benjamin (Hrsg.): *Organizational Climate and Culture.* San Francisco 1990, S. 241 – 281.

(Simon, 1996)

Simon, Hermann: *Die heimlichen Gewinner (Hidden Champions). Die Erfolgsstrategien unbekannter Weltmarktführer.* Frankfurt/ M. (Campus) 1996.

(Sitkin, 1992)

Sitkin, S. B.: Learning Through Failure: The Strategy of Small Losses. In: *Research in Organizational Behavior*, Jg. 1992, H. 14, S. 231 – 266.

(Skinner, 1996)

Skinner, Nicholas F.: Behaviroral Implications of Adaption-Innovation: II. Adaption-Innovation and Motivation for Uniqueness. In: *Social Behavior and Personality*, 24. Jg. (1996), H. 3, S. 231 – 234.

(Smekal/ Thearl, 1994)

Smekal, C.; Thearl, E. (Hrsg.): *Stand und Entwicklung der Finanzpolitik.* Baden-Baden (Nomos Verlagsgesellschaft) 1994.

(Smith/ Kendall/ Hulin, 1969)

Smith, Patricia, C.; Kendall, Lorne, M; Hulin, Charles, L: *The Measurement of Satisfaction in Work and Retirement: A Strategy for the Study of Attitudes.* New York (Rand Mcnally) 1969.

(Sonnentag et al., 1997)

Sonnentag, Sabine; Frese, Michael; Brodbeck, Felix C.; Heinbokel, Torsten: Use of Design Methods, Team Leaders´ Goal Orientation, and Team Effectiveness: A Follow-Up Study in Software Development Projects. In: *International Journal of Human-Computer Interaction*, 9. Jg. (1997), H. 4, S. 443 – 454.

(Sperka, 1997)

Sperka, Markus: Zur Entwicklung eines „Fragebogens zur Erfassung der Kommunikation in Organisationen“ (KomminO). In: *Zeitschrift für Arbeits- und Organisationspsychologie*, Jg. 41 (N.F. 15) (1997), H. 4, S. 182 – 190.

(Stanley, 1981)

Stanley, J. D.: Dissent in Organizations. In: *Academy of Management Review*, Jg. 1981, H. 6, S. 13 – 19.

(Stevens, 1996)

Stevens, James: *Applied Multivariate Statistics for the Social Sciences.* Mahwah, New Jersey (Lawrence Erlbaum) 3. Aufl. 1996.

(Stewart, 1998)

Stewart, Thomas A.: *Der vierte Produktionsfaktor. Wachstum und Wettbewerbsvorteile durch Wissensmanagement.* München (Carl Hanser Verlag) 1998.

(Stroebe/ Hewstone/ Stephenson 1996)

Stroebe, Wolfgang; Hewstone, Miles; Stephenson, Geoffrey M. (Hrsg.): *Sozialpsychologie. Eine Einführung.* Berlin (Springer-Verlag) 1996.

(Sveiby, 1998)

Sveiby, Karl Erik: *Wissenskapital – das unentdeckte Vermögen. Immaterielle Unternehmenswerte aufspüren, messen und steigern.* Landsberg/Lech (Verlag Moderne Industrie) 1998.

(Tang/ Gilbert, 1995)

Tang, T.L.; Gilbert, P.: Attitudes Toward Money as Related to Intrinsic and Extrinsic Job Satisfaction, Stress and Work-Related Attitudes. In: *Personality and Individual Differences*, 19. Jg. (1995), H. 3, S. 327 – 332.

(Taubitz, 1988)

Taubitz, Hans-Peter: *Die Unternehmenskultur der Deutschen Bundespost.* Dissertation als Manuskript gedruckt. 1988.

(Taylor/ Bowers, 1972)

Taylor, J; Bowers, D. G.: *Survey of Organizations: A Machine-Scored Standardized Questionnaire Investment.* Ann Arbor, MI (University of Michigan) 1972.

(Tesluk/ Farr/ Klein, 1997)

Tesluk, Paul E.; Farr, James L.; Klein, Stephanie R.: Influences of Organizational Culture and Climate on Individual Creativity. In: *Journal of Creative Behavior*, 31. Jg. (1997), H. 1, S. 27 – 41.

(Thom, 1996)

Thom, Norbert: *Betriebliches Vorschlagswesen. Ein Instrument der Betriebsführung und des Verbesserungsmanagements.* Bern (Peter Lang) 1996.

(Thom/ Vonlanth, 1994)

Thom, Norbert; Vonlanth, Jean-Marc.: Neue Chancen für das Vorschlagswesen. Erkenntnisse aus einer Befragung. In: *Zeitschrift für Vorschlagswesen*, Jg. 1994, H. 2, S. 58 – 64.

(Thompson, 1996)

Thompson, James W.: Employee Attitudes, Organizational Performance, and Qualitative Factors Underlying Success.
In: *Journal of Business and Psychology*, 11. Jg. (1996), H. 2, S. 171 – 196.

(Tiebler/ Prätorius, 1993)

Tiebler, Petra; Prätorius, Gerhard: *Ökonomische Literatur zum Thema "Unternehmenskultur"* Aus: Dierkes, Meinolf; Rosenstiel, Lutz von; Steger, Ulrich (Hrsg.):
Unternehmenskultur in Theorie und Praxis. Konzepte aus Ökonomie, Psychologie und Ethnologie. Frankfurt/ M. (Campus Verlag) 1993, S. 23 – 89.

(Tjosvold, 1985)

Tjosvold, D.: Implications of Controversy Research for Management.
In: *Journal of Management*, Jg. 1985, H. 11, S. 21 – 37.

(Tjosvold/ Wedley/ Field, 1986)

Tjosvold, D.; Wedley, W.C.; Field: Constructive Controversy, the Vroom-Yetton-Model, and Managerial Decision-making.
In: *Journal of Occupational Behavior*, Jg. 1986, H. 7, S. 125 – 138.

(Tominaga, 1997)

Tominaga, Minoru: *Auf der Suche nach deutschen Spitzenleistungen.*
Düsseldorf (Econ Verlag GmbH) 1997.

(Triandis/ Dunnette/ Hough, 1994)

Triandis, H. C.; Dunnette, M. D.; Hough, L. M. (Hrsg.): *Handbook of Industrial and Organizational Psychology, Vol.4*. Palo Alto, CA (Consulting Psychologists Press) 2. Aufl. 1994.

(Tschuschke/ Hess/ MacKenzie, 1990)

Tschuschke, Volker; Hess, Helga; MacKenzie, Roy, K.: Der Gruppenklima-Fragebogen (GCQ-S) – Methodik und Anwendung eines Meßinstruments zum Gruppenerleben.
In: *Gruppenpsychotherapeutische Gruppendynamik*, 26. Jg. (1990), S. 340 – 359.

(Utsch/ Rauch, 2000)

Utsch, Andreas; Rauch, Andreas: Innovativeness and Initiative as Mediatiors Between Achievement Orientation and Venture Performance. In: *European Journal of Work and Organizational Psychology*, 9. Jg. (2000), H. 1, S. 45 – 62.

(Vandenberghe, 1999)

Vandenberghe, Christian: Organizational Culture, Person-Culture Fit, and Turnover: A Replication in the Health Care Industry. In: *Journal of Organizational Behavior*, 20. Jg. (1999), S. 175 – 184.

(Velicer, 1976)

Velicer, W. F.: The Relation Between Factor Score Estimates, Image Scores and Principal Component Scores. In: *Educational and Psychological Measurement*, Jg. 1976, H. 36, S. 149 – 159.

(Völker/ Hochberg, 1999)

Völker, Susanne; Hochberg, Claudia: Anforderungen an das Ideenmanagement. Ein Fragebogen als Status-Check. In: *Zeitschrift für Vorschlagswesen*, Jg. 1999, H. 3, S. 129 – 134.

(Vroom/ Yetton, 1973)

Vroom, V. H.; Yetton, P.: *Leadership and Decision-making.* Pittsburgh (University of Pittsburgh Press) 1973.

(Wahren, 1996)

Wahren, Heinz-Kurt, E.: *Das lernende Unternehmen. Theorie und Praxis des organisationalen Lernens.* Berlin (Walter de Gruyter & Co.) 1996.

(Weber, 1998)

Weber, Peter W. (Hrsg.): *Leistungsorientiertes Management. Leistungen steigern statt Kosten senken.* Frankfurt/M. (Campus Verlag) 1998.

(Wendt, 1999)

Wendt, Markus: *Managementprinzipien und ihre Zusammenhänge mit Arbeitsorientierungen und Arbeitsverhalten.* Frankfurt/M. (Peter Lang) 1999.

(West, 1987)

West, M. A.: A Measure of Role Innovation at Work. In: *British Journal of Social Psychology*, Jg. 1987, H. 6, S. 83 – 85.

(West, 1990)

West, Michael A.: *The Social Psychology of Innovation in Groups.* Aus: West, M. A.; Farr, J. L. (Hrsg.): *Innovation and Creativity at Work. Psychological and Organizational Strategies.* Chichester (Wiley) 1990, S. 309 – 331.

(West, 1996)

West, M.A. (Hrsg.): *Handbook of Work Group Psychology.* Chichester (John Wiley & Sons) 1996.

(West/ Altink, 1996)

West, Michael A.; Altink, Wieby M.M.: Innovation at Work: Individual, Group, Organizational, and Socio-historical Perspectives. In: *European Journal of Work and Organizational Psychology*, 5. Jg. (1996), H. 1, S. 3 – 11.

(West/ Anderson, 1996)

West, Michael A.; Anderson, Neil R.: Innovation in Top Management Teams. In: *Journal of Applied Psychology*, 81. Jg. (1996), H. 6, S. 680 – 693.

(West/ Farr, 1989)

West, M. A.; Farr, J. L.: Innovation at Work. Psychological Perspectives. In: *Social Behavior*, Jg. 1990, H. 4, S. 15 – 30.

(West/ Farr, 1990)

West, M. A.; Farr, J. L. (Hrsg.): *Innovation and Creativity at Work. Psychological and Organizational Strategies.* Chichester (Wiley) 1990.

(West/ Finch/ Curran, 1995)

West, S. G.; Finch, J. F.; Curran, P. J.: *Structural Equation Models with Nonnormal Variables. Problems and Remedies.* Aus: Hoyle, R. H. (Hrsg.): *Structural Equation Modeling. Concepts, Issues and Applications.* London (Sage) 1995, S. 57 – 75.

(West/ Fletcher/ Toplis, 1994)

West, M. A.; Fletcher, C.; Toplis, J.: *Fostering Innovation: A Psychological Perspective.* Leicester (British Psychological Society) 1994.

(Wildemann, 1995)

Wildemann, H.: *Betriebliches Vorschlagswesen – Leitfaden zur Einführung und Realisierung.* Technische Universität München, 1995.

(Wilkins/Ouchi, 1983)

Wilkins, Alan L.; Ouchi, William G.: Efficient Cultures: Exploring the Realationship Between Culture and Organizational Performance.
In: *Administrative Science Quarterly*, Jg. 1983, H. 28, S. 468 – 481.

(Witte/ Davis, 1996)

Witte, E. H.; Davis, J. H. (Hrsg.): *Understanding Group Behavior. Vol. 2: Small Group Processes and Interpersonal Relations.* Mahwah, NJ (Erlbaum) 1996.

(Xenikou/ Furnham, 1996)

Xenikou, Athena; Furnham, Adrian: A Correlational and Factor Analytic Study of Four Questionnaire Measures of Organizational Culture.
In: *Human Relations*, 49. Jg. (1996), H. 3, S. 349 – 371.

(Yeung/ Brockbank/ Ulrich, 1991)

Yeung, Arthur K.O.; Brockbank, J. Wayne; Ulrich, David O.: Organizational Culture and Humen Resource Practices: An Empirical Assessment.
In: *Research in Organizational Change and Development*, 5. Jg. (1991), S. 59 – 81.

(Yukl, 1998)

Yukl, Gary A.: *Leadership in Organizations.*
Upper Saddle River, NJ (Prentice Hall) 4. Aufl. 1998.

(Yukl, 1999)

Yukl, Gary: An Evaluative Essay on Current Conceptions of Effective Leadership.
In: *European Journal of Work and Organizational Psychology*, 8. Jg. (1999), H. 1, S. 33 – 48.

(Yukl/ Wexley/ Seymore, 1972)

Yukl, G.; Wexley, K.; Seymore, J.: Effectiveness of Pay Incentives under Variable Ratio and Continuous Reinforcement Schedules.
In: *Journal of Applied Psychology*, 56. Jg. (1972), H. 1, S. 19 – 23.

(Zammuto/ Krakower, 1991)

Zammuto, Raymond F.; Krakower, Jack Y.: Quantitative and Qualitative Studies of Organizational Culture.
In: *Research in Organizational Change and Development*, 5. Jg. (1991), S. 83 – 114.

(Zapf, 1999)

Zapf, D.: Mobbing in Organisationen – Überblick zum Stand der Forschung. In: *Zeitschrift für Arbeits- und Organisationspsychologie*, Jg. 43 (1999), H. 1, S. 1 – 25.

(Zucchermaglio/ Bagnara/ Stucky, 1995)

Zucchermaglio, C.; Bagnara, S.; Stucky, S. U. (Hrsg.): *Organizational Learning and Technological Change, Series F: Computer and Systems Science.* Berlin (Springer Verlag) 1995.

(Zwick/ Velicer, 1986)

Zwick, William R.; Velicer, Wayne F.: Comparison of Five Rules for Determining the Number of Components to Retain. In: *Psychological Bulletin*, 99. Jg. (1986), H. 3, S. 432 – 442.

Anhang

Zur Erklärung:

(a) Den nachstehenden Tabellen liegen unterschiedliche Stichproben zugrunde; um welche Stichprobe es sich im Einzelnen handelt, wird in der jeweiligen Tabellenbeschriftung erklärt.

(b) Die *Excellence-Kulturen* sind in den nachstehenden Tabellen wie folgt abgekürzt:

	Kulturen	Abk.
1	**Führungskultur**	FK
2	**Teamkultur**	TK
3	**Lernkultur**	LK
4	**Innovationskultur**	IK
5	**Unternehmerkultur**	UK
6	**Servicekultur**	SK

Anhang A. Tabellen zur Analyse auf Unternehmensebene

Tabelle 35: Interkorrelationen der *Excellence-Kulturen*. In der Stichprobe sind **alle Unternehmensstandorte** enthalten, die über ein **Betriebliches Vorschlagswesen** verfügen. $*p \leq ,05$; N = 13.

	Dimension	FK	TK	LK	IK	UK	SK
1	**Führungskultur**	-	,37	,35	,59*	,31	,08
2	**Teamkultur**	,37	-	,45	,54*	,36	,38
3	**Lernkultur**	,35	,45	-	,39	,03	,17
4	**Innovationskultur**	,59*	,54*	,39	-	,36	,48
5	**Unternehmerkultur**	,31	,36	,03	,36	-	,62*
6	**Servicekultur**	,08	,38	,17	,48	,62*	-

Tabelle 36: Interkorrelationen der *Excellence-Kulturen*. In der Stichprobe sind **alle Unternehmen** enthalten.[76] $***p \leq ,001$; $*p \leq ,05$. N = 11.

	Dimension	FK	TK	LK	IK	UK	SK
1	**Führungskultur**	-	,90***	,90***	,90***	,81**	,82**
2	**Teamkultur**	,90***	-	,95***	,94***	,79**	,87***
3	**Lernkultur**	,90***	,95***	-	,94***	,77**	,88***
4	**Innovationskultur**	,90***	,94***	,94***	-	,81**	,90***
5	**Unternehmerkultur**	,81**	,79**	,77**	,81**	-	,89***
6	**Servicekultur**	,82**	,87***	,88***	,90***	,89***	-

[76] Da eines der befragten Unternehmen extrem hohe Werte in allen Dimensionen aufweist – was zu einer starken Erhöhung (und Verzerrung) der Interkorrelationen führt – wurde es der Stichprobe entnommen. Aus diesem Grund sind die Werte (ohne dieses Unternehmen) nachfolgend nocheinmal aufgeführt (Tab. 37).

Tabelle 37: Interkorrelationen der *Excellence-Kulturen*. In der Stichprobe sind **10 von 11 Unternehmen** enthalten. $**p \leq ,01$; $*p \leq ,05$; N = 10.

	Dimension	FK	TK	LK	IK	UK	SK
1	**Führungskultur**	-	,55	,54	,59	,33	,19
2	**Teamkultur**	,55	-	,83**	,78**	,36	,55
3	**Lernkultur**	,54	,83**	-	,80**	,29	,57
4	**Innovationskultur**	,59	,78**	,80	-	,42	,65*
5	**Unternehmerkultur**	,33	,36	,29	,42	-	,65*
6	**Servicekultur**	,19	,55	,57	,65*	,65*	-

Tabelle 38: Mittelwerte der *Excellence-Kulturen* nach **Vorschlagshäufigkeit***. In der Stichprobe sind alle Unternehmensstandorte enthalten, die über ein Betriebliches Vorschlagswesen verfügen. N = 13.

		Mittelwerte der Excellence-Kulturen					
Standort	Anzahl der Vorschläge	FK	TK	LK	IK	UK	SK
1	**1,14**	3,19	3,48	3,32	3,18	3,36	3,37
2	**1,21**	3,30	3,49	3,36	3,19	3,44	3,83
3	**1,21**	3,21	3,36	3,04	3,00	3,07	3,21
4	**1,45**	3,74	3,49	3,33	3,39	3,41	3,67
5	**1,55**	3,31	3,59	3,24	3,29	3,42	3,86
6	**1,62**	3,32	3,63	3,30	3,34	3,47	3,99
7	**1,64**	3,19	3,51	3,17	3,15	3,38	3,72
8	**1,67**	3,24	3,30	3,12	2,88	3,23	3,61
9	**1,73**	3,30	3,61	3,33	3,30	3,43	3,93
10	**1,75**	3,44	3,48	3,10	3,39	3,47	3,89
11	**2,09**	3,46	3,48	2,93	3,28	3,37	3,56
12	**2,23**	3,50	3,68	3,08	3,48	3,51	3,78
13	**2,44**	3,67	3,48	3,41	3,49	3,56	3,71

* Die ursprünglichen Kategorien aus dem Fragebogen (Skala von 1 bis 4: „1“ = 0 V; „2“ = 1-5 V; „ 3“ = 6-10 V; „4“ = mehr als 11 V) wurden für jeden Standort als Durchschnittswert erfasst.

Tabelle 39: Mittelwerte der *Excellence-Kulturen* je nach **Bewertung des Vorschlagswesens*** (VW). N = 13.

		Mittelwerte der Excellence-Kulturen					
Stand-ort	Bewertung des VW in %	FK	TK	LK	IK	UK	SK
1	**30**	3,24	3,30	3,12	2,88	3,23	3,61
2	**39**	3,19	3,48	3,32	3,18	3,36	3,37
3	**52**	3,50	3,68	3,08	3,48	3,51	3,78
4	**53**	3,21	3,36	3,04	3,00	3,07	3,21
5	**55**	3,30	3,49	3,36	3,19	3,44	3,83
6	**57**	3,46	3,48	2,93	3,28	3,37	3,56
7	**64**	3,30	3,61	3,33	3,30	3,43	3,93
8	**66**	3,19	3,51	3,17	3,15	3,38	3,72
9	**67**	3,67	3,48	3,41	3,49	3,56	3,71
10	**70**	3,32	3,63	3,30	3,34	3,47	3,99
11	**72**	3,31	3,59	3,24	3,29	3,42	3,86
12	**75**	3,44	3,48	3,10	3,39	3,47	3,89
13	**77**	3,74	3,49	3,33	3,39	3,41	3,67

* Die Skala reicht von 10 bis 100 % (Idealzustand).

Tabelle 40: Mittelwerte der *Excellence-Kulturen* je nach **Bewertung des Unternehmens*** (UN). N = 16.

		Mittelwerte der Excellence-Kulturen					
Stand-ort	Bewertung des UN in %	FK	TK	LK	IK	UK	SK
1	**52**	3,21	3,36	3,04	3,00	3,07	3,21
2	**45**	3,19	3,48	3,32	3,18	3,36	3,37
3	**66**	3,45	3,58	3,26	3,16	2,90	3,47
4	**59**	3,46	3,48	2,93	3,28	3,37	3,56
5	**58**	3,24	3,30	3,12	2,88	3,23	3,61
6	**70**	3,74	3,49	3,33	3,39	3,41	3,67
7	**71**	3,67	3,48	3,41	3,49	3,56	3,71
8	**72**	3,19	3,51	3,17	3,15	3,38	3,72
9	**68**	3,50	3,68	3,08	3,48	3,51	3,78
10	**72**	3,30	3,49	3,36	3,19	3,44	3,83
11	**76**	3,31	3,59	3,24	3,29	3,42	3,86
12	**75**	3,44	3,48	3,10	3,39	3,47	3,89
13	**71**	3,30	3,61	3,33	3,30	3,43	3,93
14	**76**	3,32	3,63	3,3	3,34	3,47	3,99
15	**64**	3,55	4,03	3,93	3,88	3,57	4,01
16	**83**	4,68	4,60	4,76	4,75	4,26	4,79

* Die Skala reicht von 10 bis 100 % (Idealzustand).

Tabelle 41: Mittelwerte und Standardabweichungen der *Excellence-Kulturen* aller **Unternehmen**. N = 11.

		Mittelwerte der Excellence-Kulturen					
Unter-nehmen	M SD	FK	TK	LK	IK	UK	SK
1	M	3,48	3,55	2,98	3,35	3,42	3,64
	SD	,66	,50	,60	,68	,62	,59
2	M	3,67	3,48	3,41	3,49	3,56	3,71
	SD	,67	,52	,57	,68	,45	,69
3	M	4,68	4,60	4,76	4,75	4,26	4,79
	SD	,33	,32	,26	,28	,60	,25
4	M	3,30	3,58	3,34	3,27	3,43	3,91
	SD	,60	,51	,52	,61	,55	,48
5	M	3,55	4,03	3,93	3,88	3,57	4,01
	SD	,55	,36	,32	,66	,42	,47
6	M	3,29	3,57	3,24	3,27	3,42	3,83
	SD	,71	,58	,62	,72	,60	,62
7	M	3,21	3,38	3,08	3,03	3,11	3,23
	SD	,52	,43	,51	,60	,43	,51
8	M	3,24	3,30	3,12	2,88	3,23	3,61
	SD	,66	,56	,54	,72	,59	,57
9	M	3,45	3,58	3,26	3,16	2,90	3,47
	SD	,70	,59	,80	,85	,69	,83
10	M	3,56	3,67	3,27	2,98	3,50	3,49
	SD	,77	,54	,62	,60	,57	,51
11	M	3,61	3,71	3,63	3,52	3,14	3,59
	SD	,64	,53	,53	,61	,59	,62

Tabelle 42: Mittelwerte und Standardabweichungen der *Excellence-Kulturen* aller **Standorte**. N = 18.

		Mittelwerte der Excellence-Kulturen					
Standort	M SD	FK	TK	LK	IK	UK	SK
1	M	3,46	3,48	2,93	3,28	3,37	3,56
	SD	,65	,49	,67	,64	,61	,64
2	M	3,50	3,68	3,08	3,48	3,51	3,78
	SD	,71	,52	,43	,74	,64	,48
3	M	3,67	3,48	3,41	3,49	3,56	3,71
	SD	,67	,52	,57	,68	,45	,69
4	M	4,68	4,60	4,76	4,75	4,26	4,79
	SD	,33	,32	,26	,28	,60	,25
5	M	3,30	3,49	3,36	3,19	3,44	3,83
	SD	,61	,48	,52	,61	,62	,51
6	M	3,30	3,61	3,33	3,30	3,43	3,93
	SD	,59	,52	,52	,61	,53	,47
7	M	3,55	4,03	3,93	3,88	3,57	4,01
	SD	,55	,36	,32	,66	,42	,47
8	M	3,19	3,51	3,17	3,15	3,38	3,72
	SD	,70	,61	,60	,73	,66	,64
9	M	3,31	3,59	3,24	3,29	3,42	3,86
	SD	,70	,57	,64	,73	,59	,61
10	M	3,44	3,48	3,10	3,39	3,47	3,89
	SD	,95	,79	1,05	1,13	,52	,42

Stand-ort	M SD	FK	TK	LK	IK	UK	SK
11	M	3,32	3,63	3,30	3,34	3,47	3,99
	SD	,79	,57	,59	,65	,58	,61
12	M	3,74	3,49	3,33	3,39	3,41	3,67
	SD	,41	,48	,62	,55	,58	,64
13	M	3,19	3,48	3,32	3,18	3,36	3,37
	SD	,53	,33	,54	,78	,49	,79
14	M	3,21	3,36	3,04	3,00	3,07	3,21
	SD	,52	,44	,50	,57	,41	,46
15	M	3,24	3,30	3,12	2,88	3,23	3,61
	SD	,66	,56	,54	,72	,59	,57
16	M	3,45	3,58	3,26	3,16	2,90	3,47
	SD	,70	,59	,80	,85	,69	,83
17	M	3,56	3,67	3,27	2,98	3,50	3,49
	SD	,77	,54	,62	,60	,57	,51
18	M	3,61	3,71	3,63	3,52	3,14	3,59
	SD	,64	,53	,53	,61	,59	,62

Anhang B. Tabellen zur Analyse auf Individualebene

Tabelle 43: Interkorrelationen der *Excellence-Kulturen*. In der Stichprobe sind alle Versuchspersonen enthalten. ***p ≤ ,001; N = 1118.

	Dimension	FK	TK	LK	IK	UK	SK
1	**Führungskultur**	–	,67***	,66***	,67***	,61***	,40***
2	**Teamkultur**	,67***	–	,70***	,73***	,68***	,57***
3	**Lernkultur**	,66***	,70***	–	,73***	,65***	,55***
4	**Innovationskultur**	,67***	,73***	,73***	–	,69***	,62***
5	**Unternehmerkultur**	,61***	,68***	,65***	,69***	–	,60***
6	**Servicekultur**	,40***	,57***	,55***	,62***	,60***	–

Anhang C. Skalen zu Ideenmanagement und Betrieblichem Vorschlagswesen

Tabelle 44: Interne Konsistenz der Skalen zum Vorschlagswesen (N = 737) und zum Ideenmanagement (N = 745) sowie alle Items der beiden Skalen. In der Stichprobe sind alle Beschäftigten von Unternehmen enthalten, die über ein BVW verfügen.

	Dimension	M	SD	N Items	α
1	Vorschlagswesen	3,30	,64	6	,70
2	Ideenmanagement	3,56	,66	8	,78

	Items zur Skala Betriebliches Vorschlagswesen
1	Die Mitarbeiter denken häufig über Verbesserungen nach.
2	Einen Vorschlag einzureichen, geht schnell und unbürokratisch vor sich.
3	Es wird klar begründet, warum ein Vorschlag abgelehnt wurde.
4	Die Mitarbeiter wissen nicht genau, wie das Vorschlagswesen funktioniert.
5	Vorgesetzte helfen bei der Formulierung von Vorschlägen.
6	Es ist schwer einzuschätzen, ob eine Idee als Vorschlag eingereicht werden kann.

	Items zur Skala Ideenmanagement
1	Das Vorschlagswesen schafft Probleme, statt sie zu lösen.
2	Die Mitarbeiter machen Verbesserungsvorschläge, die die Zufriedenheit der Kunden erhöhen.
3	Durch das Vorschlagswesen denken die Mitarbeiter über ihren Arbeitsplatz hinaus.
4	Die Mitarbeiter haben Zeit, um über Verbesserungsvorschläge nachzudenken.
5	Die Mitarbeiter beteiligen sich intensiv am Vorschlagswesen.
6	Das Vorschlagswesen erlaubt es, selbständiger zu arbeiten.
7	Die Vorgesetzten unterstützen ihre Mitarbeiter bei Verbesserungsvorschlägen.
8	Die Mitarbeiter gratulieren einem Kollegen, wenn sein Verbesserungsvorschlag umgesetzt wurde.

Danksagungen

Mein innigster Dank gilt meinen Eltern, die mich in all meinen Vorhaben unterstützt und an mich geglaubt haben. Auch meinem Bruder danke ich von Herzen, weil er immer da war, wenn ich ihn brauchte. Meinem Doktorvater, Prof. Dr. Dieter Frey, danke ich für sein Vertrauen, seine Ermutigungen und seinen unschätzbaren fachlichen Rat. Ebenso wertvoll war mir die Unterstützung meiner Kollegen, insbesondere Felix Brodbeck, dessen Wissens- und Erfahrungsschatz sich als unentbehrlich erwies. Auch bei meinen Kollegen Peter Fischer und Stefan Schulz-Hardt möchte ich mich bedanken, sie haben mir geholfen, die ein oder andere statistische bzw. methodische Untiefe sicher zu umschiffen. Unvergessen werden die hilfreichen Gespräche beim gemeinsamen Mittagessen mit meinen beiden Mitstreiterinnen bleiben, Ilke Inceoglu und Jana Miesen. Besondere Erwähnung verdienen auch Frau Christiane Kersting und Herr Wolfgang Werner vom Deutschen Institut für Betriebswirtschaft; vor allem die Zusammenarbeit mit Frau Claudia Hentschel gestaltete sich sehr kooperativ. Sie half nicht nur bei der Auswahl der befragten Unternehmen, sondern stand bei allen Fragen zum Ideenmanagement hilfreich zur Seite. Besonders verbunden bin ich zudem Caro Haff und Anja Kahnt, die selbständig und auf professionellem Niveau die Ergebnisse für alle Unternehmen ausgewertet und als Präsentationen aufbereitet haben. Großen Einsatz haben auch meine anderen ‚helfenden Hände' gezeigt, Babette Raabe (die mich in die SPSS-Grundlagen einweihte), Marianne Promberger, Stefan Grauvogl, Eva Sinkulova und Bianca Hüsgen (die unermüdlich in Sachen Literaturverzeichnis und Rechtschreibfehler im Einsatz war). Darüberhinaus bin ich alle jenen Experten zu großem Dank verpflichtet, die immer im rechten Moment auftauchten und mir neue Orientierung gaben. Neben den namentlich genannten Begleitern gibt es noch meine vielen lieben Freunde, ohne deren Beistand und Zuspruch dieses Vorhaben schwerlich durchzuführen gewesen wäre.

Eidesstattliche Versicherung

Ich versichere hiermit eidesstattlich, dass ich die vorliegende Arbeit selbständig und ohne fremde Hilfe verfasst habe. Die aus fremden Quellen direkt oder indirekt übernommenen Gedanken sowie die mir gegebenen Anregungen sind als solche kenntlich gemacht.

Die Arbeit wurde bisher keiner anderen Prüfungsbehörde vorgelegt und auch noch nicht veröffentlicht.

München, den ....

(Angela Poech)

FSC
www.fsc.org
MIX
Papier | Fördert gute Waldnutzung
FSC® C083411

Kolibri 360 GmbH
Ferdinand-Jühlke-Straße 7
99095 Erfurt, Deutschland
produktsicherheit@kolibri360.de